文案收银机

峰帅
著

电子工业出版社
Publishing House of Electronics Industry
北京·BEIJING

未经许可，不得以任何方式复制或抄袭本书之部分或全部内容。
版权所有，侵权必究。

图书在版编目（CIP）数据

文案收银机 / 峰帅著. —北京：电子工业出版社，2024.3
ISBN 978-7-121-47033-2

Ⅰ. ①文… Ⅱ. ①峰… Ⅲ. ①市场营销学－文书－写作 Ⅳ. ① F713.50

中国国家版本馆 CIP 数据核字（2023）第 253762 号

责任编辑：王陶然
印　　刷：天津画中画印刷有限公司
装　　订：天津画中画印刷有限公司
出版发行：电子工业出版社
　　　　　北京市海淀区万寿路 173 信箱　邮编：100036
开　　本：720×1000　1/16　印张：17.75　字数：298 千字
版　　次：2024 年 3 月第 1 版
印　　次：2024 年 3 月第 1 次印刷
定　　价：88.00 元

凡所购买电子工业出版社图书有缺损问题，请向购买书店调换。若书店售缺，请与本社发行部联系，联系及邮购电话：（010）88254888，88258888。

质量投诉请发邮件至 zlts@phei.com.cn，盗版侵权举报请发邮件至 dbqq@phei.com.cn。
本书咨询联系方式：（010）68161512，meidipub@phei.com.cn。

序 ▶

写文案没办法教会，但可以学会！

关于写文案这门手艺，要讲的、值得讲的，在这本书的正文内容里，基本已经讲得差不多了。但是一本书写完，作为作者，总得再写个序吧，所以想了想，有三点或许还有必要再说一说。

第一点是对这本书的作者，也就是我自己说的。

讲"怎么写文案"的书太难写了，我认为是所有商业类著作里最难写的，没有之一。即便是在这一行里摸爬滚打了20多年的我，在开这门课、写这本书之前，也不敢贸然下手，只敢先做一个叫"盲盒文案教室"的社群，然后在社群里跟学员们轻松随意地就各种文案话题进行交流。这样交流了大约半年，我才敢正式着手写它。这件事在书里的某一章会具体讲到。但是课讲完、书写完以后，我自己从头到尾再瞅一遍，自认为总算把我这么多年来在文案上所学到的、所知道的、所掌握的、行之有效的，都给吐了出来，而且吐得还挺有章法，让我有一种"此生不负写文案"的畅快感。

第二点是对这本书的读者朋友们说的。

写文案是一个应用边界大到几乎没有的技能，所以我在书里所讲的方法、所举的案例，尽可能兼顾到个体创业者、职场文案工作者，以及企业老板。但是我尽可能地只选用自己操作过的案例来说明问题，其实还有很多案例，出于诸多顾虑，我都点到为止，有的甚至提都没有提，尤其当它们在我眼里是"反面教材"的时候。所以当你研读这本书时，一定要试着见微知著、举一反三，千万不要问我"这个方法适用于××行业吗？""那个案例适用于我这个领域吗？"这些问题。所有方法、案例都适用于任何行业和任何领域，就像味精适用于任何做法的任何菜，但你得知道怎么放。

第三点是对这本书的使用者说的。

我每次讲完一门课，或者写完一本书，都会想起《纳瓦尔宝典》里那句很重要的话："专长没办法教会，但可以学会。"写文案这项技能也是一样的，它既很简单，又非常难。简单，是因为你但凡会写几个字、能把话讲清楚，都可以说自己会写文案；难，是因为它入门很容易，腿一迈就进去了，但是你如果想用文案真正武装好自己、赋能自己的工作，希望用文案让自己获得更多收益，甚至过上更美好的生活，这里面的沟沟坎坎还是非常多的。所以，同样一本讲写文案的书，在不同的使用者手里，所起到的作用一定是不一样的。有的人把整本书翻十遍也顶多是明白了一些道理，而有的人只学会了其中的一招半式就收获了显著成效。其实我更想看到的是后者。如果这本书里有那么一招、两招能真正帮你解决一些问题，甚至能让你终身受用，我将非常欣慰。

三点已经说完，但是突然又想说一点——如果你把这篇序也看成一篇文案，我想告诉你的是，我构思这篇文案用了 5 分钟，把它写出来用了 15 分钟。用的方法就是书里讲过的：先定好一个你想说的话题，然后用"金字塔结构"想好几个点，拿起手机直接口述，转成文字，最后稍加修改成形。这是两个非常好用的文案写作技巧（注意，是"两个"），在今天的商业环境下，我认为人人都应该掌握。当你可以娴熟地运用这两个技巧以后，你几乎可以和 ChatGPT 写得一样快，并且一定比它写得更好。

是为序。

峰帅

2024 年 1 月 10 日

于沪上信堂

目 录 ▶

起点　文案的真知

第 1 章　文案没有好不好，只有"会不会写"！　002

上篇　文案的练法

第 2 章　怎么通过"树标杆"，激发自己写文案的潜能？　008

第 3 章　怎么通过"意会式学习"，打通文案写作的"任督二脉"？　014

第 4 章　怎么抛弃一切文案派系，写出自己的"本真"？　021

第 5 章　怎么搭好"金字塔结构"，让文案更有魔力？　026

第 6 章　怎么"装修"金字塔内部，让文案自由起舞？　032

第 7 章　怎么训练"比喻思维"，让文案有犀利的"语言钉子"？　036

第 8 章　怎么训练给文案"留白"，让没说出的话勾人魂魄？　041

第 9 章　怎么借用文学，训练文案的"细节感染力"？　049

第 10 章　怎么检验"文案的效果"，找到你的目标用户？　057

第 11 章　怎么挖掘你的"真价值"，让文案自带光环？　064

第 12 章　怎么通过积日日不断之功，让文案写作训练持续产生"复利"？　070

中篇　文案的用法

第 13 章	怎么用"不设防文案"，突破用户的心理防线？	082
第 14 章	怎么用"面无表情"的场景预设，拉近与用户的距离？	091
第 15 章	怎么"冻结用户需求"，让人跟着你的文案走？	100
第 16 章	怎么卖好五样东西，让文案发挥"战国策效应"？	104
第 17 章	怎么在文案中直接"说动"用户，而不是"说服"用户？	110
第 18 章	怎么找对"文案的山头"，让文案有更强的吸引力？	115
第 19 章	怎么看清朋友圈的卡点，有效提升预热的"触达力"？	123
第 20 章	怎么经营朋友圈的"文案场"，让私域发售更有效？	129
第 21 章	怎么写用户才会"行动"，而不仅仅是"心动"？	141
第 22 章	怎么故意用"出戏文案"，让用户更有代入感？	150
第 23 章	怎么写出用户的"真痛点"，让产品更好卖？	159
第 24 章	怎么写好"金句"，让你的文案"入心入肺"？	165

下篇　文案的写法

第 25 章	怎么起一个吸睛的"社交名字"，让人看一眼就记住你？	174
第 26 章	怎么撰写"个人标签"，让用户迅速建立信赖感？	181
第 27 章	怎么写好"个人商业简介"，让它无限接近于钱？	188
第 28 章	怎么写好"品牌文案"，创造变现势能？	199
第 29 章	怎么写出"惊喜感"，让人记得住你又想得起你？	207
第 30 章	怎么写好"爆品文案"，从产品到内容一路抓人？	214

第 31 章　怎么写好"海报文案",让人看了就忍不住想"买买买"?　　223

第 32 章　怎么写好"故事型销售软文",让人读着读着就买了?　　233

第 33 章　怎么写好"认知型销售软文",让人在觉醒中购买?　　242

第 34 章　怎么写好"指令文案",缩短用户的犹豫时间?　　250

第 35 章　怎么写好"变现口号",为你的生意持续赋能?　　256

结尾　文案的本质

第 36 章　从文案写手到文案高手,最重要的九个问题　　266

起 点

文案的真知

第 1 章
文案没有好不好，只有"会不会写"！

欢迎你正式开始阅读这本文案写作实战书——《文案收银机》。

这第 1 章我把它叫作"起点"，其实主要想回答三个前提性的重要问题：

第一，市面上已经有那么多人出过写文案的书了，为什么我还要再写一本？

第二，这本《文案收银机》与其他书相比，有什么不一样？

第三，既然我把这一章叫作"起点"，又叫"文案的真知"，那么具体有哪些认知点？

为什么我要写这样一本文案写作实战书？

先非常简略地概述一下我的文案写作生涯。

我是在 2001 年 21 岁的时候进入华硕电脑品牌部的，那是我的第一份工作，从那一年开始，我就正式开始了我的广告营销生涯。但我最初在公司里担任的是文案策划职位，也就是写文案、写文案、写文案。认认真真干了两年以后，我离职了，跟两位朋友合伙开了一家创意设计工作室，那是我的第一次创业，我主要负责的仍然是文案策划，每天写文案、写文案、写文案。又过了两年多，我退出了，先后在几家广告公司、咨询公司、公关公司担任策划总监、创意总监、客户总监、副总经理等管理职位。又过了很多年，我进行了第二次创业，成立了现在的上海示剑网络科技有限公司，在 2020 年的特殊时期，又发起创立了"俯头帮营销平台"。在这个相对漫长的做管理和创业的过程中，我虽然不再专职写文案，但是时不时地还是要写文案、写文案、写文案。

我整个前半场的职业生涯大概就是这样的，前后经历了差不多 23 年。我经常说，虽然在这 23 年当中，我服务过很多企业，也担任过很多重要的职务，更精通了很多专业技能，但是如果你只允许我说出一样最有经验、最有结果，并且也最自信的技能，我必须说：写文案！

第一，我在 23 岁的时候就写出了"华硕品质，坚若磐石"这句流传了 20 年的品牌口号，这句口号至今仍在使用。如果你去超市购物，有时候会看到一家生鲜猪肉品牌叫"膳博士"，它有一句非常著名的口号，叫"三十年前的香"，是我 27 岁的时候为它撰写的。转眼之间，我们已经进入了 5G 时代，你如果用手机录制短视频，可能会用到一款非常好用的提词器 App，叫"爱提词"。不好意思，"爱提词，提词跟着语速走"这句口号也是我写的。当然，还有很多其他文案作品，在后面的章节里，我会陆续向你展示一些。总而言之，写文案这件事，我从来都不曾停止过，在不同的阶段，我基本上都有重要的文案产生。

第二，写文案也是我最基本的一项变现技能。我粗略地估算过，我凭借写文案给自己带来的直接收益，到目前为止（金额）早就在七位数以上了。我年轻时能够在上海买房，靠的也是写文案。如果再算上做策划、做创意这些间接的文案收益，加起来也已经超过八位数了。相应地，我前前后后总共服务过一百多家企业客户，我通过文案和策划为这些企业所带来的品牌上的价值以及销售上的价值，很难用几位数来估算。对一家企业来说，有时候你为它写了一句成功的广告语，或者写了一篇有效的销售软文，真的可以说价值连城。

第三，非常重要的是，在这 20 多年的历程中，关于写文案的一切坑，我几乎踩了个遍。我深知写文案的甘与苦，更加深知从一个文案小白进化成一个文案高手，其路径和方法到底是什么。

总之，无论在经历上、结果上，还是在方法上，都可以说目前是我在文案写作上最成熟的时期。像我这样一个从传统商业时代跨越到现在移动互联网时代的资深文案人，如果能把这么多年来的文案写作经验，写成一本系统化的实战书，可以说是惠人益己、弥足珍贵，所以我应该写。

这本书与其他书相比，有什么不一样？

第一，你从书名上就可以看出，《文案收银机》，顾名思义一定是在商业中帮助你用文案来获得更多财富的。但是它跟我们常见的那些"收钱文案""变现文案""吸金文案"又不是一回事。我一直跟我的学员们说,"文案"是一个商业概念,文案的天职就是变现,但是文案的功能和目的又不仅仅是变现。关于这一点,后面还会进一步说到。

第二,这本书只讲干货,不讲大道理,更不讲废话,可以说是"拳拳到肉"的真打。所以我在每章里都会努力做到让你听了就能懂、懂了就能用、用了就能越来越见效,而不是让你学了半天,最后仍然不知道该怎么写好文案。

第三,你从这本书的目录中就可以看到,它的主要内容分为练法、用法和写法。也就是说,我既要教会你怎么吃鱼,更要教会你怎么打鱼。这本书的每一章,至少会解决你一个文案写作上的重要卡点。你甚至可以把它随身携带,随时查阅。

什么是"文案的真知"?

我在 20 多年学习文案写作和实战的经历中,逐渐形成了三个核心认知。这三个认知极大地影响了我对文案的审视能力和撰写能力,所以我称之为"真知"。现在,我希望它们也能影响你。

第一个真知:文案没有好不好,只有"会不会写"。

这可能会颠覆你一贯的认识:文案怎么会没有"好不好"呢?我们不是经常说"这篇文案顶多能打 60 分,但是再使把劲,应该可以达到 70 分"吗?但真实的情况是:文案只有 100 分和 0 分。如果你没有写"对",那就是 0 分,也就是你"不会"写文案;如果你写"对"了,那就是 100 分,也就是你"会"写文案。

这是为什么呢?

原因很简单:文案不是文学作品,不是诗歌、散文、小说,文案是带有明确的"商业目的"的。比如,有些文案是用来提升品牌力的,有些文案是为了提高用户认知度的,有些文案是为了解决公关问题的,而有些文案是为了成交变现的……所以在这些明确的"商业目的"面前,《文案收银机》这本书的一个非常重要的目的是:让你对文案的审视能力和撰写能力变得越来越"对"、越来越"专业"。

那么怎样的文案才算"专业"呢?

第二个真知:专业,就是你所掌握的"文案常识合集"。

什么是常识?

简单地说，常识就好比用来测量文案效果的尺子，你的文案是写对了还是写错了，用尺子一量就知道了。而且既然是常识，那就应该都是一些很直接、很简单的道理。但事实上，正因为常识是直接的、简单的，所以我们恰恰会忽视和抛弃它们，反而去追求一些花里胡哨的东西。

比如写销售软文，在我看来，最优秀的销售软文，就是诚诚恳恳、实实在在地向你的用户推荐一样产品，告诉他们：这个产品我亲自用过，真的很好，以及它好在哪里。这就属于最简单的常识。但是很多人在写销售软文时，常常抛弃这样的常识，转而去相信和寻求各种"奇门遁甲"，反而起到了"反销售"的作用。

再比如写口号，作为一个写过很多有效口号的文案人，我认为优秀的口号也应当是诚诚恳恳、直截了当地告诉用户：我到底有什么价值，我能够为你解决什么问题。这也属于最简单的常识，但事实上很多人在写口号时，会去追求过度的文字包装和一些华而不实的辞藻，美其名曰"高大上"。

又比如写朋友圈文案，那是对你微信里的朋友们所写的文案，所以它的目的当然应该是真实地拉近你和他们之间的距离，从而让他们感觉到你值得信赖、可以接近，进而产生交易的可能。这仍然属于最简单的常识，但是很多人在写朋友圈文案时，偏偏要使用很多花里胡哨、一惊一乍的"心机"，最后反而拉远了和朋友们之间的距离。

总之，以上所列举的这些情况，都抛弃了文案写作中最简单的常识。有些人之所以会抛弃它们，是因为常识太简单，显得自己不高明，而把事情弄得复杂一点，就可以显得自己很厉害、很高明。

所以说，把文案写"对"、写"专业"的整个过程，其实就是掌握一套完整的"文案常识合集"的过程。当你明白了这一点，你在文案写作的学习和实战中，就会拥有简单明确的方向和路径。基于这样一个重要的原因，我会在每一章的内容里，把写出好文案背后的那些最简单的常识分享给你，让你尽快拥有自己的"文案常识合集"。

第三个真知：学文案写作不仅仅是学招数和技巧，更重要的是锤炼文案背后的那股"精气神"。

这一点实在太重要了，但是我几乎没有看到哪本文案写作书会这样告诉我们。什么是文案背后的"精气神"？

简单地说，其实就是那些能够让你写出"有效文案"的内力或者驱动力。有了这样的"精气神"，你就可以把文案写得千变万化，但是又万变不离其宗。

打个比方，就像《神雕侠侣》里的杨过，杨过机缘巧合拿到了独孤求败的那把宝剑以后，他再怎么使用招数也没用，只有当他把自己的胳膊练粗了、把自己的内力练强了，才能使出那把剑的威力。

相应地，写文案也是这个道理，你即便学了再多的文案写作技巧和招数，如果你的"精气神"没有养好，最终你写出来的文案都只是"画虎画皮难画骨"。而当你养好了文案背后的那股"精气神"，你的文案就不再是苦思冥想写出来的，而是被你的"精气神"驱使着，自然而然地"流淌"出来的。

比如，很多人知道我很善于写口号，但是我无论为企业还是个人写的口号，看起来都是平平无奇的，我所使用的也都是一些很平常的字词，你几乎看不出有什么深奥之处。但事实上，在这些口号的背后，都有强大的"精气神"作为支撑。

所以这也是《文案收银机》这本书最重要的一个使命所在：我在告诉你很多文案写作技巧和招数的同时，还要带着你把你自己身上那股"精气神"培育起来。即便不能在短期内培育起来，至少我要让你知道，今后应该如何持续培育这种"精气神"，从而让你的文案越写越出彩、越写越有效、越写越"神龙见首不见尾"。

以上三大"真知"，我建议你从今天开始一定要记在心里，或者索性打印出来贴在桌边，时不时地提醒自己：要往"文案独孤求败"的境界去修炼。

在这一章的最后，我还想提醒你一点：永远不要相信可以一蹴而就练成一门顶尖的手艺。写文案也是一门手艺，而且是一门技术含量非常高的手艺，所以顶尖的文案也绝不可能在一夜之间速成。

在这本书里，我会用我的半生所学，帮你避开一些文案写作的弯路，让你直奔"文案高手"的目的地而去，但是路还得你自己一步一步地走。所谓文案高手，无非是在掌握了正确的理念、方法和手段的基础上，日积月累而练成的，所以请你永远不要忽视"每天进步一点点"的力量，确保自己每天行走在正确的文案写作的道路上。

上 篇
文案的练法

第 ❷ 章
怎么通过"树标杆",激发自己写文案的潜能?

在第 1 章里我说过,这本书总共分为三大模块:第一个模块讲"练法",也就是训练我们写出文案的"精气神";第二个模块讲文案的"用法";第三个模块讲文案的"写法"。这三个模块加起来,就是学习文案写作在不同的场景和目的下,具体的技巧和招数。

从这一章开始,我们就要进入第一大模块的学习——文案的"练法"。

训练"精气神"从哪里开始?

如果我问你:我们训练自己写出文案的"精气神",最应该从哪里开始?

有人可能会说,应该从多读书开始;有人可能会说,应该从研究别人的案例开始;还有人可能会说,拳不离手、曲不离口,所以要从不断地写开始,用量变堆出质变。

这些说法都没错,也都很重要,而且我全都干过。比如,我本身就是一个手不释卷的人,20 多年来,我读过许多书,否则也不敢贸然地去做一个"知行读书社",带领大家一块儿来读书;再比如,我 21 岁从业以来一直到现在,都有大量地看案例、分析案例的习惯,早年甚至会用放大镜去仔细地观察杂志上那些广告文案到底是怎么写的;又比如,即便是今天,我仍然会经常亲手写文案。

但是不得不说,如果你想要在文案写作上有所成就,这三件事都只不过是你一辈子要坚持的事。所以我现在如果对你说,要练出文案的"精气神",你就得多读书、多分析案例,然后自己要多写,那你可能要骂我了:"这不是废话嘛!"

所以下面我要给你讲一个我亲身经历的事。

我在中学的时候就非常喜欢看书和写作，但那时候我写得并不好，尤其在初中的时候，经常会去"抄"我姐姐的作文。怎么个抄法呢？我会把我姐姐考试的时候写得不错的那些作文，偷偷地背下来，然后在我考试的时候，如果遇到类似的题目，我就会从脑子里"调取"我姐姐写过的那些作文片段，把它们直接变成我自己的作文。现在想来，这也算一种本事了吧！但是我爸知道我初中作文是什么水平，所以他一直认为我没什么写作天分，尤其是写记叙文，我爸说我不会讲故事。

从 21 岁开始，我因为一直坚持写啊写，竟然陆续在杂志上、报纸上发表文章了，但那时候发表的都是一些散文、随笔和杂文。刚开始发表文章时，我很高兴地给我爸读，我爸鼓励我说："不错！你要多写、多投稿，但是你千万不要写小说啊，你不擅长写小说。"你看，闹了半天，他仍然说我没有写小说的天分，说我不是讲故事的料。但是他万万没想到的是，我在 2014 年出版的第一本书，就是长篇小说《飞禽走兽》，读过的人都说好，而且卖得也不错。

那么问题来了，为什么我会从一个被我爸认为完全没有写小说天分的人，"突然"变得会写小说了，而且一出版就是长篇小说呢？

这个秘密的答案就是：我在学习写小说的路上，曾经被三个作家打开了"天灵盖"。

第一个作家是汪曾祺。我在二十六七岁的时候读他写的那些短篇小说，感觉有一种明清笔记小说的味道，又带着淡淡的江南乡愁，总之特别喜欢。在那段时间里，我写小说的那根筋仿佛被触动了一下。

第二个作家是马原。很多人现在对他可能没那么熟悉，其实他曾经是非常著名的先锋作家。那时候我读了他的所有小说，发现他讲故事特别善于"真真假假"，让你搞不清楚哪些是真、哪些是假，这一点我也非常喜欢。

第三个作家是阿根廷的博尔赫斯，也是我至今为止最喜欢的一个作家，喜欢到曾经用他的名字来注册公司。博尔赫斯一辈子只写过几十篇短篇小说，却被公认为"作家中的作家"。他写小说的特点是，每一篇都只有短短几千字，但是背后的信息量特别大，大到如果换一个作家去写的话，几千字可能要写成几十万字。

所以，当我先后读过这三位作家的小说以后，我感觉醍醐灌顶，仿佛这三个作家就是为我而生的：汪曾祺可以说是我的启蒙老师，他帮我推开了写小说的门；马原让我恍然大悟，原来小说还可以这样真真假假地写，还可以这样在读者的眼皮子底下"骗人"；而博尔赫斯让我明白了，原来写一篇小说的时候，比"写"更重要的是"节制"，很多时候你没有写出来的那些内容，比你写出来的那部分还要重要，就像绘画中的留白。

于是我就开始用他们"教"我的道理和方法来写小说，前后总共写了五六十篇短篇小说，用各种手法写，换各种题材写，就像做化学实验一样，直到我确信：我真的会写小说了！然后我才开始写长篇小说。那一年，当我隐居在大理的苍山写《飞禽走兽》的时候，有一种如鱼得水的感觉。我甚至在书的后记中写道，我感觉根本就不是我在写小说，而是上帝抓着我的手在键盘上打字。老实说，那时候我由衷地认为，自己特别有写小说的天分，并不是像我爸说的那样。

跟你讲了这么一段我写小说的亲身经历，其实是想告诉你：你在文学上、在文案上，如果觉得自己不会写，往往并不是你真的不会写，而是你体内的写作"潜能"还没有被激发出来。就好像《天龙八部》里的段誉，一开始总是使不出一阳指，是因为他的内力没有被激发出来。

激发出你体内的写作潜能

所以在"练法"这一模块的头一章里，我首先要告诉你，怎么样通过树立"文案标杆"，激发出自己体内写作的潜能。这应该是我的一个独家训练心法——千里之行，始于标杆。

事实上，我们要把任何事情做到顶尖的程度，都需要树立自己的标杆。而对文案写作者来说，每个人心中其实都有自己的"文字英雄"。如果你感觉到自己特别喜欢甚至特别崇拜某一个人写的东西，无论这个人是近在咫尺，还是远在天边，甚至是一个古人，你都不妨认为这个人就是为你而生的，他就是你的标杆，你只管大胆地去向他学习。在这种情况下，你的文字英雄、你的标杆会把你的潜能大大地激发出来，就像我自己当年一样。这条路径，我称为"合理地抄近路"。

但是你要注意，当你在为自己树标杆的时候，心里一定要清楚：你打算从你的标杆那里汲取什么养分、学到什么东西。就像我当年学习写小说一样，树立每一个标杆，一定是为了从他身上学习某些特定的东西，这样才能全面培育起我们文案的"精气神"。

选择文案标杆的四个层面

那么为了培育出文案的"精气神",我们到底应该从哪些层面去选择性地树立我们的标杆呢?

根据我自己的经验,我总结了四个选择文案标杆的层面。

第一个层面:你的标杆一定要能够提升你文案的细节表现力。

也就是说,你能够从标杆那里学到用文字把一件事、一样东西写得非常具体、非常细腻的能力,而这种文案的细节表现力,将是你今后写好一切文案的极其重要的一种能力。

第二个层面:你的标杆要能够帮你培养起写文案的某种特定技巧或者特点。

比如,你喜欢的这个文字英雄特别善于提问,或者特别善于使用比喻,或者特别善于用数据来支持某个结论……那么你就可以从他那里学习,从而让你的文案也拥有这种特点。

第三个层面:你要从你的标杆那里学到文案的布局和结构设计能力。

也就是说,你在写文案的时候,在"起承转合"上要学会特定的套路,从而让你写任何文案都能如鱼得水,万变不离其宗。

第四个层面:你要从你的标杆那里学到文案的灵动性和真实性。

也就是说,通过学习你的标杆,你写出来的文案不做作、不虚夸、不矫情,逐渐形成一种"我手写我心"的状态,从而让你的文案具有强大的亲和力,而不是惹人厌。

从这四个层面来看,树立文案写作的标杆,并非只能选择一个人。换句话说,你在"精气神"的不同层面,需要从不同的人那里,充分获取各种养分。

我自己的文案标杆

说到这里你可能会问:"峰帅,你是如何通过树立标杆,来激发文案写作潜能的?你自己在文案上树立过标杆吗?"

答案是:当然有!而且在每个层面都有一个标杆呢!

第一,在文案的细节表现力层面,有一个人对我早年学习文案写作的影响非常大,就是台湾的李欣频。

李欣频被称为"文案天后",我在20多岁的时候到处去找有谁写过哪些文案，而李欣频的书是我唯一能够找到的比较完整的文案作品集。她当时为很多客户写一种很有细节表现力的文案，其中最著名的就是为中兴百货和诚品书店写的一系列文案。我那时候从李欣频的文案当中，深深地体会到并且学到了如何把文案写得具体、写得细腻。

第二，在文案的写作技巧和特点层面，我奉为标杆的就是我的"男神"钱锺书。

钱锺书的《围城》我读过很多遍，并且在我的"知行读书社"里也领读过。从他那里我学到了千奇百怪的比喻思维。我深入研究过他的比喻手法，并且持续不断地加以运用，以至于后来这也成了我自己的一种文字特色。

第三，在文案的布局和结构设计能力上，我曾经把冯唐视为我的标杆。

冯唐早年是从麦肯锡出来的，而在麦肯锡工作的人有一个特点，就是无论写什么东西都采用"金字塔结构"。所以冯唐自己写杂文、写散文也有这个特点，他是用"金字塔结构"来写作的。也就是先在开头设定一个核心，然后围绕这个核心，通过几个分支来展开说明，一般不超过三个分支，最后再来一个总结。我在《峰帅·个人品牌放大器》那本书里，也特别强调过"金字塔结构"在表达上的优势，它会让你的文案结构特别清晰，逻辑特别严谨。所以我现在写文章、做培训，甚至写课稿，都受到"金字塔结构"的很大影响，事实上这个影响最初来自冯唐的文字。

第四，在文案的灵动性与真实性上，我很早就把李敖视为标杆。

我在大学的时候就开始读李敖的书，后来读了他所有的文字，一度对他的文字以及整个人都到了崇拜的程度，因为我认为他的文字和他这个人，是合而为一的。无论他本人有多少优点、多少缺点，也无论他写的东西是好还是坏，这些在我看来都不重要，重要的是他的文字虽然张扬，但非常真实，并且非常灵动。

我想你应该也发现了，我奉为文案标杆的这四个人，其实他们都不算纯粹的"文案人"，但是他们谁不会写商业化的文案呢？所以他们四个人加起来，帮助我培育了超强的"精气神"。

向标杆学习的三个阶段

当你明确地树立了自己的文案标杆以后，又应当如何从标杆身上真正学到东西，然后成就你自己呢？我的经验是，这个学习的过程要经历三个阶段。

第一个阶段，叫通读。

你既然已经奉这个人为文案标杆了，毫无疑问，当然应该把他所有的作品尽量全部都找来读一遍，用最大的诚意和最大的耐心，去深入地学习。

第二个阶段，叫模仿，而且要尽可能惟妙惟肖地模仿。

你可能会担忧："那不就变成抄袭了吗？"抄袭和模仿完全是两码事：抄袭是把别人的文字拿来稍微改一改，甚至改都不改，然后署上自己的名字；而模仿，是模仿他的气质、他的思路、他的写法，达到一种"神似"的样子。就像电视上的"模仿秀"，最厉害的模仿秀其实并不是外貌长得像，而是一个眼神、一个转身，就让人觉得"哇，就是他！"。所以你千万不用担心，也不用忌讳说你模仿了×××。你如果要学习你的标杆，只有从骨子里把他模仿到惟妙惟肖的程度，才能无限接近你的标杆，才能"局部性地成为"你的标杆。这时候你才能真正深刻地体会到他为什么会这么写。

第三个阶段，你要想尽一切办法摆脱你的标杆。

好不容易学进去了，为什么要摆脱呢？著名国画大师李可染讲过一句话，他说你如果要真正地学好别人的东西，就要"用最大的功力打进去，用最大的勇气打出来"。我们之所以要摆脱标杆、摆脱我们的文字英雄，是为了避免被永久性束缚，为了避免我们的文案走向单一性。

那么应该怎么样去摆脱呢？告诉你一个我自己的绝招，就是**要刻意地站在你标杆的对立面去做**。拿我自己来说，我会刻意地不再去写像李欣频那种很长、很细腻的文案，我会尽量写得很短，并且多用其他方法来写；我会刻意地不去使用钱锺书那种书生气的比喻，而是用更具现代感、更加生活化的比喻；我有时候会刻意地避免使用"金字塔结构"，而是把文案写得看起来很散、很随意；我也刻意地抛弃了李敖那种个性张扬的文字，让自己写得更加平淡如水、"面无表情"。

因为当我从标杆身上充分汲取了养分，已经激发出了体内的写作潜能，培育出了能够驱使各种文案技法的"精气神"以后，我就要更加广取博收，去学习这几位标杆以外的更多人了。

第 ❸ 章
怎么通过"意会式学习",打通文案写作的"任督二脉"?

这一章的标题看起来有点玄乎:我们经常说"只可意会,不可言传",既然只可意会、不可言传,那还怎么讲呢?

还是要先跟你讲一个我的亲身体验。

我因为职业的原因,从 20 多年前开始,有两件事是几乎每天必须做的:一件是不断地想各种广告创意,另一件就是写各种文案。有时候我加班加点想创意、写文案,或者一帮人坐在一起开创意会,但非常痛苦的是,无论如何这个创意就是想不出来,文案也是写了又改、改了又写,总也写不出一个让自己满意、让别人也满意的文案。这时候会出现一个神奇的现象,就是在吃饭的时候,或者上厕所的时候,或者走路、坐车的时候,创意和文案会突然自己冒出来。请注意,我用了"突然"这个词,因为就好像创意和文案自己从脑袋里涌出来一样。

这到底是怎么回事呢?

在第 2 章里,我跟你分享了如何通过"树标杆"来激发出体内的写作潜能,也就是要从文案的细节表现力、文案的写作技巧和特点、文案的布局和结构设计能力,以及文案的灵动性与真实性这四个层面,对你的标杆进行"精气神"的模仿。但是我在对标杆进行学习和模仿的时候,其实并不是逐字逐句地去推敲分析他们的文字,而是通过一种"意会"的方式去学习的,并且这种学习的效果非常显著。

但是我们很多人在进行文案写作训练的时候,常常会陷入三个误区,而能规避这三个误区的,是三个正确且有效的训练方法。

第一个误区：抄写文案。

你可能看到过，现在很多人在学习文案写作的过程中，会大量地抄写各种文案范本。但是我必须告诉你：千万不要去抄写文案，因为抄写文案跟上学时抄写生字大不一样。在抄写生字的时候，你的注意力在"字"上面，所以你抄一遍就会加深一遍印象，抄两遍就会加深两遍印象，最后这个字你就会写了，这没有任何问题。你在抄写文案的时候，注意力反而不应该在字上，而应该在"文案"上，可是你在抄写文案的时候，注意力恰恰会被牵引到"字"上。我所认识或者所知道的那些文案高手，没有一个是通过"抄写文案"抄出来的，这甚至根本不能成为文案写作训练的手段之一，我把这种方法称为"傻练"，所以你千万不要这么做。

那我们应该怎么做呢？

第一个有效做法：心领神会，把范本刻在心里。

这个取代抄写文案的方法，我称为"心到"，也就是你要把你所欣赏的那个范本，不断地读，直到烂熟于心。我之前说过，对于标杆的文字，一定要通读，通读正是为了全面了解和感受标杆的那些优秀文字。而熟读，则是要把标杆的那些好文字深深地刻在心里。

比如，我早年对于李欣频的很多文案，都熟读到几乎能背诵的地步；钱锺书的《围城》《写在人生边上》这样的小说和散文，我也都读过无数遍，他的很多比喻句我都能背诵；冯唐有一本杂文集叫《活着活着就老了》，里面的很多文章我也都读过十几遍，很多文章的结构和内容我甚至能复述出来；当然还有李敖，我不但通读过他的《李敖大全集》，很多文章我还读过几十遍，甚至还把他所有的文章按照写作时间顺序重新排列了一遍，然后去感受他几十年写作风格的变化。

我就是这样用"心到"的方法，一遍一遍地熟读那些我眼中的范本，学习我的标杆。古人说的"书读百遍，其义自见""熟读唐诗三百首，不会吟诗也会吟"，就是这个道理，因为当你在熟读范本的时候，你的心已经走进了那个范本。根据我多年的实践经验，这种潜移默化的效果要比抄写文案的效果好得多。

第二个误区：拆解技术点。

你可能也看到过，很多人喜欢拿着一个文案范本，反复拆解它的撰写技术，比如它是怎么起头的、怎么转折的、怎么举例的，然后又是怎么总结的，最后又是怎么下一个消费指令的。事实上，这种方法也非常不可取，因为拆解其实就是在寻找一种"确定性"，也就是那篇文案发生效果的一个"确定的临界点"。但是这个"确定的临界点"实际上是不存在的，最起码是飘忽不定的。这就好比我们知道每天都有黎明，都是从天黑开始，然后慢慢地到了黎明，最后天亮了，但是如果你非要确定黎明是几点几分到来的，显然无法确定。一盆花，你把种子埋在土壤里，它总会发芽、开花，但是如果你非要确定这盆花到底会在哪一天具体开放，显然也无法确定。真实的情况是，黎明会慢慢到来，花儿会慢慢开放，只是你察觉不到。所以，千万不要过度地拆解一篇文案。

当你学习范本的时候，其实更多要像小时候学骑自行车那样，你并不是靠拆解动作学会骑车的，而是通过不断刻意练习，练到一定程度以后，自然而然学会骑车的，那一刻仿佛任督二脉"突然"被打通了，"突然"你就学会了，这才是真正的"意会式学习"。

而写文案也一样，你把一篇文案的起承转合拆解得再仔细，你最后学到的也只是片面和僵化的技术，而不会产生一种"心领神会"的感觉，也不会真正达到融会贯通。

第二个有效做法：把自己替换成你的标杆。

这个取代技术拆解的做法，我称为"意到"，也就是你要把自己替换成你的标杆，当你在熟读那些范本的时候，你要想象自己就是那个作者，"我就是李敖！""我就是钱锺书！""我就是×××！"。总之，要彻底地转换成他的身份、他的立场、他的视角、他的观点、他的语言习惯……可以说，这就是一种"文字冥想"：你闭起眼睛来，假想你的标杆已经被你替换掉了，假想这篇文字就是你自己写的。

总而言之，你在熟读了范本的同时，要让你自己最大限度地"变成"作者，而不是简单地去模仿和拆解。不要停留在那个肤浅的技术层面，而要深入标杆的内心世界，这就叫"意到"。

第三个误区：纠结于遣词造句。

这也是很多人学习文案写作最容易犯的毛病之一，比如纠结这个名词要这样用、那个动词要那样用。我的文案也经常会被一些学员拿来做分析："峰帅的这个动词用得真好！""那个句子写得真传神！""这个比喻用得太绝了！"当然，如果你把我的某一篇文案当成一个范本去学习，我是赞成的，但是我不赞成对我的文案做过多的分析，因为你无论是写短文案还是长文案，一旦纠结于微观的一词一句，你的双眼就会被蒙蔽，你就会陷入"咬文嚼字"的状态中，无法在文案的大殿中自由徜徉。

第三个有效做法：感受作者的那种"真实呼吸"。

这个取代纠结词句的方法，我称为"场景到"。既然你现在已经把自己替换成你的标杆，你已经进入他的角色，有了他的身份、他的观点、他的视角和他的语言习惯，那么这时候你还应当进入他写这篇文章时的那种场景和语境，也就是他是在什么情况下、针对什么目的而写的。所以紧跟着"意到"而来的，是你的脑海中一定要形成一种画面感、一种场景感、一种呼吸感、一种触摸感，真真正正地用你的意念去体会那篇文章当中所写到的场景和感受。只有这样，你才会迅速地把自己身上那种"真实的表达能力"给调动出来。

所以，我们在训练文案写作时，很多时候往往并不是在写，而是在想、在体会、在感受那种原先感受不到的"真实"。

我的"意会式"操练

举个例子。

我的四大标杆之一冯唐，在 2007 年他三十多岁的时候，写过一篇文章，叫《大片王朔》，写的是他对王朔和王朔文字的评价。现在看那个时候的冯唐，他的文字其实还有一些做作，不像现在已经趋于平淡了。但即便如此，他那时候文章的个性化风格已经形成了，尤其是"金字塔结构"这一点，识别度非常高。

《大片王朔》这篇文章不长，你在网上可以查到，总共大概也就一千多个字，却是我用心读过很多遍的冯唐文章之一，这属于典型的"心到"。而我在读他这些我比较喜欢的文章时，常常会想象我自己就是冯唐，我会尽可能地去体会他在这篇文章里为什么会有这样的观点，他为什么要这样去写，为什么是这样的视角。当我这样把自己"替换"成冯唐以后，我就会进入"意到"，然后我会闭上眼睛去想：假如我不是冯唐，我还是峰帅，现在让我来写这篇文章，我会怎么写？如果不写这篇文章，让我写一篇类似的文章，我又会怎么写？

很巧的是，同样在 2007 年那一年，冯唐出版了他的第三部长篇小说《北京，北京》。那时候有一本叫《TimeOut 上海》的杂志向我约稿，约我给冯唐的这本新书写一篇书评。于是我就花了一个小时，飞快地写了一篇短小精悍的书评，题目叫《磁性文字》，全文是这样的。

磁性文字

刚开始工作那会儿，学习广告创意，总监说，一切的艺术、一切的创意，起步于抄，先盲目地抄，然后有选择地抄，然后懂得创造，最后懂得创造得好。我曾经设想，文字也是艺术，也需要创意，大抵也该遵循这个流程吧？

读冯唐的文字，设想得到验证。初读，感觉贾宝玉初见林妹妹似的，底蕴厚厚的，气质痞痞的，姿态雅雅的，面善。四处对照，在当代人里没找到明显的师承。后来发现，冯唐自己捅破过窗户纸："我第一次阅读亨利·米勒比我第一次解剖大脑标本，对我更重要。……那时，我开始修炼我的文字。"读过《十八岁给我一个姑娘》，读过《万物生长》，再读《北京，北京》，断定他终于过了涩涩的模仿期，自行创造，成果显著。

同亨利·米勒一样，《北京，北京》琐碎、断裂、自我，有一种难以归类的巨大力度和磁性，直接把我吸附过去。

琐碎。作家笔下无小事，于无声处听惊雷。写得不好，《儒林外史》那么重的大题材，给中国古人处理起来一样糟糕；写得好，逛大街，穿小鞋，吃蛋炒饭，看少妇胳膊，写来一样勾魂摄魄，绕梁千日。冯唐在《北京，北京》里，喝大酒，睡女人，坐夏利，琐碎更细微，但顺着读过去，生活立刻就树在面前了。

断裂。常常觉得，中国人的文字里，最好的小说家是司马光他们，把一部历史写得如同小说，莫名其妙开始，莫名其妙结束。像冯唐说亨利·米勒的《北回归线》，你可以从任何一页读起，没头没脑，有的只是快感。寻丝觅迹，这种快感除了来自语言，还来自意象的断裂。《北京，北京》断裂，断裂的间隙处全是功夫，像真品景泰蓝的冰裂纹，造不来假。

自我。好多用文字永垂不朽的，不是因为开头拿自己说事儿，就是死前拿自己说事儿，比如海明威，比如卢梭，比如卡萨诺瓦。想想，写字的人，自己就是苍生，写自己就是写永恒。想象力再好，深不过经历；世事再洞达，明白不过自己。冯唐似乎深明此道，所以写到《北京，北京》，还往这路上靠，只不过他跟他的老师亨利·米勒，都是年近而立看山非山看水非水时，才拿自己说事儿，好处是过去有写头，前面还有得写。

冯唐说，《北京，北京》将是他最后一部基于自己经历的长篇小说，此后，假如他学会运用想象、胡编故事、制造高潮、提炼主题种种世俗的写作技巧，他就不做金领，就没有理由不去专职写作了。据说专职写作的人，大多守不住，写着写着就油了。琐碎、断裂、自我之后的冯唐，不知道会不会写油了，写出不再让我热血沸腾的文字，读着，让人叹一句："冯唐易老！"

（2007年12月发表于《TimeOut 上海》杂志，署名"万谷"）

和冯唐自己的那篇《大片王朔》对比阅读一下你就会发现，无论是在结构上、在风格上，还是在措辞上，我这篇书评都带有很明显的"冯唐味儿"，但事实上我并没有刻意地模仿他，而是在那个阶段的那个时刻，我已经完全把自己"替换"成了冯唐。假如你现在让我再来写这篇书评，我一定不会像这样去写了，但是正因为当时的我在经历这样一个"心到、意到、场景到"的阶段，正因为我在不断地用这种"意会式"的方法去学习，我才真正学到了我的标杆的文字功夫精髓。我用这样的学习方法打通了文案写作的"任督二脉"，然后才逐步形成了属于我自己的风格和方法。

现在让我们回到这一章最开头的那个问题：为什么当我们苦思冥想一个创意的时候，往往老半天都想不出来，创意却在无意之中突然就冒出来了？为什么当我们绞尽脑汁写文案的时候，经常很久都写不出来，突然之间又文思泉涌了？

其实道理很简单，因为在整个过程中，我们的脑海早已刻上了某种意识和某种意念，我们其实一直带着这种意识和意念在思考，这时候无论我们在吃饭、在撸串还是在走路，我们的脑子始终没有停止思考，只不过是在一种放松的状态下思考，所以才会在"突然之间"水到渠成。这跟我所说的突然学会了骑车、突然黎明到来了、突然花儿盛开了，是一样的。

所以这里面体现了很关键的两点，对于我们的文案写作训练非常重要。

第一，你一定要始终保持"有意识"。

也就是说你要充分地意识到你这篇文案是写给谁看的，你要告诉他们什么内容，你要解决什么问题，为什么只有你来解决这个问题最合适。总之，在你的心里、脑子里，一定要带上这些强烈的意识。只有当你带上了这些意识，你的所有思考、所有想法才不会跑火车，才不会是茫然的。

第二，在带上了这些意识以后，你要不断地写、写、写。

每一次想和写，都是我们在一个特定的视角和场景下"游泳"。所以我们学习文案写作，应当用这样的方法不断地展开操练。

这一章跟你分享的内容和方法，乍一看好像有点玄乎，事实上它带给你的效果，会比你漫无头绪地去抄写文案、拆解文案快得多，也好得多，因为这就是我自己的训练方法之一。希望你认真消化以后，也能在实战中认真地操练起来。

第 ❹ 章
怎么抛弃一切文案派系，写出自己的"本真"？

我们知道，在文学创作上，无论是写小说、写诗歌还是写散文，都有"本真"这一说，也就是一看就知道这篇文章是谁写的，因为每一个作家的文章，都有一种属于他的独特气质。但是在服务于品牌和产品的商业文案写作上，也有"本真"吗？

答案是：有的。

比如，罗永浩经手的广告文案，一看就像他本人说话那样酷酷的、跩跩的；李欣频写的长文案，一看就透着她本人那种知性、优雅的气质；我写的广告语一看就像我本人那样简单明了、一针见血。这其实就是"文案的本真"。

甚至在很多时候，同样一款产品或者一个品牌的文案，如果换了一个人去写，文案传递出来的气质也会发生一些变化。

再比如，陌陌 App 在不同阶段所发布的海报文案，其实都不是同一个作者写的，你会发现，即便这些文案的思路差不多、创作手法差不多，但是它们的风格和传递出来的气质，仍然有着微妙的差别。

同样，我的团队发布的所有文案，其实也不是一个人写的，有些是我写的，有些是其他小伙伴写的，虽然文案的内核始终是一致的，但呈现出来的风格和气质却有着很大的差别。

所以我经常说，写文案其实不难，难的是把文案写"对"，而最难的是这文案一看就是你写的。这也是成为一个文案高手比较难跨过的一道门槛，就是你不但要把文案写得符合商业要求、达到商业目的，还要能写出你自己的"本真"。这需要经过一定量的积累，更需要有意识地刻意训练。

"本真"的文案有什么特点？

我总结了一下，"本真"的文案有这么几个特点。

第一个特点：口语化。

事实上我们不难发现，那些流传久远，或者点赞率、传播率很高的文案，都是口语化的，用现在的话说就是"说人话"，而不是故作高深或者故意充斥书卷气。

第二个特点：不费力。

所谓的不费力，指的是看起来不费力，有点像腾格尔唱歌，用最大的力气，唱出最轻的声音。"本真"的文案看起来写得非常轻松，似乎没花什么力气，背后却用大量的常识和专业来支撑。

第三个特点：人格化。

所谓人格化，也就是前面所说的带有一种独特的气质和风格。这种人格化，会体现在创作者的认知维度上，体现在他的核心观点上，体现在他本身遣词造句的习惯上……这一切都会形成他的文案的人格化。

但是，"本真"的文案的这三个特点，尤其是可贵的人格化这一点，在今天各种文案的"派系"面前，却变得越来越微弱、越来越少见。

文案不知何时有了"派系"

我们知道，在民国时期，英语只有一个科系，就叫英语系。现在高校里面的英语系，却派生出了各种专业，比如商务英语专业、英语翻译专业、国际教育专业、境外贸易英语专业等。

同理，在我刚入行的时候，文案也只有一个名字，就叫文案。但是现在满世界都能看到各种名目的文案，比如朋友圈文案、变现文案、成交文案、收钱文案、短视频文案……甚至很多学员在报我的文案课之前，以为学写文案就是学写"朋友圈文案"。

我不得不说，作为一个文案人，当你心里装了这些林林总总的文案名目时，也就意味着你对文案有了"派系之见"，以至于你在学写文案的过程中，不由自主地受限于这些"派系"。

受限于"文案派系"的三种常见表现

第一种表现：认为文案的形式有高低之分。

有人会觉得能直接变现的文案才是好文案；有人会觉得短的文案才是好文案，写长了就说明文案写作的功力不行；还有人会觉得有文采的文案才是好文案，如果遣词造句平平无奇，那就不是好文案。

这让我想起李连杰主演的电影《霍元甲》里的一句台词："功夫并没有高低之分，只有人才有强弱之别。"这句话用在文案上其实也一样，在我看来，文案并没有高低之分，是写文案的人有强弱之别。就如同不同颜色的颜料，颜料的颜色本身并不存在好与坏，只是在不同的画家手里、在不同的设计师手里，他们在运用不同颜色的时候，就有了高低之分。

第二种表现：以为学了某一种文案的写作，就会成为文案高手。

就我所见，很多人觉得只要学了变现文案写作，就能赚很多钱；很多人觉得只要学了销售文案写作，就能卖出很多货；还有很多人觉得只要学了短视频文案写作，就能做出爆款视频。

陆游对他的儿子说过一句话："汝果欲学诗，工夫在诗外。"意思就是，你如果真的想成为一个优秀的诗人，每天只是盯着诗，是写不好诗的，得在写诗以外的其他修为方面下功夫。

学习文案写作的道理其实也一样：你想要真正学好文案写作，很多功夫在文案写作之外，更在某一种、某一类文案写作之外。

第三种表现：一味地追求文案表面的那些技巧和套路。

我经常说，任何文案表面的技巧和套路，其实都可以相对比较快地掌握，但文案背后的那股"精气神"，以及文案深处的那种"气质"，才是最难修炼的。就好比现在很多人去学弘一法师的字、学启功先生的字，粗一看，确实有那么几分像弘一、像启功，但是这种相像只是皮毛上的，弘一和启功书法里的精神和魂魄，一般人很难学到，因为他们都是学了许多前人的字，加上自己日复一日地琢磨和修炼，再结合自己的喜好和见解，最后才自成一派的。

同样的道理，学文案写作如果只是学一个文案高手的表面技巧和套路，直接去抄他的"形"，却不去探究他在文案写作上曾经走过的路，这就"画虎画皮难画骨"，终究不可能成为一个带有自己"本真"的文案高手。

那么到底应该如何训练出那种口语化的、看起来毫不费力的、人格化的"本真"文案呢？

"本真文案"写作的三步训练法

第一步：设一个真对象。

当你写文案的时候，一定要假设你面前就坐着一个真实的用户。如果你仅仅是对着屏幕，或者对着本子写文案，这时候你在潜意识里其实是写给你自己看的，很容易就变成"自说自话"。而当你假设你面前坐着一个真实的用户，这时候你的文案才是直接写给别人看的。

这种训练状态非常非常重要，它可以立竿见影地改善你写文案时的心态，以及文案写出来以后的那种气场。这跟我们训练做商业提案或者演讲是一个道理，比如，我自己有时候在演讲或者做商业提案之前，会进行内部演练，这时候我的面前会安排坐一些真人，甚至我在录课的时候也经常这么干，因为这会让我有一种非常真实的场景感。

第二步：好文案说出来。

当你假设面前坐着一个真实的用户以后，你最好不要直接写文案，而是先用嘴巴把文案说出来，然后再对你说出来的文案进行手动修改。

这一步的训练非常关键。我经常对我的学员们说，真正的好文案都是"流淌"出来的，不是苦思冥想"憋"出来的。而用嘴巴说来代替直接写，正是让你的文案流淌起来的一种捷径。

比如，我有一个朋友，已做了十几年的资深文案人，但是她每次录短视频之前，一定要先写好文案脚本，然后再对着提词器进行录制。有一天我就建议她："你不要依赖文案脚本，当你构思好一条视频的大致内容以后，你就拿起手机直接讲、直接录，就像你正对着一个闺蜜打视频电话一样。"她当晚回去就试了，果不其然，录完视频以后她跟我说："直接对着手机讲，录出来的短视频，感染力确实跟以前完全不一样！"

当你对着电脑或者拿起笔一本正经写文案的时候，心里就会本能地紧张起来，这时候你的文案距离口语化、不费力和人格化就远了很多。生活常识告诉我们：你的文案最口语化、看起来最不费力、最人格化的时候，正是当你跟人聊天的时候——要让文案在任何时候都无限接近"聊天"。

我自己就是一直这么干的：我写过的最长的文案和最短的文案，都是先说出来，然后再进行修改，也就是"先说后写"的。当我写口号文案、朋友圈文案、海报文案这类短文案的时候，我通常会在心里先默默地"说出来"，然后根据我所说的，把字打出来；当我要写长文案，比如几千字的销售软文、课程的课稿，甚至写一本专业书时，我撰写的方法都是先对着提纲说一遍、录下来，然后转成文案，再手动进行修改，这时候所呈现出来的文案效果，都会非常生动。最典型的例子就是我的《峰帅·个人品牌放大器》，以及你正在阅读的这本《文案收银机》，这两本书都是用这样的方式写成的。

第三步：己所欲施于人。

用"先说后写"的方式写出文案还不够，你还得进一步把你自己当成用户，然后让别人把这篇文案读给你听。如果你自己都被你的文案打动了，你就把它发布出去给别人看。换句话说，我们写文案，更多的时候要写"别人想听的"，而不是写"自己想写的"自嗨文案。

通常情况下，无论是"说文案"还是"写文案"，其实你所站的往往都是"乙方视角"，也就是"自嗨视角"，而只有当你切换成"甲方视角"，或者叫"用户视角"，让别人把文案读给你听的时候，你才能比较真切地感受到你自己有没有被吸引、有没有被打动、有没有因为你的文案而产生消费冲动。假如你自己都被吸引了、被打动了，并且产生了消费冲动，这时候你的文案才算真正完成了。

用以上三步法进行"本真文案"写作训练，谈不上是我的独家发明，但是这个简单的道理和这种简单的方法，的确没有被许多文案人所重视和使用。刚开始训练的时候，你可能会不太适应，尤其你会觉得用嘴巴"说出来"的文案会有瑕疵、会磕磕巴巴。其实这些都不重要，因为这些技术上的小问题，后续都很容易进行修补，但是你要知道："口述文案"所形成的那种口语化、人格化和本真化，却是你在后期无论如何也修补不出来的。这就好像我们后人学习王羲之的字，对于他写给家人的便条上的那些字，即便我们学得再像、再好，也没法学到那种随意感和洒脱感。

第 5 章
怎么搭好"金字塔结构",让文案更有魔力?

这一章要学习的方法——"金字塔结构",也不是我的发明,却是我写文案时绝招中的绝招。这个章名得分两层意思来理解:第一,什么是"金字塔结构"?第二,"金字塔结构"会带来什么魔力?

什么是"金字塔结构"?

"金字塔结构"来源于麦肯锡的《金字塔原理》这本书。但是这本书写得实在是太啰唆了,而且内容也比较枯燥,很多人读都读不下来,更不用说运用"金字塔结构"了。

下面我用最简单的文字来概述一下"金字塔结构"。

假设你要提出一个观点,你可以向下找到若干分论点,来支撑这个观点,从而形成一个金字塔,这是金字塔的第一级;然后针对每一个分论点,再往下又可以分别找到若干分论点来支撑它,形成一个一个小金字塔,也就是金字塔的第二级,或者叫"金字塔儿子";以此类推,再往下,还有"金字塔孙子""金字塔曾孙"……从理论上来说,可以向下延伸出无数级、无数个金字塔,就像《愚公移山》里说的"子子孙孙无穷匮也",从而形成一个"金字塔家族"。

我们再反过来看,从这个"金字塔家族"的底部往上走,所有的金字塔玄孙、曾孙、孙子、儿子,它们都隶属于同一个源头、同一个老祖宗,也就是你所提出来的那个最核心的观点,这就叫"金字塔结构"。

听起来是不是特别简单?但就是这么一个简单的"金字塔结构",如果你运用好了,就会成为你写文案,尤其是写长文案的一个法宝,让你的文案拥有无限的魔力。

"金字塔结构"会带来什么魔力？

第一个魔力：你写文案的逻辑不会乱。

其实很多人都不曾想过，我们在写文案这件事上，最大的一个难题并不是怎么样把文案写得天花乱坠、打动人心、让人买单，而是怎么样写得一目了然，让人能够读懂，能够"入耳即化""入眼即化"。

很多人都想写好文案，都会去学习写这种文案、那种文案，有些人甚至想一夜之间就凭着一篇文案增加许多收入。但是说实话，真正能够把文案写得简单清晰、"小孩子都能看懂"的人是百里挑一，甚至千里挑一、万里挑一的。更多的情况是：很多人一写文案就千头万绪、逻辑混乱，文案让人读了以后一头雾水，不知道它到底在讲什么。这才是绝大多数文案写作者自己看不见，或者不愿意承认的一种现状。

"金字塔结构"就可以非常有效地帮你规避这种逻辑混乱，无论你是写一万字的长文案，还是写几十字的短文案，它都会"逼着你"去梳理清楚自己到底要说什么、要分哪些点去说。

比如，此时此刻，我要告诉你用"金字塔结构"写文案有什么好处，那么当我提出这个命题以后，就必须思考清楚到底有哪些真正的好处。这就好比你要给人指路，你的目的是让问路的人从这里走到目的地，所以你必须依次说清楚先怎么走、再怎么走、然后怎么走，从而确保对方能够听懂，最后能够到达那个地方。

要达到这个目的，有一个非常重要的原则，我称之为"少而穷尽原则"。也就是说，支撑一个论点的分论点，你一定要罗列得尽量合适，一般来说不超过五个，最好是三个，但是这三五个分论点，又要把所有情况都给包含进去，没有任何遗漏。

比如，我讲个人品牌课，在讲到什么是私域资产的时候，我说私域资产有且只有三大重要领地，分别是朋友圈、会员群和用户池。这个解释就遵循了"少而穷尽原则"。再比如，我在讲生意模式的时候，我说一切生意模式归根结底都由三个小闭环组成，分别是交付闭环、价值闭环和盈利闭环。这同样遵循了"少而穷尽原则"。

当你在写文案时候，如果在你的"金字塔结构"里列举了三个分论点，但是别人还能替你补充第四点、第五点，这就说明你的分论点并没有穷尽。也就是说，你的"金字塔结构"是不稳定的。而反过来，如果你列举了七点、八点甚至十点，才把一个观点讲清楚，这又说明你的分论点罗列得不够少，别人就会记不住，也懒得去记住你说的。老话说"事不过三"，还是非常有道理的。

所以请千万记住，"少而穷尽原则"是我们在训练搭建文案"金字塔结构"时的一个核心的原则，你得在训练过程中不断地推敲你所列举的那些分论点是不是科学的、是不是必需的、是不是多余的。

以上就是用"金字塔结构"来写文案的第一个魔力：你的逻辑不会乱。

第二个魔力：没有人可以轻易改动你写的文案。

说一件非常有意思的事。

我在2022年感恩节的时候，推出了一堂关于创业的公开课。公开课结束以后，工作组的同事需要把我现场讲课的内容整理成一篇推文来分享给大家。但是整理出原稿以后，有足足四万多字，而这篇推文需要浓缩成一万字左右的精华帖，然后才可以发布。同事在整理过程中就说："这太难了，简直比减肥还难！"

为什么会这么难呢？删减文章不是很简单吗？同事说："峰帅的课跟他的文章一样，逻辑太严密了。每一个大论点下面都有分论点一、二、三，每一个分论点下面又会有更小的论证一、二、三，然后在这些更小的论证里面又有各自的案例，所以难以下刀，删改了整整一天。"

无独有偶，2021年，我受北京的朋友柿子姐嘱托，为她的新书《视频号高阶运营》写一篇序言。但是我答应下来以后，拖了好久都没有把序言给她，最后等到这本书临近出版的时候，柿子姐终于忍不住来催我了。于是我就在一天早上，只用了一小时，就把这篇序言写完给她了。后来柿子姐告诉我，这篇序言提交给出版社以后，编辑基本上没有改动。并不是编辑不想改，而是不需要改，因为我写这篇序言同样使用了"金字塔结构"。

在序言的开头，我简单讲述了一下我跟柿子姐相识一年的经过，然后对于她的性格特质和为什么她能写出这本书，我用了三个词来概括：专业、冷静、稳定。再分别对于她怎么专业、怎么冷静、怎么稳定，进行了一番我自己的阐述。紧接着，我又用了三个词概括了我对她这本书的读后感：扎实、理性、聪明。然后同样分别阐述了一下这本书写得怎么扎实、怎么理性和怎么聪明。

这篇序言不长，我把原文完整地附在下面，作为商业推荐文章供你参考。

书如其人柿子姐

我是很久以后才知道，柿子姐本名叫黄玉秀。2020年的7月头上，我正式开始做视频号，那时候基本上是个小白，所以每天自己拍视频少，更多时间是刷一些优秀号主的内容，于是就关注了"柿子姐说产品"这个号。因为据我观察，以一个职业产品经理身份做视频号内容的号主真是非常少，而我又是非常"产品思维"的一个营销人。现在回头看，如果让我列出通过视频号认识的前十位朋友，绝对少不了柿子姐。

但事实上我跟柿子姐认识很长时间里，也并没有太多直接的交流，只是互相一直关注着彼此的内容，时不时点个赞、评论一下。这也正是视频号的神奇之处，即便你俩不说话，也大概知道对方每天在干吗、在想啥。后来柿子姐要做一个主题的系列内容，请各行各业的号主朋友说说对"产品经理"这个职业的看法，她请我也站在一个营销人的视角拍一条视频。我觉得这个切入点很有意思，就欣然拍了。从那以后，我俩的交流才多起来，以至于后来我做"俯头帮营销平台"，也郑重地邀请柿子姐加入平台的导师阵营。——俯头帮这个案例柿子姐也在这本书里有所分析。

总体而言，和柿子姐相识一年以来，我对她的认知基本可以用三个词概括。

第一是专业。由于本身是一个从业多年的资深产品经理，柿子姐从一开始就把视频号当成一个产品在培育和经营，所以在内容输出上，不论是说产品、说商业、说职场甚至说生活，都自然地流露出专业的产品思维。这种职业的姿态，跟我自己当初在做视频号的时候，把视频内容当作"营销课纲"输出这一点非常类似，或许这也就成了我们能够千里之外链接起来的一个重要原因。

第二是冷静。视频号带来的氛围其实是喧哗和浮躁的，但我欣赏柿子姐的另一点是，不论外界舆论导向如何，不论外界如何波动，她始终坚持走自己的路、闷头做自己的事，她有自己的目的地，不会偏离自己的主轴。

第三是稳定。如果你看柿子姐的职场履历就能感受到，她的职业经历没有归零过，换句话说，她始终在做自我叠加。对终身成长而言，我认为没有什么比这一点更重要。于是体现在做视频号上也一样，因为坚守自己的内容输出原则，柿子姐基本上能够确保持续输出稳定的内容，应该是一种日更的状态。虽然我本身并不强调日更，但对很多人而言，日更是一种能力和态度，非常宝贵。

我想，这三点应该是柿子姐行事为人以及成事的"三块基石"。因为有了这三块基石，她今天写出这本关于视频号的力作，也是水到渠成的事。

出于信任，柿子姐请我为这本书写序。收到书稿以后，我快速读了两遍。而在此之前的一年内，关于视频号的书籍我其实已经收到并读过好几本，但是柿子姐这本给我的印象非常深刻，读过以后也产生了三点感受。

第一是扎实。这本书的视野很大，从视频号的商业背景，到它的算法，再到内容生产方法以及商业赋能价值，内容逻辑非常完整，并且全是基于柿子姐的亲身体验和思考的。所以在我看来，这本书既可以给即将涉足号圈的小伙伴作为入门书籍，同时，即便是视频号"老司机"，也仍然有必要读一读，因为至少在我接触范围内的号主，并不是所有人都有这样全面的视角。

第二是理性。我之所以认为即便是视频号"老司机"也应该读一读这本书，最主要的原因是它的价值观。书里最可贵的一个视角是"闭环力思维"，也就是把视频号放在整个生意的闭环中予以对待，从而让每一个无论在企业工作还是个体创业的号主进行思考：视频号对于我的生意，它的赋能价值到底在哪里？但其实并不是每个号主都有这样的意识，相反，急于追求视频号本身的"变现能力"成为当下的主流，这是我称为"视频号焦虑症"的根源所在。我很欣喜地读到柿子姐用理性学术的方式告诉大家：这是不对的！

第三是聪明。视频号专著事实上既好写又难写。好写是因为，但凡你深入过"虎穴"，总能说出个一二三四五来，要不然市面上也不会有那么多关于视频号的书了；难写是因为，这样的书籍很容易"过气"，因为我们根本无法预测互联网商业世界如何演变，我现在再读去年的某些同类型书籍，已经没法看了，因为中国的整个互联网商业生态已经快到可能几个月就让人与人之间形成代沟。我带着这样的忧虑，把柿子姐这本书读到最后，总算释然，因为她并没有给出所谓的"定论"，而是呼应开头，再一次将目光聚焦在视频号对C端和B端的"价值"两个字上。这是一种开放的心态和视角，所谓千人千面，这是我们研究和使用一切互联网工具对商业进行赋能的本质意义所在，也是柿子姐写这本书的聪明之处。

愿更多人读到、用到这本书，也愿书如其人的柿子姐始终保持一颗纯真之心，对待视频号、对待职场和商场、对待自己的人生之路。

是为序。

峰帅

2021 年 6 月

于上海信堂

你可以看到，在这篇序言里，我使用了两个互有关联的金字塔，所以它的结构非常稳定，再加上论点和论据都没什么毛病，所以编辑确实不需要修改。

这就是用"金字塔结构"来写文案的第二个魔力。

但是你可能会说："写东西的最高境界不应该是招无定式、随心所欲吗？峰帅你也说过要训练写文案的'本真'，但是用'金字塔结构'来写文案，把我们的手脚给捆住了，这样不就没法自由发挥了吗？"

那么在下一章里，我就继续来讲一讲"金字塔结构"的第三个魔力：虽然它看起来是给我们写文案的手脚戴上了"镣铐"，但是能让我们把舞跳得更好。

第 6 章
怎么"装修"金字塔内部，让文案自由起舞？

上一章我讲了用"金字塔结构"写文案的两个魔力：第一个魔力是，你的逻辑不会乱；第二个魔力是，没有人可以轻易改动你写的文案。当然，第二个魔力其实也是基于第一个魔力而来的。那么在这一章里，我要来讲讲——

第三个魔力：可以让你戴着"镣铐"把舞跳得更好。

这主要基于两个原因：

第一个原因是，虽然我把这一套写文案的方法简单地称为搭建"金字塔结构"，但其实我们所设定的金字塔是一层套一层的，它整个构成是捉摸不定的，所以它会让人感觉你的文案写得千变万化。

第二个原因是，正因为你写文案时戴上了"镣铐"，也就是使用了"金字塔结构"，所以写的时候你就再也不怕跑题、不怕歪楼了，这样一来，你反而可以在金字塔里面随心所欲地去发挥你所掌握的一切文案写作技巧，从而让你的文案既显得千变万化，又具有明确的内核。打个比方来说，"金字塔结构"就好比马路上的人行道，它让你先别乱跑，然后才能随便跑。

第一个原因很好理解，我在上一章也重点讲过，你可以在一篇文案中设定若干金字塔，只要遵循"事不过三、少而穷尽"的原则就行。但是第二个原因应该怎么理解呢？我们到底应该如何戴着"镣铐"把舞跳好，又如何在"金字塔结构"里把文案写得随心所欲，最后还能打动用户呢？

我现在把文案比作一幢建筑，如果说第一点更像这幢建筑的"框架"部分或者"硬件"部分，那么第二点其实就是它的"装修"部分或者"软件"部分。

下面我就重点讲一讲，用"金字塔结构"来写文案的这个"装修"问题。请注意，下面我所讲的内容同样遵循"事不过三，少而穷尽"的原则。

文案的装修涉及以下两个核心要点。

第一个核心要点：装修文案的小标题。

我们在金字塔结构内部写文案时，常常需要通过拟定一些精彩的小标题，来表现一个一个分论点，这些小标题既是在替你自己总结这一段要讲的核心内容，也是为了让用户能够有兴趣读下去。所以你具体写的时候，可以写长，也可以写短，但是一定要遵循八个字：平白如话，跟我有关。这里的"我"，当然指的是用户。换句话说，如果你的标题写得文绉绉，我可能就读不懂；而如果写得跟我没什么关系，那我就懒得继续读下去。

举个例子。

在上一章我讲到的2022年感恩节公开课的那篇推文里，关于做生意，我提出了一个主题，叫《被你严重忽视的三个真相》，然后我写了三个小标题：第一个真相是，不是今年生意不好做，而是哪年生意都有好做和不好做；第二个真相是，不是生意不好做，而是你的生意不好做；第三个真相是，不是你的生意本身不好做，而是你自己把生意搞得不好做。这三个真相，其实最后是为了告诉你：做生意不要完全依赖大环境，或者抱怨大环境，而要遵循一些法则和常识去做。你可以看到，这三个小标题都写得"平白如话，跟我有关"。

我们经常对"标题党"嗤之以鼻，事实上标题党并没有错，因为当一篇文案发布以后，大标题是用来确保"点开率"的，而用户点开以后文案里的一系列小标题，则是用来确保"完读率"的。

第二个核心要点：装修文案的小场景。

其实你从写小标题开始，就已经在设定一种具体的场景了。之所以要设定场景，是为了把读者和用户放置到这个具体场景中去，从而取得他们的认同，最后让他们接受你的观点。但是，在紧跟着小标题的正文内容里，你还必须进一步强化这个具体场景，从而让用户能够最大限度地感同身受。

那么应该如何强化这些具体场景呢？有时候你要讲一个小故事，有时候你要举一个或者若干小案例来印证它们。但是无论你采用什么方法，请记住，关于这些场景的文案内容，也一定要遵循八个字：实事求是，跟我有关。换句话说，如果你写的内容是歪曲事实的，那就说明这个场景的设定是不精准的；而如果你写的这个场景跟我无关，那就不能引起我的共鸣。

还是拿 2022 年感恩节公开课的那篇推文来举例。

在那篇推文里，我还讲到了另一个分论点，就是很多人之所以生意做得很惨，是因为迷信了三样东西：

"第一个迷信，是迷信流量，认为只要有了流量就有了一切。"这是一个小标题，然后在这个小标题下面的正文里，我马上进行了一个场景的设定和强化。我说我有个朋友在抖音上已经有了几十万个粉丝，却仍然不知道自己的变现路径应该是什么。同时，我还举了一个反例说，刘德华不需要流量，因为刘德华本身就是一个超级品牌。所以在这段内容里，我设定了这样的场景来说明"品牌大于流量"，如果你没有建立起品牌，很多时候给你再多流量也无济于事。

"第二个迷信，是迷信风口，认为只要站在风口上，是头猪都能飞起来。"这同样是一个小标题，然后在这个小标题下面的正文中，我又进行了一个场景的设定。我说，假如真的是这样，那么所有做短视频的人都应该是"大 V"才对，所有做主播的人都应该是带货王才对，但为什么绝大多数人都不是"大 V"和带货王呢？说明在做生意中还有比"风口"更加关键的东西。所以你看，这也是一种"实事求是"以及"跟我有关"的场景设定。

"第三个迷信，是迷信圈子，认为只要混进了圈子，任何人都能变成富人。"在这个小标题下面，我用了一个"丛林法则"来进行场景的设定。我说，在一个森林里，只有狮子才有资格谈合作、谈抱团取暖，山羊、狐狸、小白兔是没有资格谈合作的。我用这个例子说明，如果你对别人没有价值，即便进入了一个圈子，也并不能成事，所以迷信圈子是不对的。

通过上面这些例子你可以看到，我在每一个场景设定里，都用了简单的语言对其进行了"实事求是"的强化，从而让用户觉得"跟我有关"，然后不由自主地产生认同。

关于这篇感恩节公开课的万字推文，你在微信直接搜索公众号推文《峰帅感恩节公开课精华稿：关于赚钱的 10 个"小猪蹄"》，可以阅读全文。从这篇文案里，你可以深度地学习和借鉴如何"装修"文案的小标题和小场景，从而更有效地打动读者、与用户成交。

说到这里，你可能会产生一个不大不小的疑惑："金字塔结构只能在长文案中发挥威力吗？如果写短文案，有没有它的用武之地呢？"

当然有，不然它怎么能成为我写文案的"绝招"呢？

再举个例子。

2022年11月，我面向所有学员和用户推出了"峰帅1对1商业全案咨询"服务，针对这个咨询项目，我打出了一个核心卖点，叫"带着问题来，拿着方案走"，无论你是个体创业者还是企业管理者（见图6-1）。既然是"带着问题来"，那么普遍会有些什么问题呢？于是我在宣传海报上列出了三个场景，也就是三个问题：第一个叫"定位不清不楚"，第二个叫"商业模式混乱"，第三个叫"持续赚钱好难"。也就是说，无论你是个体创业者还是企业管理者，如果你在创业和运营中遇到了问题，一定逃不出这三个问题，于是这就形成了一个"问题金字塔"。针对这个问题金字塔，我在为你提供咨询服务时，相应要解决的问题也就很清楚了，也就是帮你弄明白自己的生意定位、让你想清楚自己十年之内的商业模式、让你知道应该如何持续稳定地获得收益。

图6-1

你可以看到，这就是用"金字塔结构"写成的一篇非常短小的海报文案。所以，当你吃透了"金字塔结构"，就可以把它运用在任何文案的撰写中。

第 ❼ 章
怎么训练"比喻思维",让文案有犀利的"语言钉子"?

"比喻思维"是一个非常有趣的文案写作训练方向,因为它通常在写文学作品的时候才会被重视,但是根据我的经验,它在商业文案的写作中其实也非常重要。

比喻是文案里的"一阳指"

你或许没有意识到一个现象,就是文学中有一些修辞手法,对于我们在商业文案中的表达,以及商业文案所要达到的效果,会产生非常大的影响。

比如,你希望你的文案能够表达得更加有力量、更加有说服力,那么你就需要用好排比句;你希望你的文案更加容易被人记住,那么你最好能够用好对仗和押韵;你希望你的文案能够被人一看就懂,并且像钉子一样牢牢地钉在别人心里,那么你一定要用好比喻。

在我 20 多年的文案写作生涯中,我的第一篇正式文案,就是用比喻手法来写的,那是我在 21 岁时为华硕电脑写的第一篇品牌文案,题目叫《IT 史上的"麦哲伦船队"》。在这篇文案中,我把华硕电脑从我国台湾地区起家,一直到走向全球的整个发展历程,比作麦哲伦船队的环球航行。这篇文案在我现在看来还稍显稚嫩,但是这个比喻一看就懂,并且在当时的业内和消费者中,留下了非常深刻的印象。

它的全文是这样的——

IT 史上的"麦哲伦船队"

四百年前,听到麦哲伦将要领着他的船队做环球航行,人们都说麦哲伦疯了。"地球是平的",这是公认的事实。既然是平的,怎么可以"环球"呢?

但是质疑阻止不了麦哲伦前行的脚步。

船队一直向西航行,在艰辛中踯躅,在恶境里苦斗。

一年之后,他们来到那个海峡,就是后来被叫作"麦哲伦海峡"的海上枢纽。正是春天的时候,海峡美极了,水手们已经受尽苦难,再也不想走了,可是麦哲伦又带着他们冲出海峡,驶入太平洋,也驶向世界。

贪图安逸的,逃去了。

利欲熏心的,叛变了。

不堪折磨的,死去了。

这样受苦受难,又过了三年。

马里亚纳驶过了,菲律宾驶过了,马六甲驶过了,好望角驶过了。终于,在人们无比怀疑的目光下,麦哲伦的船队又回到了出发地。

旧的公理被摧毁了,新的公理建立了:"一直向西走,一定可以到达东方——地球是圆的!"

四百年后的今天,在IT界,也出现了一支心怀梦想的团队。同麦哲伦船队一样,展现在他们面前的艰辛,层出不穷。但他们明白,能够阻止他们前行脚步的,唯有自己。所以,从一开始,他们就抱着不达目的不罢休的决心,走到了一起。

尝过了无数的酸甜苦辣,走过了迷茫的阡陌交错,今天,他们让全世界都知道了自己的名字——华硕,只因为他们曾经宣言:

"我们的足迹,要遍布全球!"

比喻思维在我们写文案中的重要性,我曾经打过一个比方:比喻就是文案里的"一阳指"。因为它能够迅速击穿人们的理解障碍,并且久而久之,还会让文案带上一种独特的个性魅力。

我在《峰帅·个人品牌放大器》这本书里也说过:"巧妙的比喻手法可以起到一种意料之外、情理之中的作用,就好比给你的句子插上了翅膀,它能够让你的文案四处飞翔。"当然,这段话本身就是比喻。

所以你在平时的文案写作训练中,极有必要进行比喻思维的刻意操练。

那么应该如何操练呢？

我们知道，语法学上比喻的方法有许多种，比如明喻、暗喻、借喻、博喻、倒喻、回喻……但是我们不搞学术研究，所以不需要弄懂这些术语。由于我就是一个非常钟爱比喻，也很善于使用比喻的文案人，所以实战多年以来，对于如何训练比喻思维、如何用好比喻手法，也总结出了一些有效的方法。下面我要分享给你的三种最重要的方法，既适用于文案写作训练，也适用于你平时在任何场合中的口头表达训练。

比喻思维的三种训练法

方法一：图像思维训练法。

所谓图像思维，也就是在你的文案中，通过把纯文字的表达转化成图像的呈现，从而形成一个很有画面感的比喻。

比如，我曾经在书里写到，在我们平常的表达中，创造"金句"非常重要，因为金句能够很容易地进入人们心里，被人记住。所以我是这样比喻的："你说出来的那些金句，就好像一朵朵蒲公英，风一吹，四处飘扬，落地生根。"这就是把纯粹的文字的表达，转化成图像的呈现。

再比如，很多人在做课、讲课的过程中，一个课题常常被表述得很枯燥、很晦涩，这时候如果能用好图像化的比喻，就可以巧妙地将其具象化。还是拿我的《峰帅·个人品牌放大器》来说，这本书里很多小标题就用到了图像化的比喻。在讲个人品牌定位的时候，我用的标题是"宁做小池子里的大鱼，不做大池子里的小鱼"；在讲个人品牌符号塑造的时候，我用的标题是"把自己变成一碗红烧肉，色香味俱全"；讲私域经营的时候，我用的标题是"看好你院里那片鱼塘，别管你门前那条河流"。

所以可以这么说，图像化比喻就等于具象化思维。这对于我们一开始训练比喻思维很重要，因为人对于具象的东西会更加容易看懂，也更加容易记住。

方法二：冲突思维训练法。

所谓冲突思维，就是用看起来越是不相干的事物作比，比喻的效果会越好。

比如，我曾经在书里把做知识付费比作"吃糖葫芦"，意思就是知识付费这件事应当讲究布局，要像一串糖葫芦那样，有前段产品、中段产品和尾段产品。

原本这是一个相对枯燥的话题，但是当我用"吃糖葫芦"来比喻它以后，就会变得非常好理解，并且会让人产生深刻的印象。这是两个完全不相干的事物，在我们的头脑里制造了很大的冲突感，而恰恰因为这种冲突感，反而令人觉得很惊艳。

再比如，我曾经在我的小说里形容一个女老师长得好看，我是这么写的："她的五官长得非常鲜明，眉毛细黑，鼻梁高挺，唇线清晰，但是最惹眼的是两排睫毛，那么长，像商品上的两个条形码，还那么往上弯。我从没见过扇子的风还能把一个人的睫毛吹得四处飘摇……"你看，把睫毛比作条形码，就属于把完全不相干的事物放在一起，这时候你的脑海中就会形成一种强烈的冲突感，从而产生深刻的记忆。

方法三：互借思维训练法。

所谓互借思维，就是把抽象事物借用具象事物来比喻，又把具象事物借用抽象事物来比喻。

把抽象事物借用具象事物来比喻，这一点在"图像思维训练法"里已经讲到了：定位、符号、私域经营这些原本都是非常抽象的概念和课题，我借用具象的大鱼小鱼、红烧肉、鱼塘、河流来比喻之后，就变得一目了然、简明易懂了。

但是反过来，把具象事物借用抽象事物来比喻可行吗？

当然可行，只不过这种比喻手法一般用得比较少，但是如果用得好、用得活，就会让你的语言和文案更加深入人心。

举一个最经典的例子。

钱锺书的《围城》里写到一位鲍小姐，这个女子因为平时经常穿着很暴露，于是有些人就在背地里给她取外号。钱锺书是这样写的："有人叫她'熟食铺子'，因为只有熟食店会把那许多颜色暖热的肉公开陈列；又有人叫她'真理'，因为据说'真理是赤裸裸的'，鲍小姐并未一丝不挂，所以他们修正为'局部的真理'。"你看，一个人穿着暴露，这本来是一件很具象的事，钱锺书却把它比作"局部的真理"，就变成了一个抽象的事物，反而会令人觉得非常巧妙、非常出人意料。所以这个比喻是整本书中让我印象最深刻的比喻之一。

再举个例子。

在我的诗集《你的表情，就是我的一年四季》里，有一首被很多读者喜欢和转发过的诗，其中有几句是形容一个好看的女子非常有风韵，我是这样写的："上天兴许照你的样子设计了万物更替，你有多少种风情让我着迷，大自然就有多少种不可思议。你喜怒哀乐的表情，就是我的一年四季。"在这里，我把一个漂亮的、风情万种的具象女子，比喻成"一年四季"这么一个抽象的事物，就起到了不落俗套的效果，让人有很多遐想的空间。

以上就是我们在写文案时，或者在日常的口头表达中，用来训练比喻思维的三个非常有效的方法。如果你能进行长期、刻意的训练，相信一定会让你的文案和表达更有吸引力，也更有"语言钉子"。别忘了，当你的文案拥有犀利的"语言钉子"，从而让人印象深刻时，就已经拥有了一种得天独厚的优势。

第 ❽ 章
怎么训练给文案"留白",让没说出的话勾人魂魄?

这一章的标题有点奇葩:文案怎么还有"留白"呢?"没说出的话"怎么还能勾人魂魄呢?

我们知道,几乎所有文案课和文案书都会教我们怎么写"肉眼可见"的部分,但是很少有老师会教我们怎么给文案"留白",也就是处理"没说出来的"那部分。事实上,我们写文案最难的地方,并不是写出来的那部分,恰恰是没有写出来的那部分。这就好比画家画画,最难处理的也往往是整幅画面中留白的那些地方。比如,八大山人的画作通常会有大面积的留白,所以他的画看起来意境都非常高远。

所以对写文案来说,训练"怎么不要写",比训练"怎么写"更重要,因为那些没有说出来的话,其实比说出来的话更加意味深远,也更能促成交易。

这让我想到了西班牙的那部著名的悬疑电影,叫《看不见的客人》。而这一章内容,你也不妨把它叫作"看不见的文案"。

用户到底被什么打动了?

现在我要开门见山地告诉你一个结论:

很多时候,甚至绝大多数时候,优秀的文案是文案人跟读者和用户之间合作而诞生的。

也就是说,如果用户被你打动了,你千万不要简单地认为他是被你写的文案给打动的,事实上他之所以被打动,是你们俩合作的结果。

看过沉浸式话剧的人都知道,演员演着演着,会带着你一起进入一个角色,这时候，你作为一个观众，已经不仅仅是一个观众，而是成了演员之一。最后，当你完全沉浸在剧情中的时候，你的喜怒哀乐、你受到的惊吓，其实不完全是演员表演的结果，而是你跟演员合作的结果，或者说是你自己参与进去的结果。

所以我经常说"有效的文案"这个词。到底什么是有效的文案呢？如果用一个公式来说明，那就是：

有效的文案 = 你写出来的文案 + 读者脑补出来的文案

我们来看一些直观的文案例子。

那些连句子都算不上的文案

我在小红书上看到了这样一则征婚广告，是一位男生写的，标题是：

《上海，喜欢猫猫，不打呼，妈会游泳，180》

这叫什么标题、什么文案？几乎连一个完整的句子都算不上，尤其是后面那四个字——"妈会游泳"，什么鬼？！但恰恰是这样的标题，很多女生读了以后会自行脑补，然后忍不住点进去看。

同样，我们再来看一则女生的征婚广告，标题是这样写的：

《上海，96 年，单身睡再大的床还是单人床》

这同样是看上去令人莫名其妙、连完整的句子都算不上的文案。

而我们经常见到的那些所谓的"爆款文案标题"，它们是长成什么样的呢？比如：

《天呐！从一个农村女孩儿到女老板，3 年赚了 500 万！她到底做对了什么？》

这样的标题你是不是觉得非常熟悉？类似这样的文案，其结构非常完整，也就是主谓宾、定状补等必要的语法元素样样不缺，整个文案的情绪拉满，甚至很多时候会让人感觉一惊一乍的。但是对不起，打一个不恰当的比喻，这样的文案就好像脱光了衣服一样，一览无余，读者看多了，渐渐地也就毫无兴趣了。

那些没头没脑的文案

我随便举几篇文章的标题：

《口红我自己买，你给我爱情就好》
《如果终点是你，晚一点也没关系》
《不好意思，你的努力不值钱》

你发现没有，这样的标题几乎都是没头没脑的，但正因为如此，才让你忍不住想点进去看一下，为什么呢？很简单，这样的标题总有一个点可以激发起你的"自动脑补"。

所以请注意我下面这句话：

当你读了一个标题以后忍不住想点开，其实你点开的并不是这个标题，而是你自己的脑补。

那些信息不完整的文案

我在做短视频的过程中，也出过很多爆款视频。《不要努力，而是要不费吹灰之力》《你一定要关注我的"两个半"原因》《如何让你的粉丝和用户迅速忘掉你？》《谁是世界上最伟大的CEO？》……这些全是我的爆款视频标题，它们表述的信息都是不完整的，但恰恰是这些不完整的信息，触发了观众和用户的"自动脑补"，让他们忍不住点开来看个究竟。

举了这么多例子，你现在应该已经理解了真相：事实上真正能够打动用户，或者能够促使用户下单的文案，往往并不是你"写出来的"那部分，而是你"没有写出来的"那部分。换句话说，最终是用户自己用他们的"脑补"，反过来让你的文案产生了功效。

这是一个神奇的文案写作逻辑！

文案的三个等级

所以，如果要让我给文案大致划分等级，可以这么分：

三流的文案是"一吐为快"，也就是咋咋呼呼的，什么都说出来，但是你看多了、看久了，就会逐渐麻木了。

二流的文案是"话说一半"，也就是欲擒故纵地去"勾引"用户。比如《用好这三个方法，你也能成为文案高手》，是哪三个方法它没说，只是给你下了个钩子，让你自己去读，但终究属于二流文案。

而一流的文案却是"以不说为说"，也就是用你写出来的那部分看得见的文案，去衬托另一部分看不见的文案。换句话说，那部分看不见的文案，才是整个文案的真正主体，才是幕后最大的"杀手"，尤其当你写标题的时候。

所以，我们训练写文案，只有朝着那种一流的文案方向去下功夫，才能实现两个"动"：先是"引发互动"，也就是引起用户自动脑补，引起他们思索；然后进一步地"刺激行动"，也就是他们读了你的文案，或者看了你的视频以后，会忍不住点赞、评论、转发，甚至忍不住购买。这不正是我们一直追求的"文案的有效性"吗？

那么问题来了，这种微妙的、巧妙的、奇妙的"留白"，到底应该如何训练，以及我们到底应该训练什么呢？

根据我自己的经验，我把它总结为三个"一"：一个目的、一个原理、一个方法。

一个目的：让你的文案有"故事感"

我们训练给文案"留白"，事实上最终是为了让我们的文案显得有"故事感"。

请注意我用的这个词——"故事感"，它不是真的一定要讲一个故事。所谓"故事感"，就是要让用户的大脑里，自动营造出一种故事的氛围和场景。

比如，在前面举例的那个征婚广告里，"妈会游泳"这四个字是故事吗？显然不是，但是它会引发你在大脑中构建一个场景：假如女朋友和妈妈同时落水，你先救谁？这就叫"故事感"。

再比如，《如果终点是你，晚一点也没关系》，看起来就像什么都没说，也谈不上有什么故事，但是能引发你隐隐约约联想到一个迟到的爱情的故事，这就叫

"故事感"。

你会发现，你的文案通过"留白"所营造出的那种"故事感"，是可以激发用户情绪、引起用户思考，从而进一步刺激他们的行动的，而这也正是你的目的所在。

那么这种文案的"留白"和"故事感"，是通过什么原理实现的呢？

一个原理：信息抽离

只要上过小学的人都知道，通常写作文时，句子的主谓宾、定状补是一个都不能缺的，为了讲好一个故事，时间、地点、人物、事件、经过、结果也是一个都不能少的。用这样的方式写出来的文案，信息固然是非常完整的，但是最大的问题是：用户的大脑里再也没有任何思考的余地和脑补的余地了。

所以如果你要训练好给文案"留白"，就要先学会把那些原本以为非常有用、非常必要的元素抽离掉。

拿我那条爆款视频的标题来说，《不要努力，而是要不费吹灰之力》，这个没头没脑的标题，其实它正常的写法应该是这样的：《你千万不要那么努力，而是做什么事情都要不费吹灰之力》。这样写没有任何毛病，表达得非常清楚，但是你读完以后，脑海里没有任何脑补的余地。也就是说，你所得到的信息，就是我告诉你的信息，此外你不会再需要任何思考和脑补。

而反过来再看我前面举例过的那个标题：《天呐！从一个农村女孩到女老板，3年赚了500万！她到底做对了什么？》，这是我们通常能见到的所谓爆款标题的写法，主谓宾、定状补样样都有。而如果我们用"信息抽离"的原理去写，它可能会变成《3年，500万！农村女孩变女老板》。这样把一些信息抽离掉，让读者自己去"脑补"，进行了脑补，读者才会想点开标题去看详情。

所以我经常说：优秀的商业文案其实是最接近于诗歌的文字表达。为什么呢？因为在很多时候，这一句文案和下一句文案之间，常常是没有逻辑、没有关联的，甚至是没有道理的。也就是说，它们非常具有跳跃性，这种跳跃性会让很多信息丢失掉，但唯独没有丢失的是用户的联想空间，是用户自动进行脑补的可能。

你可能会问："峰帅，你是打算要我们通过写诗，去训练给文案'留白'这项绝活吗？"当然不是，诗是一切文章中最难写的东西，如果我让你用写诗去训练写文案，这个要求未免太苛刻了，所以我为你找到了一个"替代品"。

一个方法：迷你小说训练法

这里我想请你思考一个小问题：我们经常说要学会讲故事，那么写小说就是讲故事吗？

很多人以为小说就等于故事，其实小说和故事不同，二者最大的区别就是：如果你要讲好一个故事，就要像《故事会》一样，把所有元素和来龙去脉都交代清楚；但是如果你要写好一个小说，信息就必须有所缺失，也就是说，时间、地点、人物、事件、经过、结果这六要素，总有一些要素你是要特意把它们丢弃掉的，而这一点恰恰跟我们所要训练的给文案"留白"完全吻合。所以我们完全可以通过训练写小说，去训练写文案。而通过写小说去训练写文案的最好方法，就是写"迷你小说"，我也称之为"超级微型小说"。迷你到什么程度呢？控制在140字以内。

你一定还记得，原来发一篇新浪微博内容的上限就是140字，而我就是从那个时候开始训练写迷你小说的，并且我通过这样的训练方法，在给文案"留白"这项技术上，取得了非常好的效果。

我前后写过一两百篇迷你小说，其中公开发表的也有五六十篇。如果你需要的话，可以在学完这一章内容以后联系我，向我索取这些精彩的迷你小说。

举个例子，我写过这样一篇迷你小说，题目叫《苦瓜》。

苦瓜六十岁死的。算上出生，头三十年从没哭过，骂他损他抽他，都不哭。医生说他也有泪腺，也会伤心，但天生不知落泪，搞不懂。后来苦瓜进城，娶了娇。一次出差提早回家，见一男人跟娇码在一起。苦瓜一声不响，合上门，走到人工湖边，一坐，哭出声来，哭得老泪纵横。之后就再没哭过。

整个小说就这样结束了，没有一句话是废话。你可以看到，在这篇超级微型小说中，跟讲一个故事比起来，我故意让很多信息都缺失了。比如，为什么苦瓜一开始从来不哭？我并没有交代；为什么他会突然痛哭？也没有写得非常明确；

为什么哭过以后他又再也不哭了？还是没有任何交代。最后整个故事是戛然而止的，所以故事六要素非常不完整。但是正因为这种信息的缺失，这篇小说才会给你带来无穷的回味，也引发了你的思考和脑补。而我们写商业文案，不也正需要这样的效果吗？

再比如，我写过一篇迷你科幻小说，叫《未来》。

靠着哆啦A梦，我娶了现在的妻子，我们恩爱如斯，相敬如宾。哆啦哭着说，你终于得到幸福了，我也该返回未来啦。但是临走前我还可以答应你最后一个请求。我想了想说，那就让我看看我和妻子十年后的样子吧。哆啦取出那面时光镜，于是我看到我和我好兄弟的妻子正在闹离婚。

这篇迷你科幻小说，它的剧情更加狗血了，同时缺失的信息也更多了，尤其最后一句，会引起人深深的脑补：为什么我居然会跟我好兄弟的妻子闹离婚？从现在到未来的这十年之间，到底发生了什么？我的好兄弟是怎么跟他妻子离婚的？我又是怎么跟他的妻子走到一起的？最后为什么我也离婚了呢？这一切我在这篇小说里都没有交代，而这种没有交代、故意放弃，恰恰是策划出来的。

同样的道理，你在写商业文案的时候，该保留什么、该放弃什么、什么地方该留白，也需要精心策划。只有这样，你的文案才能不断地精进、不断地让用户进行脑补，然后"自己给自己下指令"，从而产生行动。

事实上在训练的过程中，我还做过更绝的实验，就是写很多"一句话小说"，这可以说是迷你小说的极致了。

比如我写过的其中一篇叫《谋杀》，整个小说就只有一句话——

他在催眠师的帮助下，终于深深睡去，他再也没能醒过来。

里面的细节，你自己去脑补吧！

再比如这一篇，题目叫《懊悔》，同样只有一句话——

饮弹自尽的一瞬间，他意识到遗嘱里的一个重大错误。

所以，如果你本来就喜欢读小说、写小说，那么恭喜你，这绝对有助于你提升文案写作的功力，但是你读小说不能只是读个热闹。多年以来，我读了无数小说，自己也写过很多小说，短篇的、中篇的、长篇的，但是极大地训练了我给文案"留白"能力的，恰恰是写迷你小说。最关键的是，这种训练方法很有趣、很好玩，希望你也立刻试着用起来，让自己不但会写"看得见的文案"，更知道如何去写那些"看不见的文案"，从而让你的文案变得越来越高级、越来越勾人魂魄。

第 ❾ 章
怎么借用文学，训练文案的"细节感染力"？

在正式开始讲这一章的内容之前，我要先给你讲一个真实的小故事。

记得多年以前，我曾经面试过一个文案人，在面试的过程中我问了她一个问题："你认为自己在写文案上最突出的优势是什么？"

我问她这个问题，其实是希望她能够告诉我，她最擅长写哪一类文案，或者她平时最有效果的文案写作训练方法是什么，再或者告诉我她学习写文案的某一种习惯。

但是她信心满满地回答说："我会写一手优美的文案！"

于是我又问她："那如果现在我让你写一篇不优美的文案，你能够写好吗？"

这时候她一头雾水，茫然地看着我，不知道该怎么回答。

给你讲这个故事，是想告诉你一个基本的常识：优美和文采，绝对不是我们衡量好文案的必要条件，甚至在很多时候，优美和文采恰恰是好文案的敌人。比如，当我们写中老年产品的文案、婴幼儿产品的文案、大众保健品的文案时，优美和文采恰恰是最大的障碍。

文采好 ≠ 文案好

我确实见过很多学习写文案的人，他们平时因为喜欢读书、喜欢文学、喜欢写作，往往会以为文采好就等于文案好。但是我作为一个既有文学底子，又有丰富文案写作经验的人，可以很负责任地告诉你：文采和文案，绝对不可以画等号，因为文学作品和文案之间有一个最大的边界，就是有没有"目的性"。

我们所知道的文学作品，本质上都是没有目的性的。比如，你写一部小说、一首诗歌、一篇散文，首先是为了愉悦自己，或者抒发自己的情感，至于别人是不是喜欢，那都是次要的。所以我们才会看到，很多文学家在去世多年以后才出名。

但是文案不一样，文案必须有明确的商业目的性，这个目的性就是"打动用户，激发行动"。

既然如此，如果要写好文案，是不是就要完全抛弃文学呢？不是的。

真实的情况是，文学高手未必能成为一位文案高手，但是，我所知道或者认识的那些真正的文案高手，几乎无一例外都是文学高手，他们都非常善于从文学中汲取自己所需要的养分。而我们这一章所要学习的核心技能就是：怎么借用文学，训练文案的"细节感染力"。

为什么要训练文案的"细节感染力"？

很多时候，如果你读到一条文案，被这条文案打动了，其实是因为你被文案中的某些细节触动了。

举一些例子你就明白了。

比如，有一些我们耳熟能详的口号："农夫山泉有点甜"，这里打动你的"甜"字，就是一个非常具体的细节；"要想皮肤好，早晚用大宝"，这里的"皮肤好"，同样是一个具体的细节；"怕上火，喝王老吉"，"上火"也是一个具体的细节；还有我写的"爱提词，提词跟着语速走"，很多录短视频的人看到这个口号就会去用这款提词器软件，也是因为被"跟着语速走"这个具体的细节打动了。

所以你可以看到，这些成功的口号文案都是在用一个细节来打动你，只不过这些细节后来被人们术语化地称为卖点、买点、痛点、爽点、差异点……其实归根结底就是"细节"。

再比如，你平时会在朋友圈看到很多产品海报，以及网络推送给你的活动信息或者带广告的文章。你可曾想过：你为什么会被其中的某些文案打动？你为什么会去参加这样那样的活动？你为什么会去下单买这样那样的产品？说白了，也是因为你被文案中所说的那些利益承诺、所送的那些福利，或者别人所讲的那些好的体验打动了。而那些东西，都是具体的细节。

请切记：各类文案，无论长短，那些打动你的信息在本质上都是具体的细节。细节在文案中无处不在，细节就是一切。这些细节，我把它们形象地叫作"文案的触手"。假设你写的文案是一条章鱼，那么文案中的那些细节就是章鱼的触手，任何一条触手都有可能帮你吸住用户。我们训练文案写作功夫，在很大程度上，其实就是训练细节的表现力、感染力和吸引力。

比如，你写"不设防文案"——这是我非常推崇，并且在很多年前就花了很大精力去学习的一种文案类型，如果你不懂得如何抓取细节，就根本没有办法写好，于是你就丧失了写好"不设防文案"的能力。关于这一点，我在第13章里会有详细的讲述。

如何向古人学习文案细节感染力？

你可能会问，训练文案的细节感染力，有没有捷径可以走呢？

答案是：有的！捷径就是从文学中汲取我们需要的营养，尤其是古人流传下来的某些文章，它们是绝佳的文案学习范本。

但是古人的文章那么多，该从何学起呢？

这一点你完全不用担心，根据我这么多年来在文学和文案的双重"海水"中浸泡的经验，你只要学会了古人最重要的一项写作技能，就约等于掌握了文案的细节表现力和感染力。这项重要的技能就是：对于名词和动词的娴熟运用。

在古人的文学作品中，越是有感染力的文句，名词和动词就运用得越好，甚至古人还非常善于把名词当动词用，把动词当名词用，把形容词当动词用。

比如，很多千古传诵的诗词曲赋就是这样的："春风又绿江南岸"的"绿"字，"红了樱桃，绿了芭蕉"的"红""绿"二字。它们原本都是形容词，却变成了动词，使你觉得印象非常深刻。

再比如，明朝有一位散文圣手叫张岱，他写过一本书叫《陶庵梦忆》，其中有一篇很小很小的短文，叫《湖心亭看雪》，你可以在网上自行搜索一下。这篇小小的散文，对我写作和写文案的启发非常大，它几乎是由名词和动词构成的。

但是古人的诗词曲赋有很多，难道我们要从秦汉开始，然后沿着唐宋元明清一路下来，去向他们学习文案的细节感染力吗？当然不需要。

在上一章里，为了学习给文案"留白"，我跟你分享了写迷你小说这一项训练绝活，那么现在我要再跟你分享一个训练文案细节感染力的最佳范本，那就是唐人绝句。

向唐人绝句学习文案细节感染力

我们都知道，唐代盛产诗人，可以说是前无古人，后无来者，而唐人写的绝句，又几乎是天花板。之所以我让你向唐人绝句学习文案的细节感染力，原因有三个：

第一，唐人绝句是短小精悍到极致的文学表达，最短的绝句 20 个字，最长的也只有 28 个字。在这区区 20 多个字里，原则上不允许有任何一个多余的字，正如文案里的广告语。

第二，唐人绝句把细节已经做到了极致，那些细节根本不用你再去琢磨，作者都已经帮你想好了，你直接拿来学、拿来用就好了。

第三，非常重要的是，那些优秀的唐人绝句，把动词和名词也用到了极致。如果你深究一下还会发现，很多绝句本身就是一流的文案。

我来举几个例子。

比如这首绝句："雨歇杨林东渡头，永和三日荡轻舟。故人家在桃花岸，直到门前溪水流。"你看，是不是全是动词和名词？是不是短小精悍到了极致？是不是全都是细节？

再比如这首："走马西来欲到天，辞家见月两回圆。今夜不知何处宿，平沙万里绝人烟。"

又比如我们非常熟悉的这首："天街小雨润如酥，草色遥看近却无。最是一年春好处，绝胜烟柳满皇都。"

这些诗的意思，我在这里就不作解释了，你在网上都很容易查到。但是我们需要特别注意的是，这里每一首绝句都是由名词和动词组成的，并且它们的上一句和下一句，往往并没有什么必然的联系和逻辑。

你一定还记得在上一章里我提到过一句话："优秀的文案是最接近于诗歌的文字表达。"诗的"跳跃性"为我们写文案带来了无穷多的留白启示，这一点在唐人绝句里表现得淋漓尽致。所以，对于唐人馈赠给我们文案人的这么多优秀的绝句，只要我们对它们稍微做一些变动，就可以把它们变成非常有感染力的商业文案。

那么到底应该如何借用唐人绝句，来训练文案的细节感染力呢？

第一步：抽离排列。

也就是把一首绝句中你看到的所有名词和动词都抽取出来并加以罗列，这一步非常简单。

第二步：自由解释。

也就是你在大致了解了这首绝句是什么意思的情况下，看着你所抽取出来的这些名词和动词，你的脑海里一定会呈现出一些具体的场景和意象，然后你就把这些场景和意象用文字如实地写下来。

你可能会说："哎呀，我不会写，我文采不好。"

没关系，完全不用管文采好不好，你只管大胆地把它们写下来，因为无论你怎么写，你都已经在这些抽取出来的名词和动词组成的细节里进行训练了，绝对不会跑出这个范围。

第三步：重新表达。

在前面一步你已经把脑海里呈现出来的场景和意象写下来了，在这一步，你还需要加入自己的情感，把这些文字改成你想表达的意思。这时候你也完全不用担心会不会改得偏离了诗的本来意思，因为你并不是要解释这首诗，而是要把古人的文字细节，转化成自己的文案细节。

从绝句到文案的示范训练

根据以上三个步骤，下面我来给你做两个示范。

我先用你非常熟悉的崔护的这首《题都城南庄》来做一个示范。

去年今日此门中，人面桃花相映红。人面不知何处去，桃花依旧笑春风。

这首诗的意思我们应该都知道：去年今天，我在这扇门前遇到了一位姑娘，院子里的桃花都开了，跟这位姑娘两相映照，显得都特别好看。但是今年我再来，这位姑娘已经不在这里了，只剩下桃花还在迎着春风微笑。——大概就是这么个意思。

我们首先进入第一步：抽离排列，把诗里的所有名词和动词都抽取出来。于是你会发现，在这首绝句里出现的名词和动词如下所示：

去年、今日、此门、人面、桃花、去、笑、春风。

然后我们进入第二步：自由解释。结合这首诗的基本意思，看着抽取出来的这些名词和动词，把我们脑子里呈现出来的场景和意象写下来，对其作一番自由解释。我的解释是这样的：

去年的今天，就是这扇门里，
出现一张姑娘的美丽面孔，
和红红盛开的桃花相互映照在一起。
今天再来这里，姑娘却不知去了哪里，
只剩下红红盛开的桃花，
笑着沉浸在春风里。

这是我很随意的串联和解释，因为当我看着那些名词和动词时，脑海里呈现的就是这样一些场景。

最后我们进入第三步：重新表达。现在我要完全抛开这首诗的本意，只管把我自己脑海里呈现出来的意象，带上自己的情感和发挥，变成另一篇文字。这篇文字也许会让你觉得很陌生，跟原诗比起来也面目全非，但这正是我们训练的目的。我是这样发挥的：

城南的第一树桃花又开了，
徐徐地，
缓缓地。
仿佛去年今日，
穿过人群，

透过这扇桃木的门，
看见你的脸和你的笑。
满院子馨香之气，
不知是你熏染了桃花，
还是桃花熏染了你。

你可以看到，经过我这样一发挥，这首诗跟原来的意思已经很不一样了。你不觉得现在它完全可以成为一篇诗情画意的房地产广告文案，或者某个桃花盛开的公园广告文案了吗？一首唐人的绝句，经过这样的三步，居然被改造成了商业文案！

下面我再用李商隐的《乐游原》来做一个示范。

向晚意不适，驱车登古原。夕阳无限好，只是近黄昏。

它的意思也非常简单：傍晚的时候，作者驾着马车到乐游原上去溜达，这时候太阳正在下山，他觉得非常美妙，可惜已经是黄昏了，太阳很快就没了。——其实听上去有点无聊。

同样，我们进入第一步，把诗里的名词和动词全部抽取出来并加以排列：

向晚（名词）、意（名词）、驱（动词）、车（名词）、登（动词）、古原（名词）、夕阳（名词）、黄昏（名词）。

这样排列出来以后，我们进入第二步，也就是自由解释：

傍晚时分，心情不爽，于是驾车登上乐游原。
夕阳洒下来，真是无限美好，可惜已经接近黄昏。

这跟原来的意思差不多，只不过我解释得更加随意一些。
第三步，我们要对它进行重新表达：

别离未必不好，
长驻未必是好。
世间最大的曼妙，
只在将离未离。

譬如这老去的光阴，
随我登高的垂暮的骏马。
譬如这将暗未暗的天色，
乐游古原上的最后一抹阳光。

通过这样一发挥、一改造，它完全可以成为一篇网红酒吧的文案，或者某个旅游景点的文案了。

当然你可能会说："哎呀，我不一定写得出来这样的文字啊！"你当然不一定写得出来，因为你根本不需要像我这样写，你只需要用你自己的方式去发挥就好了。最重要的是，你要让你的字里行间，处处充满细节——我们要训练的是细节感染力，而不是文采。通过这样的多次训练，你可以很轻易地就把古人用的名词和动词，变成自己的文案资源。

据我长期以来的观察，很多人都不太会写很短的文案，比如口号，还有很多人不太会写长文案。让你给各种商家、各种品牌、各种产品去写文案，你可能不知该从何入手。但是，通过这样对文案细节感染力的训练，你会逐渐变得任何文案都能写。

与其说这是一种文案写作训练，不如说这是一种很有趣的文字游戏。通过这个细节化的游戏，通过对唐人绝句的这种深入的接触、抽离和改造，你会越来越懂得如何进入各种具象的场景，去抓取你想要的细节。

所以我说，文学作品中蕴藏着文案写作训练的宝藏，我们借用文学作品去做这样的专项训练，可以做到不偏不倚、不会跑题。而借用唐人绝句去训练文案的细节感染力，也是我多年以来的一个训练项目，它让我对文案的体会和感受越来越深，让我不会有不知从哪里入手、写不出来文案的时候。

第 ⑩ 章
怎么检验"文案的效果",找到你的目标用户?

这一章的标题包含了两个核心关键词,这两个关键词可以说是所有文案人都关心的,第一个叫"文案的效果",第二个叫"目标用户"。但是你稍微分析一下会发现,这个标题其实是矛盾的,或者叫悖论。通常情况下,只有我们把文案写得有效果才能找到目标用户,但是在找到目标用户之前,我们怎么知道如何才能写出文案的效果来呢?

一道思考题,一个小案例

在解开标题中的悖论之前,我要先给你出一道思考题,请你带着这道题,来学习下面的内容。

假如你是一家连锁餐厅的创始人,或者是一家健康产品企业的创始人,又或者是一个知识付费领域的创业者,你即将推出一款新产品,现在要为它写一篇新品发售文案,那么你会如何写出最好的效果来呢?

我相信这个问题几乎所有企业老板和创业者都会遇到,包括我自己也经常会遇到。所以下面我要跟你分享一个近在眼前的小案例,也就是"文案收银机"这个课程名的来历。

不可否认,名字是一门课程的第一个重要文案。有些课程你一看它们的名字就想报名,而有些课程你看了名字以后,皱着眉头就跑了。事实上,"文案收银机"这门课在开课之前,我给它起了很多个名字,然后我拿着这些名字去询问我的家人,以及我工作组的小伙伴,算是进行了一个内部调研。调研的结果是:我女儿说她喜欢"文案胶囊";我妻子说"文案货架"比较好;而我工作组的小伙伴投票，有的投给了"360度文案"，有的投给了"文案无死角"，还有的投给了"文案贩卖机"，总之选什么的都有。但是最后我定下来的名字，你现在已经知道了，就是你正在读的这本书的书名——《文案收银机》，并且这个名字推出以后，几乎每个学员都说好。为此，当时我6岁的女儿还不高兴了，她说："既然你不用我建议的名字，你问我干吗？！"

跟你分享这样一个小案例，其实是想表达我非常重要的一个主张，那就是：不要依赖市场调研，更不要轻易相信市场调研。

市场调研为什么不靠谱？

你在逛街的时候，一定在路边被拦下来过——一个阿姨或者小伙子跑上来，请你填写一张表格，填完以后会送你杯子、牙膏、毛巾之类的小礼物。我不知道你有没有填写过那种表格，我真的填写过，但不是贪图礼物，而是纯粹地"微服私访"，像这种在路边请你填表送礼物的活动有一个潜规则，就是营销行业的人不可以参加，因为懂得太多里面的猫腻了。当时我被一个阿姨邀请过去以后，很快就填完了一张表格，然后拿了一份礼物就走了。这其实就是一次非常典型的"问卷调研"。

除此以外，因为我本身就是做营销咨询的，所以也曾经为客户操作过很多次市场调研。一种调研方法是：邀请几十位精心筛选出来的用户，把他们集中起来，进行一次深度交流，最后再进行一对一的问卷填写和沟通，这叫"定性调研"。另一种叫"定量调研"，比较标准的做法是：我们先和客户一起拟定一份问卷，印刷出几万份，发到其在全国各地的分公司，由分公司的人再分头下发给各自的用户进行问卷填写，然后层层提交，回收上来，我们再根据问卷结果进行分析。而粗糙一点的做法，就是像前面所说的那样，安排人手在路边进行"扫街"，拦住路人，让他们填写问卷。你可以看到，无论采用哪种方法，都属于"询问式的市场调研"。

但是经过这么多年的实战，我终于看到了这类市场调研的三个不靠谱的地方：

第一个不靠谱的地方，是"无法穷尽"。

我曾经认为，只要在做市场调研的时候，对尽可能多的人进行询问，就会全面地了解到用户的真实需求和真实想法。事实上在今天的互联网时代，人的需求是"千人千面"的。换句话说，即便你调研了再多的人，也无法真正穷尽所有用户的想法，而如果你没有办法了解到所有用户的想法，那么你的调研就是有漏洞的。只有像BAT（中国互联网公司三巨头的简称，指百度、阿里巴巴、腾讯）、京东这些真正掌握了大数据的企业，才能做类似的调研。但是具备这种大数据调研能力的企业又有几家呢？

第二个不靠谱的地方，是"众口难调"。

也就是说，即便你把所有的用户都问了个遍，最后得到的结果也是公说公有理、婆说婆有理。就像前面我给你举的那个小案例，几乎每个人对于我的文案课应该叫什么名字都有自己的想法，那么这时候，如果你要尊重所有的调研结果，并根据调研结果来撰写文案、推出新品，这事根本就没法干，因为你不知道该听谁的。

第三个不靠谱的地方，是"未必有效"。

即便你真的能够穷尽所有用户的想法，并且按照用户的建议去写文案，用户也未必会下单，因为很多时候用户在接受调研时，都是随便说的，就像我当时"微服私访"去填写那张表格一样，基本上是乱填一气的，连手机号码也是瞎编的，反正也不用负什么责任。

所以老实说，普通的文案人、创业者和企业，其实根本就无法做真正靠谱的市场调研。而指望基于不靠谱的市场调研写出有效的文案，这件事同样是不靠谱的。

检验目标用户的标准

你可能会问："既然不能依靠市场调研写出有效的文案，那检验文案的有效性还有更好的方法吗？"

我的答案是：有的。

检验文案是不是真的有效，唯一的标准就是一个字：钱！也就是我经常说的：付费才是检验文案有效性的第一标准和终极标准。只有用户下单了，才说明你的文案找到了真正的目标用户，除此以外的都是路人甲。

所以我衡量目标用户的标准很简单：第一是"买得起"，也就是他本身有付费能力，而不至于要"割肉"才能买你的东西。仅仅这样还不够，第二是"肯花钱"，也就是他愿意把钱花在你这里，否则他就算买得起，也跟你没关系，不算你的目标用户。但这样仍然不够，第三还得"认同你"，也就是说，他虽然买得起，也在你这里付费了，但是对你很挑剔、不满意，他也不算是你真正的目标用户。他认同你，包括认同你的理念、你的产品、你的服务，在遇到问题的时候不是怨天尤人，而是客观地接受现状、解决问题，他才是你真正的目标用户。

这三个标准，可以说适用于一切生意场合。而我们只有能够针对真正的目标用户去写文案，才是真的在写有效的文案。

但问题是，文案到底应该怎么写，才能抓住这样的目标用户呢？

答案很简单，也只有一个字：试！

文案试用装三步法

我们知道，很多产品在刚刚推出的时候会有试用装，其实文案也可以有试用装。但是这个试用，必须是"精准化的试用"，并且试用过程是"层层递进"的，我把它总结为"文案试用装三步法"。

第一步，叫"换位假想"。

所谓换位假想，就是拿你自己当"小白鼠"，在你写完一篇文案以后，无论这篇文案是卖课的、卖饮料的、卖衣服的、卖保健品的、卖保险的，还是卖车的、卖房的，你需要做的第一件事，就是假设你自己就是这篇文案的目标用户。

这一点我在第3章讲"意会式学习"的时候也曾经说过，你得把自己彻彻底底地当成你的用户，然后对着你写的文案，认真地问自己三个问题：这篇文案我愿意读下去吗？我被它打动了吗？我愿意为它付费吗？

我们经常说"人同此心，心同此理"，如果你自己愿意读下去、被它打动了、愿意为它付费，那么恭喜你，你的文案试用装第一步就已经完成了，并且完成得非常棒。但是反过来，如果你自己都不愿意读下去，或者读完以后很漠然，更不会为它付费，那别人大概率也不会。请你果断地重新构思、重新写这篇文案吧！千万不要妄想"我虽然不会，但是别人可能会"。所以在这一点上，我们要学习古代神话"神农尝百草"里的神农，每采一种药都要自己尝一尝，如果对自己有作用，那么对别人大概率也会有作用。

第二步，叫"局部测试"。

你需要把你的文案在朋友圈、社群里进行一次预售，或者我更喜欢称之为"内部发售"，也就是在你的私域里进行一次小范围发售。这时候，在你的文案或者带有你文案的发售海报和推文发布以后，会出现以下三种情况：

第一种情况是，别人读了你的文案以后，不搭理你；第二种情况是，有人读了你的文案以后下单了，但是下单的人不是很多；第三种情况就是，大家都抢着下单。

根据我自己的实操经验，这是检验文案有效性的一种非常"划算"的方式，它的好处很明显：

第一个好处是，当你在做这个局部测试的时候，你的文案的传播触达率会相对比较高，因为你所面对的都是那些认识你或者熟悉你的人，所以文案发布出去以后，你可以及时感知到它的效果。

第二个好处是，一旦你进行这样一次内部发售，你私域里的用户会直接用"付费"来体现你的文案有效性。点赞和不走心的转发都是会骗人的，而付费是绝对不会骗人的。

还有第三个好处是，这第一批付费的人其实就是你目标用户的"样本"，对于这样一批付费用户，你很容易进行取样分析，你可以从他们那里直接感知或者了解到你的文案到底哪里打动了他们，他们为什么愿意付费，哪些人是你的轻度用户，哪些人是你的重度用户。这些都是用来检验文案有效性的非常重要的数据。

除此以外，对你的文案进行局部测试还有一个非常重要的好处：它不会对你后续的整个市场产生伤筋动骨的影响。正面的影响当然会对你很有用，但如果真的产生了负面影响，也不至于给你带来灾难性的后果，这就为你后续的文案调整创造了极大的回旋余地。

第三步，叫"放大迭代"。

在进行局部测试的基础上，你可以结合文案中产生效果的那部分信息，以及你对那些付费用户的取样分析，对文案进行调整优化，然后正式在公域进行发售。假如你是一家企业的文案人，这时候你就可以进行正式的全媒体、全渠道投放和发售了。这是对有效文案进行精准迭代和放大的过程，而不是像很多文案人一样，将文案写出来以后，蒙着眼睛乱打误撞。

以上所说的文案试用装三步法，即换位假想、局部测试和放大迭代，我也会经常建议我的客户多多使用。虽然我对自己写的文案已经非常自信了，但是在每一次撰写重要文案的时候，我自己也一直会使用这种方法。

比如，对于"文案收银机"这门课，我其实是一边上课、一边持续进行发售的。在 2022 年我推出"试用装"海报的时候，广告语是"文案60招，招招靠近钱"，当时已经产生了不错的招生效果。到了 2023 年升级版课程发售时，我又对整体文案进行了一次相应的升级迭代，广告语也换成了"从文案写手到文案高手"，后来又进一步换成了"用文案武装自己，让生意无往不利"（见图 10-1），因为我一次次更加清楚了我的目标用户在哪里，他们的期望点是什么，我的文案需要改进的地方在哪里。

图 10-1

写出有效文案是一种"全身运动"

对优秀的文案人来说，写出有效文案其实是一种"全身运动"。也就是说，你并不是仅仅把文案写出来就完事了，还必须完成包括市场预判、用户锁定、特征总结、升级迭代的系统化的营销策划过程，因为所谓的"有效"是一个动态的进化过程，而不是一个静态的瞬间结果。

现在，我们可以回过头来说说最开始提出的那个问题了：

假如你是一家连锁餐厅的创始人，或者是一家健康产品企业的创始人，又或者是一个知识付费领域的创业者，你即将推出一款新产品，现在要为它写一篇新品发售文案，那么你会如何写出最好的效果来呢？

如果是我，作为一家连锁餐厅的创始人，我一定会在总部店里的员工当中先进行局部测试，如果员工们看了我的文案以后，愿意付费购买这款新品，我会把它进一步推广给我的连锁店老板们，让这些老板在他们的私域里再进行测试，这是第一次放大迭代。然后在此基础上，再进行第二次放大迭代：在所有门店以及全媒体、全渠道发布这篇文案，对新品进行正式发售。

如果我是一家健康产品企业的创始人，我同样会在自己总部内部先进行测试，进而在全国代理商的私域里，让他们去进行测试，在此基础上再进行全国性的推出。

而如果我是一个知识付费领域的创业者，正如前面所说的，我会先在我的朋友圈和社群里进行小范围的发售，然后我会联合我的线上合伙人，让他们也在各自的私域里进行发售，最后我才会进行正式的、全域的发售。

我自己的一些重要知识产品，其实就是用这样的方法来检验文案的有效性，从而一次次找到更多的目标用户的。

第 ⑪ 章
怎么挖掘你的"真价值",让文案自带光环?

这一章是为整个第一部分"压轴"的内容。

我有时候会想,有些关于写文案的道理,假如我在十几年前就能知道或者悟到的话,我后来的成功案例应该会比现在多得多。比如,我在写了很多年文案以后才终于明白,你只有在你的文案中始终向用户传递一种"真价值",用户才有可能真正被你的文案感染和打动,否则你无论怎么写,你的文案在用户那里终究只是过眼云烟。

所以,你如果想要写出具有感染力和能打动人的文案,就必须学会挖掘出自身的"真价值",并通过文案把这种"真价值"精准地传递给用户。但是在此之前,你先要清楚地理解"价值"这个概念。

到底什么是"价值"?

其实简单地说,"价值"就是那些你能够交给别人的"宝贝"。换句话说,你自己或者你的产品对别人能够产生的好处,就叫价值。

请你对照自己的情况想一想,当你在文案中向用户传递这种宝贝、好处、价值的时候,是不是通常会犯以下两个毛病?

第一个毛病是,你虽然传递了一种价值,但它其实未必是你真正的价值。

比如,你认识了我这个人,听了我的课,也读了我的书,那我有什么价值呢?你可能会觉得,因为我是一个 20 多年的营销人和文案人,我能传递给你很多营销方法和文案写作方法,所以你会理所当然地认为这就是我的价值。

但真的是这样吗?难道这不是一个文案老师和营销专家本来就应该具备的东

西吗？如果这就是价值，那我向你传递的价值，跟其他老师的又有什么区别呢？当你这样进一步地追问和挖掘时，就会发现我真正的价值其实并不是这个，而是我会让你懂得更多营销中和文案中的常识，那些几乎没有其他老师告诉过你的常识，而你在拥有越来越多的常识后，就会在文案写作中越来越少地犯错或者走弯路。

所以很多人在听过我的课或者读过我的书以后，经常会对我说："哇，峰帅，你讲的内容真是太颠覆我的认知了！"其实我讲的基本都是一些常识，只不过这些常识一直都被你忽视了，我只是逐个引起你的重视而已，所以这才是我的"真价值"。但我们在写文案的时候，常常会把表面的"好处"，误以为是"真价值"。

第二个毛病更严重，就是你根本不清楚自己的价值到底是什么。

于是你写文案的时候就会飘忽不定，一会儿要传递这个，一会儿又要传递那个，最后用户更加不清楚你的价值到底是什么了。

无论是对于我们自身，还是对于一款产品，或是对于一家公司，我们到底应该如何挖掘出其"真价值"，然后在文案中传递出去，让我们的文案一下笔就自带光环，从而让用户看了以后能够产生极大的兴趣呢？

其实，所谓挖掘"真价值"，就是要问清楚自己一个简单的问题：我到底在卖什么东西？

我到底在卖什么东西？

这问题还用得着问吗？

有人说："我是卖饮料的。"

有人说："我是卖手机的。"

有人说："我是卖正宗辣椒的。"

甚至还有人想了想说："我是卖课程的。""我是卖服务的。""我是卖解决方案的。"

你看，答案可以说是琳琅满目，似乎我们每个人都知道自己到底在卖什么东西，但是到最后也只能讲出这么一点来，因为我们的目光就停留在这些表象上，所以说来说去始终说不清楚"我到底在卖什么东西"。

而我要告诉你的是：无论你是卖什么的，你真正在卖的东西，有且只有四个

"品"字，而这四个"品"字，也正藏着你的"真价值"。

第一个品，叫"卖产品"。

所谓"卖产品"，就是前面所讲的几乎人人都能说出来的那样东西，无论是实物产品还是虚拟产品，总之每个卖货的人都有自己的产品。请注意，当你要卖产品的时候，你就需要在文案中传递一样东西，叫"USP"，翻译过来就是"独特的销售主张"。但是这个词在中国翻译得更好，叫"卖点"。没错，你必须在文案中传递出产品的卖点。

而所谓卖点，简而言之，就是你的产品本来有很多好处可以讲，但是你只讲其中一点。

比如，很多人都在使用的爱提词 App 其实有很多功能可以宣传，但是我在给它写核心文案的时候，只重点传递了其中一个卖点"提词跟着语速走"，从而让这款提词器软件在诸多同类产品中脱颖而出，这就叫通过卖点"卖产品"。

再比如，有一次我去杭州，路过一家小餐馆，门口立了一块牌子，牌子上写着："最贵的菜才 29 元！"我当时觉得这句文案写得太好了："最贵的菜才 29 元"，相对路边其他的餐馆而言，这就暗示了这家的菜很便宜，所以"便宜"就成了这家餐馆的最大卖点，并且它的文案信息传递得非常具体，用了"29 元"这个金额，以至于我直到今天还记得，这也叫通过卖点"卖产品"。

如果往上升一级，就上升到了第二个品，叫"卖品种"。

所谓"卖品种"，就是你手里其实有很多产品可以卖，比如衣服、鞋子、首饰、面膜……但是你偏偏只选择其中一款产品作为主打，让所有人都知道你卖这个东西很专业，这就是俗称的"定位"。

例如，你是卖衣服的，明明有很多款衣服可以卖，偏偏主打小黑裙，或者白色 T 恤。

再例如，我有很多技能，明明有很多课程可以卖，现在却把文案作为主力产品来推。

又例如，我的老客户膳博士，事实上它培育了很多猪种，但是后来在对外的传播中，只强调自己是"黑猪专家"，为什么呢？因为老百姓都知道黑猪肉吃起来香啊！

所以这些都叫"卖品种"，也就是在若干产品里，集中火力主推一种，在文案中也相应地主要传递一种产品，目的就是实现所谓的"抢占用户心智"，让自己的这款产品在用户心里尽可能形成一个"NO.1"的烙印。

如果再往上升一级，就是"卖品类"了。

所谓"卖品类"，就是你手里有且只有一样主力产品，但麻烦的是，这个产品别人也有，以至于你没办法再说自己是"NO.1"了，怎么办呢？这时候你可以对你的产品进行一次小小的创新，或者推陈出新，把它变成一个新品类，从而在红海中打造出一片自己的蓝海，甚至变成某种程度上的"唯一"，也就是不做"NO.1"，而做"THE ONLY 1"。

这种推陈出新"卖品类"的案例非常多，在文案上也会非常直观地体现出来。据我观察，具体的手段主要有三种：

第一种手段叫"叠加"，也就是把你自己的产品跟其他东西组合一下，变成一个新品类。例如，在红枣里夹一块核桃仁，就变成了枣夹核桃。又例如，三得利曾经在啤酒里加上枸杞，推出了一款三得利暖啤，当时的文案是"暖啤暖意，都在酒里"。

第二种手段叫"放大"，也就是根据你自己产品的某种特性，刻意强调某个概念，从而让它听起来就像是一个新品类。例如，特仑苏明明只是一款牛奶，对外却特别强调自己的产地跟别人不一样，所以它的文案传递出来的信息就是"不是所有牛奶都叫特仑苏"，听起来就像是一个牛奶里的新品类。又例如，博爵咖啡的文案是"嚼着吃的咖啡"，刻意放大了这款咖啡的口感特点，听起来就好像它不再是咖啡，而是一个像口香糖那样的新品类了。

第三种手段叫"锁定"，锁定什么？锁定某一类人群，然后在文案中和传播场景中，主要针对这类人群来写，从而让你的产品看起来也像是一个新品类。这一招在我们国家尤其好用，因为我国地大物博、人口多，只要你用心细分，总有一类人群适合你。比如，我的一个客户——兴业消费金融，它的核心文案是"家用贷款，就选兴业消费金融"（见图11-1、11-2），很多人在自家小区的电梯广告里应该也看到过。其实它的产品面向很多人群，只是最后锁定了"家庭"这样一类特定人群，在各种媒体传播中的场景设定，也主要针对家庭角色，这使得它几乎成了同类产品里的"THE ONLY 1"。

图 11-1　　　　　　　　　　　　　图 11-2

再往上升，到了最后一级，就是"卖品牌"了。

到了"卖品牌"这一级，就好像《倚天屠龙记》里张无忌把"九阳神功"练到了最高层，你就可以站在用户的角度打情感牌、情怀牌了。

我们耳熟能详的很多文案，其实最后都从"卖产品"走向了"卖品牌"，例如："人类失去联想，世界将会怎样？""孔府家酒，叫人想家。""百度一下，生活更好。"从这些文案中你可以明显地看到，它们打的都是情感牌、情怀牌，因为它们的品牌势能在那个阶段已经上升到了一定的高度。但是反过来说，并非所有的品牌都能把这张牌打得很成功，有的品牌甚至打着打着，一路走向了下坡路。

所以，你在不同的发展阶段，必须清楚地知道——"产品""品种""品类"和"品牌"，你到底应该选择卖哪一样。

换句话说，卖点牌、定位牌、创新牌和情感牌，你一定要准确地打出一张来，因为你只有搞清楚应该打哪张牌，才能在文案中相应地传递出那个"真价值"，而不会忽东忽西、飘忽不定。千万不要说你是"卖服务的""卖解决方案的"，那没有任何用，因为都没法体现出你的"真价值"。

切记，你的"真价值"只有通过准确地打出四张牌中的一张，才能真正传递出去。

如何迅速地判断打哪张牌最合适？

针对这个问题，在这一章的最后，我要跟你分享几个判断法则，也请你记住判断顺序。

第一，如果你的产品有犀利的卖点，就直接打卖点牌，也就是卖产品。

第二，如果没有犀利的卖点，但是你有很多种产品，就打定位牌，也就是卖品种，主打其中的某一种拳头产品。

第三，如果你的产品看起来都比较普通，也找不出拳头产品，那就打创新牌，通过一切能实现的资源整合，用"叠加""放大""锁定"的方法来推陈出新，也就是卖品类。

第四，如果你认为你的个人品牌势能或者企业品牌势能已经十分过硬，那么恭喜你，你可以大胆地打情感牌，去卖你的品牌了。

但是你要知道，真正敢卖品牌、能卖品牌、能卖好品牌的，在今天看来其实少之又少，因为无论是个人还是企业，真正有影响力、有领导力的品牌，本身就凤毛麟角。所以在大多数时候，你仍然需要稳妥地在卖点、定位和创新中，去挖掘、撰写、传递你的"真价值"，通过卖产品、卖品种和卖品类，让你的文案自带闪亮的光环。

第 ⑫ 章
怎么通过积日日不断之功，让文案写作训练持续产生"复利"？

我们来到了整个"练法"部分的最后一章。

在之前的十章内容里，我们学习了很多成为一个文案高手的训练方法，从树立自己的"文案标杆"，到搭建"金字塔结构"，到训练"比喻思维"，到训练文案的"细节感染力"，再到挖掘文案的"真价值"，可以说，每一个训练方法对于从本质上提升文案写作能力，都具有重要意义，并且都是我在写文案这条路上身体力行了 20 多年的经验总结，绝大部分甚至可以说是我的独家经验。但是，这些练法都需要你付出一定的精力进行刻意练习，而这一章要讲的最后一个练法，主要却不是要你花精力，而是要你花时间。

花精力和花时间其实不是一回事：花精力意味着你要很用力，而花时间更多是意味着你要很用心。请注意，这一章跟前面的内容有所不同，它不是教你"如何把文案写好"，而是教你"如何让文案写作训练本身就能持续产生复利"，这个"复利"包括而不限于钱。

打个比方，就像你每天跟你的孩子进行共读，你问我答、我问你答，让孩子从书里面学习知识，而这种"互相问答式"的共读本身，其实就可以提升孩子的思维能力和表达能力，还能够增进你们之间的亲子关系，这就是复利的一种体现。

所以这一章要跟你分享的，就是如何把每天的文案写作训练本身变成钱，甚至是比钱更重要的人生复利。

持续产生复利的两个前提

什么叫复利？简单地说，就是你做了一件事，这件事除了实现它本身的目的，还不断地产生其他一些好处。

比如，你早年为了结婚在一线城市买了一套房，转眼之间过了10年、20年，房价大涨，你啥也没干，就成了千万富翁。如果你不卖房子，把它租出去，你啥也不干，就可能比一个普通白领赚得还要多。事实上，有很多民宿主最开始也是这样获得复利的。他们有多套房子，一套自己住，其他的改装一下，租给别人当民宿，新的复利形式就产生了。

再比如，马未都早年只是一名普通的编辑，因为喜欢文物，所以他自己上班挣来的工资基本上都用来淘文物了。哪知道后来文物市场越来越热，他就在把各种文物进行转手的过程中成了富豪，顺带成了收藏家、作家甚至企业家。像马未都这样在一件事情上通过日积月累产生复利的例子，其实还有很多。

但是我们必须知道，做一件事情如果要持续产生复利，有两个基本前提。

第一个基本前提是，这件事你真的愿意长期做下去，无论你是出于真心喜欢，还是在认知上觉得应该长期做。

如果你干一票就走，或者见好就收，你在这件事上当然也可以获利，但是很难产生复利。比如我所从事的营销咨询业，如果你服务一家公司干一票就走，那么也就只能赚那一票，而如果你认认真真服务三年、五年，复利就会产生了，你会发现这家公司的各个部门都会来找你合作，甚至这家公司还会给你介绍周边的其他客户，这就是所谓的"口碑"。

第二个基本前提是，这件事情本身得具有长期的复利性。

也就是说，时间越久，你做这件事的好处越多，或者这件事越增值。比如，我们前面提到的房产和文物，它们都像老酒一样，时间越久越增值。再比如，写书法、画画、弹钢琴，千万不要认为学这些艺术没什么用，在如今的互联网时代，艺术技能的复利性会越来越大。又比如，股票、基金等金融投资，真正获得大收益的投资者，一定是这些产品的长期持有者，而不是今天买进、明天抛出的那些人。

但是反过来，有些事情是天生不具备复利性的。比如，你开了一家便利店，它就只是一家便利店；你去开一家饭馆，它只能是个吃饭的地方；你去卖炒货，你只能卖瓜子、花生等。

简单地说，真正有复利性的事情，是那些我们常说的具有"投资价值"的事，当然也包括读书，包括写好文案。认识到这一点，对我们做人生定位、选择创业项目，都有着极大的启发意义。所以我经常开玩笑说：如果你有了孩子，一定要把孩子投资好、培育好，因为这可能是你一辈子最有投资价值、最能产生复利的一件事。

说完了"复利"，下面再来说一说"积日日不断之功"。

"积日日不断之功"，听起来难，做起来简单！

"积日日不断之功"这句话是曾国藩首先提出来的，有一回他在写给弟弟的信里分享他的成长经验，然后讲了这句话。他说自己每天会做三件事：第一件，是用端端正正的楷书写日记；第二件，是认认真真地精读十页历史书；第三件就是每天写一条笔记。你如果去读一下曾国藩的日记就可以看到，在这三件事上，曾国藩的确做到了十年如一日，日日不断。这三个习惯对他后来的文治武功，都起到了非常大的基础性作用，包括我们所知道的，他后来在跟太平天国打仗的时候，在军事上提出了六个字，叫"结硬寨，打呆仗"，都跟他早年养成的"积日日不断之功"有很大的关系。

但是在很多人看来，有些事做一天两天、一周两周还行，天天这么做，想想就很难。其实他们有所不知，"积日日不断之功"听起来很难，对当事人而言恰恰是越做越简单、越做越轻松的，它的重点就在于"积"和"不断"。因为你每天只是"积累"一点点，所以这件事做起来就相对比较轻松和简单，就像孩子每天往存钱罐里放五角钱、一元钱，这对你的家庭经济状况几乎是没有任何影响的。然后因为你每天的"不断"，所以最后才能不知不觉地产生效应，就像一年以后你和孩子一起再把存钱罐里的钱倒出来，孩子一看，就会感到很"哇塞"——他可以买一个大礼物了。

事实上，我们所知道、所看到的那些真正成事的人，99.9%都有赖于"积日日不断之功"，通过日积月累而成事。这个道理，相信100%的人都会认同，所以在这里我就不展开去讲了。

但是下面的问题来了：训练文案写作，到底应该如何"积日日不断之功"，从而让你的文字能够比较轻松地变成钱，还能持续产生复利呢？

在这一点上，我自认为还是挺有发言权的，并且这么多年以来，也确实总结了一些切实可行的、几乎人人都可以复制的具体方式，这些方式我自己现在仍然在用。其实说起来也非常简单，就是在文案写作训练上，要做到三个"不要"：第一，不要浪费你的阅读笔记；第二，不要小看你的生命日记；第三，不要糟蹋你的碎片输出。

接下来我分别讲一讲，如何将这三个"不要"，具体运用到"积日日不断之功"和"产生复利"中去。

不要浪费你的阅读笔记

"华与华"创始人华杉出了一本书，叫《华杉阅读笔记》。这本书是他在过去13年里，陆陆续续所写的阅读笔记的合集。他主要读的是历史书和哲学书，再加上一部分商业书。而这些阅读笔记，只不过是华杉平时零零碎碎顺手发布在新浪微博上的。

比华杉更牛的，还有我的文案标杆之一——钱锺书。他写过两部非常重要的作品，一部叫《谈艺录》，另一部叫《管锥编》。但这两部书都不是他一时半会儿写出来的，而是来自他多年来的阅读笔记。钱锺书读过大量的书，也写过大量的阅读笔记，后来他基于自己的阅读笔记，整理撰写了这两部经典的学术名著。

而比钱锺书更牛的，是我在别处反复提起的明朝学者顾炎武。顾炎武读书有一个习惯，就是读到什么地方，产生了一个什么念头，就随手写在一张纸条上，然后随手扔进一个篓子里，就像我们现在随手发朋友圈。很久以后，他把篓子里的纸条全部倒出来，进行分类、整理，写成了一部旷世巨著，叫《日知录》，翻译成现在的话就是：每天知道一点点。

从古到今地给你举了这几个例子，是想说明一个简单的道理：你千万不要说自己不喜欢读书或者静不下心来读书，其实我们每个人都能找到一些适合自己阅读，或者自己喜欢阅读的书，这一点毫无例外。比如，有的人喜欢阅读文学和历史类的书，有的人喜欢读科普类的书，有的人喜欢读艺术类的书，还有的人会说："哎呀，这些书我都不喜欢读，我只想好好赚钱，我只喜欢读商业类的书，可以吗？"当然可以，但是如果你不去跟这些书深入地"交往"，你简直就不知道自己失去了什么。所以，无论你喜欢读哪类书，请你先找到它们，然后开始持续地阅读它们，并随手写下你的阅读笔记，哪怕一篇笔记只有寥寥几十个字。

古人说过一句话，叫"不动笔墨不看书"，就是读书的时候如果不动笔，那就不叫真正的读书。我自己爱书如命，且读书多年，根据我自己的经验，有三种做阅读笔记的方法可以跟你分享一下。

第一种方法是，一本书读到重点的地方，随手就在那一页贴上一张彩色标签。等到整本书读完以后，书里就会贴满了标签，然后你就把那些重点的地方直接摘抄下来。你如果有这本书的电子版，也可以直接复制电子文本。这样一来，日后如果你想重读这本书，就可以快速地复习一遍书里的精华，而不需要把整本书再从头到尾读一遍。

第二种方法是，一边阅读一边在笔记软件上即兴地写一些片段式的心得。对于这些心得，你可以马上把它们发到朋友圈，或者发到微博上，这样你既跟你的粉丝、朋友和用户做了分享，也为这些阅读笔记做了安全的存档。当然，你也可以像我一样，在手机里为自己建立一个"笔记库"（见图12-1），将这些宝贵的笔记随身携带、随取随用。

第三种方法就是，你可以选择这本书里非常重要的内容，来撰写深度的阅读笔记。如果你不愿意打字或者用笔书写，完全可以用我在之前的章节教过你的方式，先口述一遍，然后转成文字，稍加修改，就成了一篇深度阅读笔记。我自己就用这样的方式，写过很多比较长的阅读笔记。

说到这里你可能会问："这些做阅读笔记的方法都很不错，但是这些笔记怎么能够产生复利呢？你是怎么做的呢？"

其实阅读笔记产生的复利真的非

图 12-1

常多：

第一，毫无疑问，阅读笔记的基本作用当然是帮助我们巩固知识。

第二，很多阅读笔记可以直接变成钱。比如，我在20岁出头的时候就开始在各种报刊上发表文章，这些文章里有一种非常重要的类型就是书评，而书评的稿费相对是比较高的，因为它带有广告的性质，我那时候已经可以拿到500元至1200元一篇的稿费。而且我写书评很快，因为我有阅读笔记。你也一样，当你有了阅读笔记以后，就可以很快地写出一篇可以卖钱的书评来。

第三，我们难道不可以像华杉、钱锺书和顾炎武他们那样，把我们的阅读笔记也汇编整理成书吗？可以说，这是阅读笔记最重要的一种复利。

比如，这两年我在做"知行读书社"的过程中，要为大家深度领读几十本好书，每次领读完一本书，我都会输出详细的文字稿。所以当这些书全部领读完以后，我至少可以出两本书：一本是讲商业类经典的，另一本是讲文化类经典的。

再比如，有一本非常重要的古代经典叫《战国策》，我在阅读这本书的过程中，也会随手写下很多关于口才、沟通的阅读笔记。这本书我除了会在"知行读书社"领读，还打算根据我的阅读笔记，单独再做一门非常有意思的实用类课程，叫"说动——跟《战国策》学习讲话的艺术"。你看，这又是一种产生复利的方式。

当然，你还可以根据自己的阅读习惯、阅读种类和阅读笔记，在用户中做自己的主题读书社，比如财经读书社、艺术读书社、健康读书社……这些都是非常好的产生复利的形式。

但是我想告诉你的是：做阅读笔记这件事的最大的复利我认为不是钱，而是对于我们自身个人品牌的持续赋能。也就是说，如果你持续阅读、持续做阅读笔记、持续与他人分享，就会不断加固你的个人品牌形象。反过来，别人通过你在阅读上的持续分享，对你的认知度和好感度也一定会越来越高。这时候，阅读笔记已经相当于你和用户之间的一座桥梁了。

所以，千万不要再浪费你的阅读笔记了。从现在开始，你要好好筹划一下如何开始做阅读笔记，用它来训练你的文案写作技能，并让它逐渐产生复利。当然前提是：你得持续阅读。

不要小看你的生命日记

对于这一点，我可能更有体会和发言权了。

很多朋友都知道，我从 18 岁刚入大学就持续写日记，到今天为止已经写了 20 多年，日记本累积起来有几十册，再加上很大一部分电子日记，总共有数百万字之多。我之所以把它称为"生命日记"，也恰恰因为它所拥有的巨大的复利价值。

第一，我们每天写日记这件事本身，是为了不断地总结自己、监督自己和改善自己的。

第二，写日记可长可短。今天时间比较宽裕，或者有些感触比较深刻，你可以多写一点；明天比较忙，或者没太多想法，可以写得短一点。而且在写日记的过程中，你可以不断地换着花样去训练你的文案写作能力，比如你对一天事项的提炼总结能力、你对某件事的叙述能力、你的讲故事能力，以及你发表观点的能力……这一切都可以非常自由地在写日记时进行操练。很多人平常只看到我文章写得好、文案写得好，却根本没看到我在背后写了多少日记。不过虽然写了这么多日记，我其实是毫无压力的，因为从来没有人盯着我、逼着我，我只是每天睡前顺带记录一下，或者就某一种文学形式和文案技巧稍稍练习一下。而正是这种毫无压力的训练，天长日久地积累下来以后，对我的文案写作能力的提升产生了滴水穿石的功效。

第三，写日记本身就可以变成钱。我们在很多地方都可以看到，有些人正在开一种课，就是教你怎么写日记，我觉得这件事非常不错。甚至我曾经还看到过一个案例，有一位文化程度不怎么高的阿姨，她通过卖自己的日记，居然能月入好几万元，可见日记天生具有很强的变现基因。

所以我未来的计划是，把我这么多年来的日记全部拆解开来，按主题出版。现在能够想到的是一个"成长三部曲"，第一部叫《成长——峰帅生命成长日记》，第二部叫《成败——峰帅职场成败日记》，第三部叫《成就——峰帅商业成就日记》。在我们每个人的人性里，其实都有一种窥探欲和借鉴欲，当我把这些日记按主题分类，原原本本地梳理、发表出来，我想一定会有很多人愿意去读、愿意去买，因为它们具有原汁原味的、无可取代的参考价值。

第四，也是我最看重的一种复利，就是等我老了以后，老得什么也不想干、也干不动、也没必要干的时候，我就可以坐在太阳底下、墙脚边上，把我这一辈子写下的日记，从头到尾重新阅读一遍。我经常说，在那个时候，当我一页一页重新仔细阅读这些日记时，我会像重新活了一遍。我认为，这是持续写日记能够带给我的最大最大的复利！我想，未来很少会有人像我一样，在晚年还能跟年轻的自己重新认识一遍，重新活一遍。这件事情，我想想都觉得无比美好。

总而言之，我建议你也从现在开始就准备好你的日记本或者笔记软件，开始你的"生命日记之旅"吧！千万不要小看你的生命日记。

不要糟蹋你的碎片输出

我一直认为，一个人最有价值的输出、最有闪光点的内容，往往并不是他的长篇大论，而是他的一些碎片分享和金句。

不论是中国还是西方国家，都很早就有一类经典著作，叫"语录体"。比如，孔子的《论语》、所罗门的《箴言》、张潮的《幽梦影》、洪应明的《菜根谭》、刘义庆的《世说新语》、拉罗什福科的《道德箴言录》……于是我们会发现，古今中外的智者们，常常宁可把自己那些点点滴滴的碎片观点收集起来，也不愿轻易地去写一部长篇大论的专著，因为他们知道，自己身上最有价值的东西往往就是那些碎片观点。

而在今天的互联网时代，我们进行碎片输出的场景比古人更多了。比如在朋友圈里，我们经常会进行碎片化的分享，在微信群、短视频里，甚至在开会的时候，我们都会产生很多有价值、有闪光点的碎片输出。所以，如果你留意一下，你每天至少可以收集一两条非常有价值的碎片输出。

那么这些碎片输出又会产生哪些复利呢？

第一，当你把这些碎片输出稍微加工一下，再重新以文字或者短视频的形式分享出去，它们会一次次地增加他人对你的深度认知，从而一次次地巩固和提升你的个人品牌。

第二，当你把你的碎片输出再进一步地加工一下，就可以做成付费推文，产生一定的"被动收益"。比如，我曾经在公众号上发表过一篇文章，题目叫《我是如何博览群书的？》。这篇文章其实来自我在社群里的一次很偶然的碎片化分享，之后我把它整理出来，变成了一篇付费长文，最初卖 19.9 元，后来稍微修订了一下重新发布，又卖 180 微信豆。就这么一篇小小的推文，居然卖了 1000 多元，虽然你可能觉得 1000 多元不算多，相当于一篇文章的稿费，但是它会让你感受到什么叫"被动收益"。其实你也一定有很多这种对别人有价值的、别人也愿意付费来阅读的碎片输出，但是都被你浪费掉了。

第三，当那些有价值的信息积累多了以后，你可以把它们汇总起来，直接变成一本书，或者变成一门课。

一个最明显的例子，就是你正在阅读的这本《文案收银机》。这一整本书和一整门课的原始素材，都来自我之前在"盲盒文案教室"社群里所做的点点滴滴的碎片化分享。我在积累了大半年以后，才将其梳理成了这本书，以及一系列文案密训营。

再例如，我目前仍然在"积日日不断之功"，通过各种碎片输出，撰写几本有意思的书，我称之为"碎片书"。其中一本叫《真知》，也叫《稍纵即逝的真知》（见图 12-2）；另一本叫《不败》，也叫《立于不败之地的 200 个方法》（见图 12-3）；还有一本叫《美哉》，也叫《生命中那些细细小小的美好》（见图 12-4）。

这些碎片化的内容，主要来自三个渠道：有些内容来自我随时随地产生的念头，比如在我刷牙的时候、跑步的时候、吃饭的时候，甚至发呆的时候，一旦脑子里有一个念头冒出来，我就会随手在笔记软件上写下来；有些内容来自我平时开会的时候，一旦有金句或者有价值的话出现，就会有小伙伴帮我整理出来；还有一些内容来自我平时在各种微信群里的交流和分享。

总之，对于这些碎片输出，如果扔了，它们从此也就烟消云散了；但是如果对其进行分类，加以润色，它们完全可以变成一本非常好玩的书，或者一门有"爆款相"的课。而且不得不说，在今天的社会环境中，像这一类的书和课，恰恰是很多人最愿意付费的。

所以，也请你千万不要再浪费你平时的碎片输出。建议你从现在开始，即刻建立自己的碎片化内容库。

以上就是我跟你分享的通过"积日日不断之功"，让你的文案持续产生复利的三种训练方法。

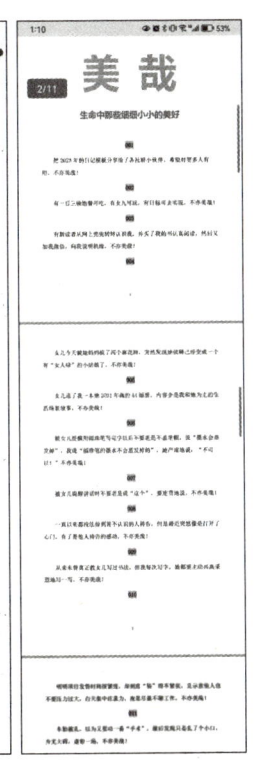

图 12-2　　　　　　　　　图 12-3　　　　　　　　　图 12-4

现在你可以来验证一下我所说的：第一，这三种训练方法都 100% 对于我们提升文案写作能力有作用，而且是最基本的作用；第二，这三种训练方法都 100% 可以通过"积日日不断之功"，达到滴水穿石的效果；第三，这三种训练方法都 100% 有复利价值。所以千万不要再看不起或者懒得去做这几件似乎微不足道的事情。

最后，请记住这一章，也是整个"练法"部分的最后一句话：

"你有可能正在努力地花时间来学习文案写作，而我却在每天轻轻松松地成为一个文案高手。"

中 篇
文案的用法

第 13 章
怎么用"不设防文案",突破用户的心理防线?

从这一章开始,我们就要正式进入这本书的第二大模块:文案的"用法"。

你还记得 2010 年出现的凡客诚品的广告文案吗?距离今天已经十几年了,你不妨上网搜索回顾一下。我记得当时凡客诚品通过比稿招标,最终使用了奥美广告创作的这一组文案,可以说风靡一时,被称为"凡客体",并引起了很多广告文案跟风,包括我们熟悉的陌陌 App、江小白以及很多消费金融广告。从它们的文案里,你都可以很明显地看到"凡客体"的影子。

那么这种文案到底有些什么特点呢?事实上我也没看到过关于它的正经解析,现在我就来跟你总结一下。

"凡客体"文案有什么特点?

第一,你可以看到,"凡客体"文案带有一种强烈的自我意识和个性主张,也就是"我不管你们怎么看,我就是这么想的"。这个特点也为文案抹上了一层浓浓的文艺色彩。

第二,这种文案使用了大量的排比句。排比句用得多,就会形成一种"碎碎念"的效果,所以它虽然带着强烈的个性主张,但是读起来反而让你感觉有点"面无表情",就像在你的耳边窃窃私语。

第三,最重要的是,这种文案会让人产生某种强烈的认同感,即便它没有推销任何东西给你。假如你正好是它的目标群体,读了文案以后你会觉得:"我正好也是这么想的!原来连韩寒、王珞丹也跟我是一伙儿的呀!"

总之,"凡客体"跟我们见惯了的那些主流的强推销的文案完全不同,但是你看了以后反而很有购买的欲望，因为你在读到这种文案的时候，你的戒备心理已经破防了。而我们在写一则文案的时候，突破用户的心理防线，恰恰是文案最核心也是最困难的任务。

但是"凡客体"文案，事实上并不是凡客诚品首创的。这种文案的写法最早来自中国台湾的意识形态广告公司，当时这家公司有个创意总监叫许舜英，她和她的创意团队为《中国时报》、中兴百货以及很多家电客户都写过这种类型的文案，影响力也很大，因为带有强烈的态度和主张，并且独树一帜，所以就被称为"意识形态文案"。但我更习惯把它叫作"不设防文案"，因为正如前面所说，这种文案并非强推销，却能魔术般地让用户的戒备心理轻易破防。

但是"不设防文案"引起人们比较广泛的认识也不是因为许舜英，而是因为我早年学习文案写作的四个标杆人物之一——李欣频。李欣频那时候是意识形态广告公司的"御用"文案人，写过大量的"不设防文案"，其中最有代表性的，是她为诚品书店以及中兴百货写的一系列作品。

比如，她为诚品书店写的一则关于门店搬家的文案——

送旧迎新·移馆别恋

加缪搬家了。马尔克斯搬家了。
卡尔维诺搬家了。莫内搬家了。
林布兰搬家了。毕卡索搬家了。
瑞典 Kosta Boda 彩色玻璃搬家了。
英国 Wedgwood 骨瓷搬家了。
法国 Hediard 咖啡搬家了。
可可诺可皮件搬家了。
金耳扣大大小小的娃娃，也要跟着人一起搬家了。

1995 年 10 月 1 日，诚品敦南店搬家，
请你跟我们一道送旧迎新，移馆别恋。

你看，这篇文案很神奇，李欣频把平平常常的书店搬家这件事，写得非常文

艺、非常暖意，她不直接说某某店搬家了，却说各位著名的艺术家搬家了，又说骨瓷搬家了、咖啡搬家了……而她所说的这些搬家的人和物，恰恰是店里所卖的东西及其作者，于是你才知道："哦，原来说的是门店搬家了！"所以她相当于讲了一个"搬家"的故事，把你带入了一种很文艺的、让你很有认同感的、毫无防范的场景里。

再来看一篇李欣频为中兴百货写的儿童节特卖会的文案——

抢救童年

Before
米老鼠与加菲猫追逐的童年。
孙中山在广东省翠亨村的童年。
鱼儿往上游不进则退的童年。
玩具很少玩伴很多的童年。
大人统治下的童年。

Now
在安亲班培养先知先赢的童年。
不相信天堂但相信任天堂的童年。
玩具很多玩伴很少的童年。
三岁开始写字、四岁开始讲英文的童年。

保护濒临绝种的快乐儿童，
请你与我们一起抢救童年。

你读了这篇文案以后是什么感觉？我想如果让我们来写儿童节特卖会，多数会写什么玩具打几折、什么玩偶买几送几……但是李欣频没有这样写，她先罗列了很多过去的儿童的那些简单的快乐，接着又罗列了很多现在的儿童的那些看似很丰盛，但是并不像以前那样有幸福感的快乐，然后将两种情形一对比，最后衬托出了整篇文案的主题：来吧，快到儿童节特卖会来，抢救以前我们曾经拥有的那种简单而快乐的童年。这时候,你的内心也是没有任何戒备与防范的。

上面鉴赏分析了李欣频的两篇文案作品,下面我来总结一下,像这种"不设防文案"有着什么样的特点,以及为什么让人读了以后会破除心理防线。

"不设防文案"为什么会让你破防?

不难体会到,前面所说的"凡客体"的两个特点:第一,具有强烈的自我意识和个性主张,在李欣频的"不设防文案"中也有;第二,使用大量的排比句,形成一种"碎碎念"的效果,还有浓浓的文艺范儿,在李欣频的文案中也有。但是李欣频的文案还多了一个更明显的特征:细节、细节、细节!她在文案里会用非常多的细节,串联起一个让你很难不认同的故事。注意其中的逻辑:她会假设你就是这篇文案的目标用户,站在你的立场,以你的视角和感受,把你在某种生活场景或者消费场景中的一系列细节,非常具象甚至非常细腻地写出来,然后形成一种强烈的"逻辑催眠"的氛围,也就是说,你会不知不觉地被她所写的某种逻辑给"洗脑"。所以这种文案才会突破你的心理防线,让你产生一种强烈的认同感。

很多人说,这种"不设防文案"具有很强的文学性,就像是文案中的散文诗。而在我看来,商业文案如果带上了某种文学性,无论是像散文、像诗歌,还是像小说,都会产生一种催眠作用,说明它不是用那些硬邦邦的促销语言让你去购买什么东西,而是神不知鬼不觉地把你拉进了一种场景和氛围之中。

所以,"不设防文案"曾经深深影响了年轻时的我。当我接触并深入研究了这种文案以后,也经常会用类似的手法,为各种品牌和产品写文案。

例如,我在 2006 年为"钻之韵"珠宝写的一篇杂志广告——

女人的另一种语言

另一种语言正在流行:
手指取代了嘴唇学会表露爱意,
耳朵取代了明眸开始懂得传送秋波,
颈项取代了一切首饰的地位,
却用无声的光芒发出最高级别的尊贵者号令。

只差一点点温度，钻石就变成了碳；
同钻石一样，女人不能差一点点。
人类营造巴别塔导致了语言的最终混乱，
女人寻找属于自己的钻石，
却不小心统一了属于女人的美感语言。

在这篇钻石广告文案中，当时 26 岁的我运用前面所总结的那些手法，很好地将"卖钻石"转换成了"卖观念"：先提出一种强烈的主张，然后罗列了女人在某些场景下的很多生活细节和身份细节，并用一连串排比句来强调一个观念，从而突破了女人的心理防线，引起目标群体的认同感——钻石是女人特有的另一种"美感语言"。

同样在 2006 年，我为上海的中环广场撰写导购手册时，更加娴熟地运用了那些手法，从而使这份导购手册印制出来以后，很快被抢阅一空（见图 13-1）。这篇长文案的全文如下——

选择去哪里 shopping 比 shopping 更重要

习惯对什么拜物比拜物更重要。
懂得在什么时间享受比享受更重要。
知道什么才是重要的比重要更重要。
选择去哪里 shopping 比 shopping 更重要。

漫无目的的追逐应当远离，是时候对品位进行独裁了。
于是选择中环。

因为它在淮海中路，因为它是法国老建筑，因为它的购物元素只分精品、精品和精品三种，因为它刚好符合你的挑剔值，因为它让消费变得从容而不从俗、简单而不简陋、绚烂而不炫耀，因为它让你一次又一次深度发现非凡的生活。

1F

真正的流行，

是你会一再被 download，

却无法随随便便就兼容。

美学不妨任其改变，

自己的美学立场固守不变——

只与经典对谈，

然后自己成为经典。

2F—3F

服装不是服装，是身份。

妆扮不是妆扮，是表露。

造型不是造型，是唯一。

用餐不是用餐，是姿态。

阅读不是阅读，是超越。

是属于你个人的元素，

就需要你来错位诠释。

4F

时尚有保质期是时尚的不幸，

短暂的流行是对品位的不忠。

永远要在众人的喧嚣中，

寻找到自己的口味惯性，

当他们还沦陷于单调的歇斯底里，

你早已在简单中品尝雍容。

【服饰版】品性

扣上顶级西服的最后一粒纽扣，不同于套上一件普普通通的外衣；那不是一个简单的日常动作，而是一种具有特定意义的品性。

品性不是从俗，品性是从容；品性不是严肃，品性是严密；品性是精心，品性是精致；品性是一种品质化的感觉。去中环广场把握品性，品性是一种非凡的生活。

【饰品版】品位

没有不够漂亮的颈项，只有不够流行感的饰链；别以为惹人注目的只是你本人，最传神的常常是身体细部环节所流露的品位。

品位不是简陋，品位是简洁；品位不是突兀，品位是突显；品位是傲视，品位是傲立；品位是一种品质化的眼光。去中环广场触及品位，品位是一种非凡的生活。

【美容版】品相

天生丽质，后天塑造，一种是得天独厚，一种是妙手偶成，应该把它们细细区分；最考验你的并非如何展示你的天姿，而是怎样读懂自己塑造后的品相。

品相不是沉迷，品相是沉淀；品相不是炫耀，品相是绚烂；品相是自然，品相是自信；品相是一种品质化的气质。去中环广场阅读品相，品相是一种非凡的生活。

【餐饮版】品尝

爱不爱使用刀叉，与会不会使用刀叉是两码事；你可以不爱，但不能不会，那不仅仅是用餐，而是一种有别于填饱肚子的品尝。

品尝不是风气，品尝是风度；品尝不是放纵，品尝是放松；品尝是高雅，品尝是高超；品尝是一种品质化的姿态。去中环广场深度品尝，品尝是一种非凡的生活。

图 13-1

品读了以上这么多案例以后，你最关心的一定是：我也想写这样的"不设防文案"，但是到底应该怎么写呢？

"不设防文案"撰写公式

基于我自身的研究和实践总结，下面给你一个非常好用的"不设防文案"撰写公式：

不设防文案 =

强烈的态度主张 + 超强的细节表现 + 大量的排比运用 + 明确的产品露出

简单说明一下：

第一，你必须对所写的这个产品或这件事情，设定一个明确的价值主张，给出一个明确的态度。这一点极其重要，如果没有这样一个主张和态度，你的整个文案将失去灵魂，那么后面你所写的一切文字，可能就会变成漫无目的的辞藻堆砌。而这一步，完全取决于你的个性和认知。

第二，基于这样一个主张和态度，你需要准确地罗列出跟这个产品或者事情紧密相关的一系列消费场景或者生活场景的细节，甚至是一系列的想法和念头。

第三，基于这一系列的细节，你要用排比句铺路，用排山倒海般的排比句，来营造出一种逻辑上的关联性，对用户进行"逻辑催眠"，从而不知不觉地激发起他们的认同感和购买欲。

第四，在文案的末了，你可以大胆地露出你真正要传播、要销售的那个产品或事情。

对照着这样一个撰写公式，下面我们再来看最后一个案例，是我为2023年的"知行读书社"亲手撰写的一篇"不设防文案"（见图13-2）。你可以细细体会一下，我是如何运用公式中提到的四个要素的。

这篇文案的主体部分，从头到尾都没有提到一个字的产品利益，只是在开头的标题中埋下了一个关于读书的痛点"恨不早读十年书"，并在文案中间再次嵌入了一个呼应标题的强烈主张，"最佳的读书时间是十年前，其次是现在"。除此以外，全是一连串看起来跟读书没有任何关系的排比句，以及一系列人生后悔场景。你可以看到，这是一篇完全遵循"不设防文案"撰写公式的文案，并且时隔多年，跟26岁的我比起来，我对于这种文案的驾驭早已更加得心应手了。所以这篇文案发布以后，引起了无数粉丝和书友大呼"扎心"，起到了很好的传播和发售效果。

图 13-2

好了，从"凡客体"到李欣频的作品，到我根据撰写公式为你示范的案例，这么一路看下来，你或许还会有一个疑惑："像这样的'不设防文案'，在什么情况下写更合适呢？"

我的回答是：原则上什么时候写都可以，为一切品牌、一切产品、在一切载体上写都可以，可以说百无禁忌。但是如果你硬要我给你一个更加具体的使用范围，我认为：当你需要强烈地表明一种与众不同的身份、角色和地位时，用"不设防文案"来撰写，会更加容易让用户心理破防，因为你是在心灵层面跟用户进行沟通的。比如，当你用"不设防文案"去写房地产广告、汽车广告、珠宝首饰广告、服装广告、手表广告、酒类广告，以及文创、旅游广告……整体气质和格调就与之比较相符；但如果你给卖鸡蛋、卖水果、卖钢材等一些非常接地气或者工业型的产品写文案，用"不设防文案"就会显得有点违和了。

但无论给什么产品写，你在理解了我给你的"不设防文案"撰写公式以后，最好能够像我当年一样进行深入的研究和操练，从而让更多用户因为你的这种文案而"破防"。

第 14 章
怎么用"面无表情"的场景预设,拉近与用户的距离?

在第 13 章里,我讲了如何用"不设防文案"来突破用户对你的心理防线,但仅仅是"突破"还不够,这一章我就延续这个话题,进一步地讲讲如何去"拉近"你和用户之间的距离。

为什么要拉近距离呢?因为我们很多人在写文案的时候,常常一开头就"拉远"了跟用户之间的距离,甚至让用户产生一种抵触感。

举个例子:

"文案收银机"这门课程在正式上线那一天,我给大家做了一场说明会。说明会的海报主标题是:"实在对不起!让你多等了 2 个月,只为了让你受用一辈子!"(见图 14-1)。

但你不知道的是,在这张海报定稿之前,其实有很多份文案都被我否决了。比如,其中有一张海报的标题是"实战文案,自动收银",下面写了一堆你可以获得的特权(见图 14-2)。

这样一对比,你应该不难体会到,第一张海报的文案会让你感觉就像是一个老朋友在跟你讲话;而另一张海报的文案会让你觉得有一种强烈的功利心在里面。

我曾经说过,文案的天职是变现,我们写文案的最终目的也是获利,这都没有错,也正因为如此,我这本书才叫《文案收银机》。但是文案变现和获利有一个前提,就是用户愿意靠近你。如果用户读了你的文案以后,扭头就跑掉了,也就不存在变现这回事了。

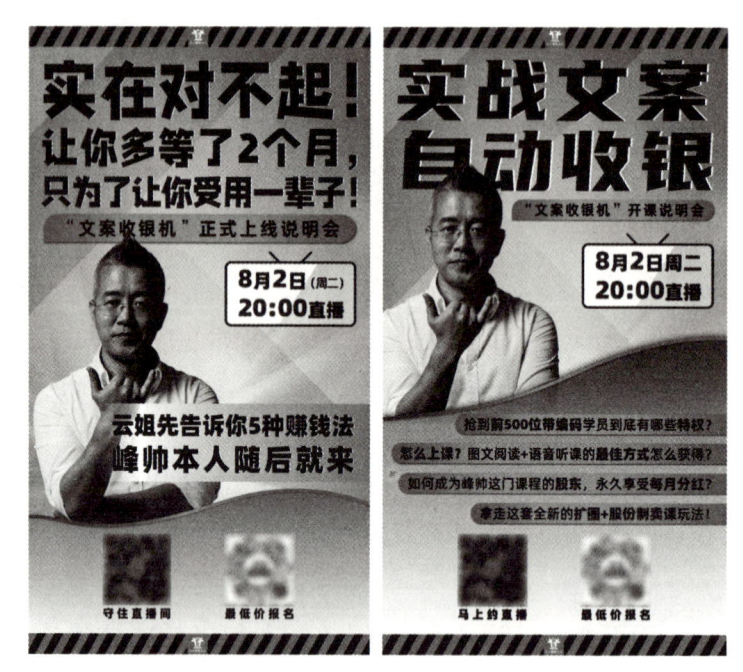

图 14-1　　　　　　　图 14-2

所以，文案的天职的确是变现，但是首要的天职，是让人对你有好感，也就是你的文案能够拉近用户跟你之间的距离。只有用户靠近你，你才能靠近钱。因此你无论是写短视频文案、海报文案、朋友圈文案，还是写销售软文，都必须把这个天职放在首位。

为什么你的文案让人想逃得远远的？

我想你一定看到过很多这样的文案，刚读了个开头就避之唯恐不及，想逃得远远的。到底为什么会这样呢？我认为有以下三个原因，你不妨对照一下，看看自己有没有中招。

第一个原因是：太想成交，太想变现！

事实上我在写这本书之前，本着严谨的态度，研究过市面上很多现在比较流行的"成交文案""变现文案"这类书籍和课程，研究以后得出一个结论：这些书和课其实跟文案本身并没有太大关系，甚至假如你只会用那样的套路去写文案的话，很多类型、很多产品的文案你是没有办法写的，因为"成交文案""变现文案"这类文案的底层逻辑很简单，就是你只需要把握人们"想赚钱"的心理就可以了，你只需要一个劲儿地告诉他们"我能让你赚钱！"，很多人就会过来了。

比如，"为什么你那么努力，仍然赚不到钱？""3 个月赚了 100 万元，我做对了什么？""天哪，又有 5 个人下单了，赶都赶不走！"以及我最开始给你看的那份我自己的海报文案"实战文案，自动收银"……都属于这个类型的文案。这类文案其实更像是一种"心理博弈"——跟想赚钱的人之间的心理博弈。但是我相信随着时间的推移，这种文案会越来越难以奏效，越来越让人敬而远之，因为世人都不傻，如果天上这么容易掉馅饼，每个人早就都富裕了，哪里还需要再来学习怎么样写文案……

所以，当你在写文案的时候，不要总是心心念念地想着要用这份文案来变现，想着一定要成交。事实上，太想变现，太想成交，恰恰是很多人写出来的文案令人生厌的罪魁祸首。我想请你千万记住：拉近与用户的距离的文案，不是危言耸听，也不是让人羡慕嫉妒恨，而是能够让人读了之后觉得"很安心"。

第二个原因是：表演太用力，太想把戏演好！

我们应该都看过电影和话剧，但是电影和话剧跟我们真实生活的区别在哪里呢？很简单，电影是在荧幕上表演，而话剧是在舞台上表演，它们都比我们的真实生活"夸张"一些，但是电影的表演痕迹和夸张程度，要比话剧轻很多。也就是说，电影有它的艺术性夸张成分，如果它完全按照我们的生活那样表演，就会显得太平淡，就失去了电影的观赏性；但如果它像话剧那样去演，又会让你觉得太夸张、太歇斯底里了。所以，这也是我们常说的新晋小生和老戏骨的区别：新晋小生拼命地想把戏演好，于是演得特别用力，一看就是在演戏；而老戏骨的眼神里、举手投足之间全是戏，却让你感觉不出他在演戏。

同样的道理，蹩脚的文案人，一写文案就像演话剧，太夸张、太用力，一看就是太想把文案写好了。比如："他才报名 3 天，就已经开始自动收钱了！不用谢我……""朋友圈寻人：刚刚付款 1 万元报名 ××× 课程的是谁？我找不到你了……""熟悉的人都知道，我轻易不会降价，但这次你有 24 小时的机会……""很难得有个机会上 ×× 大咖的课，关机了，找不到我的别担心哈！"

你看，这样的文案一起头就会让人感觉是在演戏，而且演得非常用力。所以，也请你千万记住：拉近与用户的距离的文案应该像一部电影，而且是豆瓣评分很高的电影——它能让你在观赏的时候感觉到"润物细无声"，即便是表演，也会让你看不出表演的痕迹。

第三个原因是：你预设的文案场景，给了观众说"NO"的机会！

这是什么意思呢？

我举个例子：

你一定接到过类似这样的销售电话："请问你最近有资金需求吗？"或者"我们这里是××幼儿教育，请问你有小孩了吗？"又或者"我们是××酒店，请问你平时出行多吗？"每当我接到这样的电话，第一反应就是想说："NO！我不需要！"

同样，我们很多人写文案，往往一上来就提出一连串的自以为对别人很重要的问题、自以为跟别人很有关系的场景，想勾起别人的兴趣和欲望，但事实上，别人看到这些问题和场景以后，都恨不得马上说："NO！"

比如："只需要动动手指，每天就能额外轻松收入×××元，这样的美事你想不想？"我一听就想说："NO！不想！骗人的！"再比如："是不是无论你怎么好说歹说、威逼利诱，你家娃就是不听话？"我一看就想说："NO！不是啊，我家娃很听话呀！"再比如："请问你是不是有这样的卡点：跟客户谈了很久，时间和精力都搭进去了，但是最后仍然没有成交？"我一看就想说："NO！我成交力虽然不是一级棒，但是也还可以呀！"再比如："你是不是很羡慕人家想穿什么就穿什么，而自己只有一种选择才能显瘦？"我一看也想说："NO！不是啊！我为什么要羡慕？我感觉我这样挺好啊！"

所以你看，当你在文案中设定了这样一些自以为是的问题和场景时，就相当于把自己的路给堵死了。所以，我还要请你千万记住：拉近与用户的距离的文案，一开头就能让人进入你预设的场景、让人认同，最起码不会让人说"NO"，也不可以让人说"NO"！

以上我指出的这三个问题，是你在撰写任何文案时都要想尽一切办法避免的，尤其是当你写海报的标题、推文的标题，甚至写推文的第一句话，以及写朋友圈文案、短视频开场文案这些重要性极高的文案时，你一定要努力达到一个效果，就是让人读了以后立刻想接近你，而不是排斥你、远离你。

那么有什么方法可以做到呢？

文案如何一开头就让人忍不住想接近你？

下面我要教给你三个方法，供你对照自己去查漏补缺、展开应用。

第一个方法：从一开始就要把注意力放在文案本身的可读性上，而不是放在成交上。

打个简单的比方：写文案其实就好比男生追女生，千万不要让人家感觉到你想占有她，而是要不断地对她好，要让她欢喜你甚至迷恋你，让她对你产生依赖性，不要让她烦。总之，要让她感觉到你是一个有故事的人，并且你是真心对她好。你的文案面对读者和用户的时候做到这样，也就具备了可读性和亲切感，具备了让用户愿意接近你的可能性。

比如，我在刚刚开始做"知行读书社"的时候，写过一张海报的文案（见图14-3），标题是"别人还在梦乡，我们已闻过书香"；接着我又写，这是一个"让你早起、领你读书、和你赚钱"的"只为知行合一的读书社"；然后我再进一步说明，在这个读书社，峰帅亲自为你选了多少本书、什么时候开始领读，等等。

从这张海报的文案你可以看到，我从第一句话开始就没有劝你赶紧加入，也没有说明加入这个读书社有什么好处！我克制住了那种"成交欲"，只是像讲故事一样，在描述一种关于读书的美好状态，也就是别人还在梦乡的时候，尤其是在冬天，天还没亮，而我们读书社的书友们已经闻过了书香。这说明我们每天起得很早，一起在峰帅的带领下读书、用书，并且还不必占用白天的工作时间。这里面的好处，你读了文案以后自己就会去感

图14-3

受、去体会，所以当时这篇文案起到了很好的发售效果。而如果我拼命地劝你"赶紧加入""读书要趁早"，反而会令人生厌。

这就是让你的文案从一开始就拉近与用户的距离的第一个方法：把注意力放在文案本身的可读性和故事性上。

第二个方法：要轻轻地表达你自己的真实观点，而不要用力地去试图说服别人。

我们人类有很多毛病，其中一个毛病就是：总想去说服别人，而不是陈述自己。这在文案写作中，是一个非常致命的毛病。

米兰·昆德拉写过一本著名的书，叫《生命中不能承受之轻》。事实上我们写文案，很多时候就是要用"轻"去表达那个"重"。换句话说，当你在文案中越是想说服别人的时候，你越是不要去说服别人，而是要用某种"轻轻的观点"去表达，要像演电影一样轻轻地去写文案，而不是像演话剧那样强烈地、表演痕迹特别重地去写文案。

我甚至经常跟学员们说："要像讲话一样去写文案，而不要像参加辩论赛和演讲一样去写文案。"你或许在电视上和网络上看过辩论赛，你会发现，即便这些学生辩论得再好、逻辑再清晰，他们的表达方式本身其实都是很稚嫩的，因为演讲痕迹、表演痕迹太重了。而在我们真实的生活中，无论是辩论还是聊天，都不会呈现出这样的一种状态。

很多人写文案也是这样：说话的时候是一个人，写文案的时候又是另外一个人。于是你写文案就不会有"如鱼得水"的感觉，就不能做到"本色出演"。也就是说，作为一名优秀的演员，你演戏时的状态跟真实生活中的状态要无限接近，这样的表演看起来就非常轻松自然，更让人有代入感。

关于这一点，我想再次强调我曾经讲过的那个写文案"秘诀"：无论你是写一句口号、一篇推文，还是写一条朋友圈文案、一条短视频文案，你都要先用嘴把你想说的内容说出来，然后再把你说出来的文案进行调整，这时候你会惊喜地发现，你的文案立刻变得更加自然、真切了！

比如，我曾经写过一条朋友圈文案，这条文案其实是关于"知行读书社"的广告，标题却是：《现在还读唐诗是附庸风雅吗？》——我说的是唐诗，所以你读了以后不会有任何心理防范。这条朋友圈文案是这样写的：

现在还读唐诗是附庸风雅吗？

如果你这么想，真的是对"文字"这个东西琢磨得太少太浅了！

最初我把"唐人绝句"列入读书社的 50 种年度必读好书的时候，有些社友的确是不太理解的，或者是不太重视的。事实上，我们现在从唐代诗人身上能学到非常宝贵的两样本事：

第一，唐代只要是个读书人就会写诗，换句话说，写诗绝对是一片红得发黑的红海了，但为什么仍然有那么多诗人能够脱颖而出，找到各自的蓝海，也就是实现所谓的"差异化"呢？换成你，你行吗？要怎样才能行呢？就好比峰帅这个月即将开的这门文案课，算是红海了吧？但为什么我还没正式发售，就有那么多小伙伴扑面而来抢位呢？

第二，再说文字本身：在唐代诗人写的那区区 20 多个字的绝句里，其实隐藏着一个非常有效的文案写作训练秘诀，这个秘诀是我十几年前做文案写作训练时不小心发现的，而且训练方法有趣得就像做游戏，你坚持训练一个月，文案写作功力会进步得自己都不信。这个秘诀，我在《文案收银机》里会详细讲到，但我会在下周四的读书社领读中为你演示一些。

所以要不要赶紧预约你看着办咯！哈哈！

这条朋友圈的图片区我分别放了"知行读书社"和《文案收银机》的海报。

你看，这整条朋友圈你从头读到尾几乎都不会有什么心理防范，因为我就是像说话一样地写，但事实上我已经在宣传读书社了，甚至在最后，我还顺便植入了一个《文案收银机》的广告。

这就是拉近与用户的距离的第二个方法：不要去"重重地"说服别人，只需要"轻轻地"表达自己的想法就可以了。

第三个方法：要陈述一个跟读者和用户有关的事实，并且说出来以后必须"无公害"。

也就是说，你要多在文案中使用陈述句，少用甚至不用问句，除非你的问句本身就是陈述性质的。比如《文案收银机》这本书，你现在翻回到目录去看一下，每一章的小标题虽然都是问句，但其实表达的都是肯定的意思。

那为什么要少用甚至不用问句呢？原因我前面说过，问句很容易就被人说"NO"，一旦别人在心里说"NO"，就把你给堵死了。而陈述句更能让人感觉"无公害"，不容易给人造成心理上的压迫感，你只管陈述你的，至于别人认同不认同，他自己看着办就行，只要你的陈述足够有诚意，别人自然会认同的。

比如，我同事写过一篇推文，标题叫《这本你连名儿都没听过的书，才是"育儿真经"！》，这个标题就是在陈述一个事实——这本书的名字你可能没听过，但它是一本"育儿真经"。这篇推文的开头也写得很好：

《优秀是训练出来的》这本定价25元的书，在某购书平台上的售价已经翻了两倍不止了，因为已经绝版了。所以你不用担心，这篇文章不是"卖书的"。这本书的育儿核心方法论就在它的书名上：优秀是训练出来的！换言之就是优秀的孩子不是"管教"出来的。

这篇推文的完整版，你在微信直接搜索《这本你连名儿都没听过的书，才是"育儿真经"！》，即可阅读。事实上它就是一篇卖书的推文，但是几乎没有让你感觉到像卖书的样子，因为它一直在向你陈述一个对你来说"无公害"的事实。

再比如，我曾经给我的"好课大卖训练营"写过一篇海报文案（见图14-4），这篇文案也改过很多遍，最终我只写了一句话，这句话既是

图14-4

标题，也是正文："这个训练营的目标只有一个：让你卖好你身上藏着的'爆款课'！"很显然，这又是在陈述事实：第一，每个人身上都藏着一门"爆款课"，你也不例外；第二，我这个训练营的目标只有一个，让你把你的课卖好。

所以，当你轻轻地陈述一个事实的时候，你的文案就不会给人一种压力感，就会让人感觉"无公害"，也就会拉近与用户的距离。

回到我最开始展示的那份关于"文案收银机"说明会的海报文案（见图14-1）："实在对不起！让你多等了2个月，只为了让你受用一辈子！"它看起来轻到简直不像是在写文案，因为它的的确确就是在陈述一个事实——这门课的确比最初宣布的时间晚了2个月上线，我郑重道歉；但我真的是为了把这门课做得更好，为了让学员们能够受用一辈子。

以上跟你分享的这三个方法，它们有一个最大的共性，就是用这样的方法写的文案，读起来其实都是"面无表情"的，也就是让人几乎察觉不到强买强卖、声嘶力竭和搔首弄姿。它们只是在心平气和地讲述一个故事，陈述一个观点，说明一个事实。正因为如此，你的文案才能从一开始就起到"润物细无声"的作用，才能拉近与用户的距离。

在今天的商界和文案界，早已不缺那些重重的、声嘶力竭的文案，缺的恰恰是这种四两拨千斤的、"面无表情"的文案，而这也是一个优秀的文案人应当追求的更高境界。

第 ⑮ 章
怎么"冻结用户需求",让人跟着你的文案走?

"冻结用户需求"这个词,算我的一个"小发明"。毫不夸张地说,我们在写各种文案的过程中,无论是写口号、海报文案,还是写销售软文……用好了这个概念,对于有效提升文案的感染力、说动力以及成交率,都将起到显著的作用。这个概念和方法是如此重要,以至于我要用三章内容来彻底地讲透它。在这一章里,我会为你讲清楚为什么"冻结用户需求"才是真正的用户思维,紧接着在后面的两章里,我还要具体讲述如何用文案去"冻结用户需求",从而让用户一路跟着你的文案走。

我要先问你一个听起来特别简单的问题:到底什么叫"需求"?

到底什么叫"需求"?

你可能会说:"需求当然就是我想要的东西啊!"

道理没错,但是如果你这样定义需求,对于写文案是没有任何帮助的。

所以我替你总结了一下,我们所说的一切需求,事实上有且只有三种。

第一种是:你有什么问题。

比如,你不太会写文案,或者不知道怎样做好个人品牌,或者找不准企业的定位,等等。

第二种是:你缺什么东西。

比如,你没有对象,或者没有房、没有车,又或者赚不到钱,等等。

第三种是:你烦什么事情。

比如,你的夫妻关系很糟糕,你的人际关系搞不好,你的孩子总是不听话,你觉得特别烦，等等。

当我们知道了人的需求有这样三种，那么紧接着下一个问题来了：如果你在文案中把用户的这些需求说出来，你的文案就一定能写好了吗？你的产品就一定能卖出去了吗？

当然不一定！如果是这样的话，每个人都很容易就可以变成文案高手了。在此基础上，你还需要有真正的用户思维。

真正的"用户思维"

我们经常说"用户思维"，简而言之就是：搞清楚用户到底在想什么，然后你再根据用户所想的，交付你的产品和服务。但事实上，我一直以来都非常不赞同这个词。我经常说"用户思维"是个伪概念，因为真实的情况是：用户其实往往并不清楚自己的真需求。换句话说，用户并不清楚自己身上到底有什么问题、缺什么东西或者烦什么事情，直到你明明白白、清清楚楚地告诉他："你有这个需求！"

我们举几个耳熟能详的例子，来说明这个"真相"。

比如，在传统手机时代，用户心中根本没有"智能手机"这个概念，当时很多手机厂家还在一个劲地研究怎么样把键盘变得更紧凑一点。直到苹果推出了根本不需要按键的触摸屏以后，才真正有了"智能手机"这种东西。刚开始我们对它还不太习惯，慢慢地才适应了这种新事物，而今天几乎所有人都再也离不开它。但是在此之前，所有人的心里都完全没有"智能手机"这样一个具体的需求，直到苹果把智能手机放在我们面前。

再比如，我给很多人以及很多品牌写过口号，现在我回头再看，其实我在很多口号里写出来的那些用户需求，原本在用户心里也是不存在的，这句"学画能原创，老师丹青杨"就是如此。家长们通常都会认为，让孩子学画画，只要画得好就可以了，但是我在丹青杨老师的这句口号里，明确地提出了"学画能原创"这个概念，然后家长们才会意识到：原来孩子带有天生想象力的那种"原创性"，比把作品画好的技术更加重要。

说到这里你应该已经明白了，其实市场上根本就不存在所谓的"用户思维"，永远只存在一种"用户视角的产品思维"。也就是说，你做任何事情都是"产品思维"的，因为你得提供产品、提供服务，但是在过程中，你必须经常切换到用户的视角去看你自己，看你的产品和你的文案所传递出来的信息，能否让人认同、让人信服——这才是真正意义上的用户思维。

我经常讲一个词，叫"有效的文案"。所谓有效的文案，它的本质就是在用户心中制造一种"认同感"。文案有了认同感，才有了销售力。而当你在用户心中制造了认同感以后，最后就能达到一种效果，就是把你的用户都变成"你的同类"，形成一个族群聚在一起，然后让你的同类再去为你的产品、为你的服务、为你的企业和品牌去制造口碑。这样一个转化过程，我把它称为"物以类聚，人以群分"，而这种"物以类聚，人以群分"的效果，就需要通过我所提出来的"冻结用户需求"这个概念来实现。

什么叫"冻结用户需求"？

看过《西游记》的小伙伴都知道，孙悟空有一个技能叫"定身术"，他喊一声"定"，妖怪就一动不动地任由他摆布了。而"冻结用户需求"就是"文案中的定身术"：用户的大脑就像被你的文案给冻住了，你说什么他就认同什么，一时半会儿很难再去相信别的。

那么你在文案中说什么，用户的大脑才会被"冻结"呢？有两种情况：

一种情况是，你在文案中告诉用户："你其实有这个需求，只是你自己还不知道、还不明确。"

我经常说的一个例子就是，宝妈们在带娃的时候，她们真正的需求并不是我们通常听到的什么"一手带娃，一手赚钱"，而是等到以后不带娃了，还能够拥有赚钱的能力。这才是她们的真需求，只不过大多数宝妈自己还不知道，所以一旦你指出来，她们内心的这一需求就被你"冻结"了。

第二种情况是，你得告诉你的用户："你平常确实没有这个需求，但是在某种情况下你一定会有这种需求。"

比如，我们耳熟能详的那句"今年过节不收礼，收礼只收脑白金"，在脑白金出来以前，很多人并没有想过逢年过节买什么东西送给老人最合适，基本上就是看到什么买什么，因为并没有一个产品是专门针对逢年过节送礼而推出的。直到脑白金的这句口号出来以后，脑白金才成了很大一群用户，尤其是二三线城市以下的用户逢年过节送礼的首选，而这句口号也成了一句著名的"洗脑"文案。它为什么能够"洗脑"呢？就因为它"冻结"了用户的需求，反反复复、极其明确地告诉用户："你平时不需要脑白金，但是逢年过节的时候，你一定需要！"

基于这两种情况，可以这样说：所谓的"冻结"，其实就是"无中生有，理所当然"。所谓无中生有，就是用户的脑袋里原本没有这个需求，但是你很明确地告诉他"你有"；不但有，而且通过文案表述出来以后，还让他觉得理所当然，的确是这么回事。而这一切之所以成立，都是来自前面所说的"用户视角的产品思维"。

所以你在写文案的过程中，不要一味地闷头去写"你自己想写的东西"，而是要写那些"能够控制用户大脑的东西"。切记："自嗨"是文案写作的大敌！如果你的文案不能冻结用户的意识和需求，那么你的文案反而会成为你自己最大的敌人。为了消灭这个敌人，最靠谱的检验文案有效性的方法就是——自我代入，也就是我一直强调的，要把自己切换成用户的视角，把自己放到文案所写的场景里去问问自己："如果我是用户，我能不能对这条文案产生认同感？我会不会被打动？"

以上就是"冻结用户需求"的整个底层逻辑，以及你的文案之所以能够"冻结用户需求"的真正原因所在。

第 16 章
怎么卖好五样东西，让文案发挥"战国策效应"？

上一章我重点讲述了为什么"冻结用户需求"才是真正的用户思维，其中的基本原理和方法到底是什么。在接下来的两章里，我将要从技术层面告诉你，具体应该怎么做才能"冻结用户需求"，从而让用户不由自主地认同你。

我先从两个小故事说起。

两个"冻结用户需求"的小故事

第一个小故事，是关于战国时代的纵横家张仪的。

当时魏国跟楚国打仗失利了，这时候张仪正在魏国担任丞相，而且很有意思的是，张仪之前是在秦国担任丞相的，但是现在他的新东家魏国要打败仗了，于是他就向老东家秦国去借兵来救魏国。这时候秦国的现任丞相甘茂不答应了，因为甘茂跟张仪是政敌，而且张仪很有可能以后还会从魏国回到秦国，所以甘茂不愿意借兵给他也是情有可原的。

但是甘茂有个手下叫左成，跟他说了这样一番话："你还不如把兵借给张仪，因为借给他以后，魏国跟楚国打仗如果还是打输了，那么你借给他的兵就还不回来了，张仪以后也就没脸再回到秦国了；而如果最后魏国打赢了，那么张仪就春风得意了，魏国必定不肯放他回到秦国了。"请注意，左成这时候说了一句最狠的话，他说："张子不去秦，张子必高子。"就是说，如果张仪不离开秦国，那么他在秦国的地位肯定比你甘茂要高。

第二个小故事也是关于张仪的。

张仪在魏国担任丞相期间，齐国和楚国要联合起来攻打魏国。这时候张仪有一个叫雍沮的手下对他说:"哎呀,齐国和楚国如果联合起来攻打我们,你的丞相地位就危险了呀!因为当初魏王之所以任用你做丞相,就是觉得你能够让魏国安宁,让别的国家不会轻易来打我们。但是你现在做了魏相,齐国和楚国却要联手来打魏国,这事肯定对你不利!"张仪说,那怎么办呢?雍沮就说,那我去帮你游说一下齐国和楚国吧!

于是雍沮就跑到齐国和楚国,跟他们的国君说:"你们知道吗,张仪在做魏相之前,其实跟秦国是有约定的。他说如果他做了魏相,齐楚两国肯定会来攻打魏国,到时候如果魏国打赢了,齐国和楚国的国力就会大大削弱;但如果魏国打输了,魏国肯定会割地向秦国求助,秦国就会联合魏国来打齐国和楚国,那齐国和楚国必输无疑,这样就正好成全了张仪的计划。所以你们真的还要去打魏国吗?"齐楚两国的国君一听,觉得有道理,就放弃了攻打魏国。

"战国策效应"

前面所讲的这两个小故事,都出自一本书,叫《战国策》。这是我一直极力推荐学员们去好好阅读的一本书,也被我列为"知行读书社"的领读书目之一。它虽然是一本讲历史的古书,却也是古往今来最好的一部"说动力"教材,没有之一。

在这本书里,你可以看到很多很多类似前面这样的历史桥段,有的是自己人对自己人讲话,比如左成劝说甘茂,有的是对外人讲话,比如雍沮劝说齐王和楚王,但几乎都是凭着三言两语,在唇舌之间就扭转了乾坤。怎么扭转乾坤的呢?就是不论对方一开始是怎么想的、怎么打算的,我的目的只有一个,就是让对方听我的,按我说的办!而神奇的是,绝大多数时候,说话的人都能够达到这样的效果。这是为什么呢?因为说话的人在整个表述过程中,都找到了一个"抓手",然后很好地做到了我在上一章所讲的八个字:"无中生有,理所当然"。比如,在前面第一个故事里,左成为什么能够说动甘茂借兵给张仪?因为左成找到了一个"抓手",就是让甘茂知道,不能让张仪的地位高于他。同样,在第二个故事里,雍沮去劝说齐王和楚王不要攻打魏国的时候,其实也找到了一个"抓手",就是不能让齐国、楚国自家的国力被削弱了。这样一来,对方瞬间就打消了原先的念头,一切听话照办。这就叫"冻结用户需求"。

回到文案写作上来看，其实文案写作的本质也是"说动对方"，文案写作的目的也是巴不得三言两语就让用户打消原本的念头，能够完全认同你。为了便于你加深印象，我把这一点就称为"战国策效应"。

"冻结用户需求"的三个动作

下面重点来了：借助《战国策》里的两个小故事我们可以看到，在"冻结用户需求"的整个过程里，其实需要明着暗着做三个动作，请注意这三个动作之间的逻辑。

第一个动作，叫制造认同。

所谓制造认同，就是要指出一个对方无法否认的事实。比如张仪是你的竞争对手、秦国想要称王称霸，这些对方都无法否认。放到今天也是一样的，比如经济环境不好、社会趋于老龄化、现在大部分的父亲都不太陪伴孩子……这些也都属于难以否认的事实。所以，指出一个对方无法否认的事实，是制造认同的前提和基础。

第二个动作，才叫冻结需求。

怎么样冻结需求呢？结合我在上一章所讲的，就是点出一个对方无法忽视的需求。比如，千万不能让张仪盖过你、千万不能让秦国的计划得逞。放到现在来说也一样：比如，虽然现在经济环境不好，但是你无论如何不能出局，要不然你什么机会都没有了；虽然社会整体趋于老龄化，但是恰恰说明中老年市场对你来说是一个大生意市场啊；父亲的陪伴对孩子的成长来说至关重要，你再不陪孩子，孩子就长大啦！当我们在特定情况下说出这样一些用户需求的时候，用户的认知、意识和需求往往会被瞬间冻结。

做到这一步仍然不够，还要做第三个动作，就是给出方案。

这一步是最最关键的，也就是要给出一个对方很难不认同的解决方案，因为只有当你明确地给出了解决方案，你才能够真正地实现"冻结用户需求"。

举个例子来说，我在营销行业做了很多年，现在我有时候回顾这个行业才知道，很多咨询公司、广告公司，还有曾经的我自己，在接单和服务客户的时候，之所以最后会掉单子、丢客户，往往是因为对客户分析了很多情况、指出了很多事实，并且也告诉了客户"你有这样的需求"，最后却并不能给出一个真正的解决方案。

所以对写文案来说，接下来你就有了一个聚焦性的任务，就是要弄清楚：到底应该怎么样给出方案，才会真正地把对方的需求冻结呢？

其实我总结下来就是一句话：要么"给对方好处"，要么"让对方高兴"。而用户之所以"高兴"，通常也是因为你说了"好处"。

要在文案中贩卖"五样东西"

具体的做法就是，你一定要在你的文案中去卖五样东西，而且这五样东西也正是我们销售一切产品的五个本质。

第一，叫"卖省事"。

为什么要卖省事？因为人都是有惰性的。

比如，我为爱提词 App 写的那句文案"爱提词，提词跟着语速走"——为什么要强调提词跟着语速走？因为录短视频的时候，让字幕想快就快、想慢就慢，这正是一种懒惰。所以我在文案中把这种懒惰对你讲出来，就是为了强调它能给你省事。事实上爱提词 App 还有很多其他优点可以讲。

再比如，我为学员写的个人品牌口号"数码晓姐姐，问题好解决"——既然问题好解决，当然也是在说给你省事了。

又比如，你还记不记得当年苹果推出 iPod 的时候，文案叫"把 1000 首歌装进口袋里"，言下之意就是你再也不用到处去找歌、去下载了，现在我们一次性打包 1000 首歌给你。本质上这也是一种卖省事，一种基于人的惰性的省事。

第二，叫"卖美味"。

这一点毫无疑问，当然是基于人的贪吃本性，民以食为天嘛！

比如，麦斯威尔咖啡的那句经典文案"滴滴香浓，意犹未尽"——你读完这八个字，似乎就会闻到一股咖啡的香味。

再比如，我为膳博士写的那句文案"膳博士，三十年前的香"——猪肉还没吃到嘴，仿佛就已经让你尝到了那种原汁原味的草猪肉的鲜美。

又比如，我为学员写的个人品牌口号"交苗家辣妹，吃正宗辣味"——对爱吃辣的人来说，"正宗辣味"这四个字，已经足以给出许多的美味想象。

第三，叫"卖尊贵"。

为什么要卖尊贵？因为人的本性都是虚荣的，几乎没有一个人例外。

比如，以前锤子手机曾经有一句口号，叫"天生骄傲"，写的虽然是手机，其实本质是那个用手机的人，言下之意就是：你不要活得那么卑微，其实你天生就很闪亮、很体面，现在有了这款手机，你会变得更闪亮、更体面。

再比如，我为"王姐升学"教育品牌写的"升学找王姐，孩子做人杰"——在这句文案的深处，其实也是卖尊贵、卖某种程度上的虚荣，因为做父母的很多时候自己吃什么、穿什么、过得怎么样都无所谓，最希望自己的孩子将来能够成为人中龙凤，所以这句文案才能直击家长本心、"冻结用户需求"。据这个品牌的创始人王姐本人说，自从有了这句品牌口号，公司的业务得到了有效的增长。

第四，叫"卖安心"。

我们人类对于很多事情，其实都有着一种近乎本能的恐惧感，最常见的有生病、衰老、亏钱……它们都会或多或少、或明或暗地让人产生恐惧，所以"卖安心"针对的就是人的这种恐惧感。

比如，"怕上火，喝王老吉"，一个"怕"字，已经把人的恐惧感表达出来了。

再比如，我为学员黄小宁写的个人品牌口号"小宁做你经纪人，保险规划不踩坑"——为什么要说"不踩坑"三个字？因为这三个字反映出很多人购买保险时的真正担忧，就是怕踩坑。而明确地说出"保险规划不踩坑"，就是把一种安心感给了用户，就会瞬间冻结用户的需求。

第五，叫"卖希望"。

"卖希望"是基于我们内心的"无限欲望"，或者某种"心理安慰"而得出的解决方案，它的运用范围可以非常广。

比如，百度的广告语原先是"百度一下，你就知道"，这很显然是在"卖省事"，也完全符合百度的属性，后来改成了"百度一下，生活更好"，这其实就是在卖一种似有似无的希望了，它背后反映出来的是一种策略的转变，我相信一定有它的理由，但是到底是好是坏，还需要时间的检验。

再比如，女生非常熟悉的"韩式半永久"，这个名称本身其实就是一句文案，而且是典型的"卖希望"的文案，你仔细琢磨一下会体会到，它并没有告诉你"半永久"到底是多久，但是又让你感觉似乎可以很久，所以它非常成功地冻结了用户的需求。虽然它只不过是一种基于心理安慰的希望，但很多人恰恰需要这种心理安慰。

还有现在我们可以看到有很多教你如何快速成功、如何快速致富的书和课，它们所用的一切话术和文案，也都是"卖希望"，它们会告诉你："你也行的！"至于是不是真的行，其实每个人的成果转化都一定会不尽相同。

关于以上五种你在写文案时可以卖的东西和解决方案，你还可以自行找出更多案例来对应分析。为了便于理解，我所举的例子基本都是口号类文案，但是即便扩展到其他类型的文案，道理也都一样。无论你写的是长文案还是短文案，是自媒体文案还是公众媒体文案，你都可以用前面所说的"制造认同、冻结需求、给出方案"这三个动作去写，并且在你的文案中一定要卖好五样东西里的至少一样，这时候你的文案就会起到一种非常好的"战国策效应"。

第 17 章
怎么在文案中直接"说动"用户，而不是"说服"用户？

我已经用了两章内容，来跟你详细讲述写文案时为什么要"冻结用户需求"，以及怎么样去冻结用户的需求才能让人跟着你的文案走。这里面的底层逻辑和实操方法虽然讲完了，但是还遗留了几个重要的问题，值得单独讲一讲。

第一，大家都想写"冻结用户需求"的文案，但是一流的文案跟二流、三流的文案，它们的差别到底在哪里？

第二，"冻结用户需求"的文案之所以能够牵着用户的鼻子走，其中关键到底是什么？

第三，既然有一个关键，那么我们应该如何抓住这个关键？

一流文案和二流、三流文案

先来看第一个问题：同样是"冻结用户需求"，一流的文案跟二流、三流的文案到底有什么不一样？

我的总结是：三流的文案是"碰出来"的，二流的文案是"改出来"的，而一流的文案是"推出来"的。

所谓"碰出来"，也就是你写文案的成果、成绩和成效是不稳定的，就好比你射箭打靶，一会儿打中了五环，一会儿打中了七环，偶尔瞎猫碰到死耗子，打中了九环或者十环。这说明你还没有掌握关键的技术和方法。

而"改出来"，就是你的文案需要不断地推敲、不断地修改，才能达到"冻结用户需求"的效果，就好像小孩子写作业，虽然把作业写对了，但是本子上留下了很多橡皮擦的印子。这说明方法你其实已经知道了，但是运用起来还不娴熟。

最后一种叫"推出来"，这里的"推"指的是推演，也就是推演我之前所讲的"冻结用户需求"的"三个动作""五样东西"这些要素。既然是"推出来"的，说明你写文案是按照一个科学的、固定的逻辑方法来进行的，就好像流水线生产一样，从 A 走到 B、从 B 走到 C，不会出现什么大纰漏，所以你的文案水准始终是比较稳定的，始终是保持在金线以上的，于是你的文案几乎总能一路牵着用户的鼻子走。

所以你要时刻意识到：你的文案到底是处在"碰"的阶段，还是在"改"的阶段，还是在"推"的阶段？

下面我们再来看第二个问题和第三个问题。

"冻结用户需求"的关键

"冻结用户需求"的文案之所以能牵着用户的鼻子走，其中关键到底是什么？我们应该如何牢牢抓住这个关键呢？

我也为你总结了 12 个字：没有防备，不用思考，看见好处。

先来看"没有防备"。

所谓没有防备，就是你的文案能够突破用户的心理防线。

我们知道，用户的天性是对于一切文案都是设防的，因为他知道你的文案一写出来，就要让他掏腰包了，所以他出于本能会警惕起来，除非你说出了他心里真正的需求和困惑，也就是我在之前的内容里所讲的：你有什么问题、你缺什么东西、你烦什么事情。

但是恰恰相反，很多时候我们所看到的文案，一开始就会引起人的焦虑，而不是引起人的重视，是催人赶紧下单，而不是揭示某种需求。所以这样的文案都不是很高级的文案，因为它们都会让人设防。

而我曾经在第 13 章讲的"不设防文案"，它之所以能够让人的心理瞬间破防，就是因为这样的文案从一开始就只不过是提出一种主张、表明一种态度，然后再通过一连串的细节场景，把用户自然而然带入文案的逻辑中去，所以它不会让人设防。你不妨再抽一点时间，去回顾一下那一章的内容。

所以请切记我下面这句话：

即便你有 1000 种文案写作技巧可以学习，但是你首先要学会的技巧，是如何把文案写得让人不讨厌、让人不设防。

用户对你的文案讨厌和设防，并不是因为你的文案写得不好，事实上没有人关心你的文案写得好不好，而是因为你一上来就让他焦虑，就要赚他的钱，这是让他讨厌和设防的本质。

所以你在写文案的过程中，一定要随时自我检验：我的文案让人讨厌了吗？让人设防了吗？

下面再来看什么叫"不用思考"。

所谓不用思考，就是你的文案能够降低用户的决策成本，让他不用多想就采取行动。

其实用户在购买你的东西之前，他可能早已买过很多类似的东西了，甚至他在过去类似的消费过程中，还踩过一些坑、吃过一些亏，所以这就造成了用户消费的常态心理是"货比三家"：他要将你的东西跟别人的东西进行比较，还会把它跟自己心里"假想的"一种理想状态的东西进行比较，然后还要比价格、比质量，思考它到底合算不合算、自己到底需要不需要……这些对用户来讲都叫"决策成本"。

而文案要降低用户的决策成本，其中最重要的一个"秘诀"就是：要把用户的理性消费转变成感性消费，或者叫"冲动消费"。

这是什么意思呢？给你举一个小例子你就明白了。

我曾经在我的朋友圈里，瞬间卖出过一套几千元钱的书。一套书卖几千元钱，真的不算便宜，按道理来讲，我在朋友圈卖这套书的时候，会去强调一种理性的诉求，也就是这套书怎么好、它能够如何提升你的认知，以及它的价格虽然有点贵，但其实我已经打了折了……这些诉求强调的都是"理性因素"，如果有人读了文案买了这套书，就是一种理性消费。但我为了卖这套书而写朋友圈文案的时候，更多强调的却是：这套书已经绝版了，以后很难再版了，全世界只有1000个人拥有这套书，你把这套书买去收藏了以后，如果过阵子不想要了，再转让出去还能增值；最不济的情况就是，你把这套书摆在家里或者办公室里，会非常体面。

结果这套昂贵的书挂出去五分钟以后就被人买走了。

所以我经常说：写文案要"说动"用户，而不要总试图去"说服"用户。你得把饭直接喂到用户的嘴里，不要让他去思考，不要让他去理解，不要让他去琢磨。因为这些思考、理解和琢磨，都相当于你让用户自己去煮饭吃，而这是违背"冻结用户需求"理念的。

那应该怎么样把饭直接喂到用户嘴里呢？之前已经讲了，就是要把一切理性的因素，都转化成卖省事、美味、尊贵、安心、希望这五样感性的东西，这些东西是用户想也不用多想就会被打动的，因为他没有时间来听我们作出一堆解释，用户要的是一个终极购买理由。有太多的文案案例可以证明这一点，你不妨去网上随便搜一些你认为写得比较好的文案，你会发现，但凡有文案打动你了，都是因为它给出了一个终极购买理由，而且这个理由往往是不讲道理的——道理和逻辑在文案的背后，而不是在写出来的文案本身。

所以在这一点上你也要随时自我检验：我的文案是不是在试图给客户讲很多道理、试图去说服用户，但是从头到尾没有一个能够立马说动他的、感性的终极购买理由？

最后再来说"看见好处"。

什么叫看见好处？也很简单，就是你的文案里要呈现出用户的行动结果。也就是说，你让他采取行动、让他下单，但是他采取这样的行动以后，结果是什么呢？你得用文案让他"看见"。

在用户下单之前，你虽然已经给了他足够的购买理由，但是用户的天性是对你的一切承诺都保持怀疑，而不是在第一时间就对你产生信赖，所以我们在文案中要最大限度地去打消用户的那种怀疑心理。

那么其中的诀窍是什么呢？

就是不要仅仅把你要给用户的好处"告诉"他，而是要让他直接"看见"，要让他能够预见到他采取行动以后的结果。当他在自己的脑子里面和眼睛里面"看见"了，自然就会对你产生信赖感。

比如，你可能还记得有一个看着像进口的国产咖啡品牌，叫博爵咖啡，它有一句广告文案是："博爵咖啡，嚼着吃的咖啡。"当你读完这句文案以后，嘴巴里仿佛真的能够感受到那种嚼出来的咖啡味道，就好像你已经看见了行动之后的结果。

再比如，我成立"知行读书社"的时候，也推出了一系列的文案，其中最重要的一句文案就是："别人还在梦乡，我们已闻过书香。"什么叫"已闻过"？就是当别人还赖在床上的时候，你已经跟着我一块儿很早起来读过一本好书了。这样一来，直接就把一种早起读书的生活状态呈现给了你，让你"看见好处"了。

所以在这一点上，你也需要随时自我检验：我在文案中有没有给出一个能够让人"看得见、摸得着"的好处？

而这个好处，正是最直接、最具象，也是最能让用户产生消费冲动的那个"终极购买理由"。

第 18 章
怎么找对"文案的山头",让文案有更强的吸引力?

我们知道,在一片山林里,如果你站在不同的山头,一定会看到不同的景致、得到不同的感受。写文案也有"山头",就是你写一篇文案时的立场、视角、站位。如果你写文案的时候站错了山头,这时候你看到的可能会是一片"浮云遮望眼";而如果你站对了山头、找准了视角,你所看到的将是"一览众山小",你的文案能产生的吸引力和达到的最终效果,都会大不一样。

接下来,我们直接通过一个具体的案例来感受一下这个问题。

三篇文案作品

我曾经说过,在我写《文案收银机》这本书之前,它其实有一个前身叫"盲盒文案教室"。这个教室是我用来和同学们不定时地交流关于文案的一切知识、心得和方法的场所,当然最主要的是大家在教室里抛出各种问题,而我根据自己多年来的经验给出答复和建议。我开玩笑说:"这样一个文案教室,有点像春秋时期的孔子带学生,大家围坐在一起,随时交流、随时答疑、随时上课,但也随时不上课,没什么事的时候大家就各自忙自己的。"所以我当时把这种学习文案写作的方法叫"渗透式学文案",好处是大家可以不带任何压力、没有任何课题限定地去交流探讨关于文案的方方面面,最重要的一点是:有了这个"盲盒文案教室",就为我此后正式开一门比较系统的文案课,打下了一个很好的内容基础。

这个文案教室在刚刚建立的时候,已经有一些同学通过内部渠道报名了,但是正式对外公开招募的时候,仍然需要有一篇正式的招募文案。于是我采取了一个有意思的方法，就是在文案教室内部征集这篇文案，也把撰写这篇文案本身当作一次实战训练。于是有不少同学积极地提交了文案，下面我选择其中的三篇来请你感受一下。

第一篇文案是这么写的：

天天自嗨，效果甚微？你需要的不是假勤奋，不是装牛×，而是养成"好文案体质"，让客户一看见你写的文案，就把你装进心里。

"盲盒文案教室"，365天、24小时随心分享，营销人的犀利+作家的细腻＝文案界的泡泡玛特！

空位不多，随时关门！

闭着眼睛进教室，柳暗花明又一村。

第二篇文案是这样写的：

学了很多课，依然写不好文案吗？就像你买了一堆盲盒，依然没有凑成一套。

所以为什么要来"盲盒文案教室"？因为在这里，峰帅会分享他20年的文案写作经验，就像一个买了20年盲盒的大神，你缺的哪一款他都有，不仅让你看，还让你拥有。

买一次，拆365个盲盒，一年后让你成套出道！

提醒你：教室门随时可能关闭，想进请尽早！

限额组合价999元/年，一个盲盒还不到3元钱！

扫码解锁你的盲盒权益，峰帅直销，没有差价。

还有第三篇文案，标题叫《跟20年经验的文案老师贴身学习，365天打开你文案的360度全景天窗》，紧跟着写了文案教室的利益点：

第一，你的意想不到。

上课时间随时——不再定时定点，开讲就能激发你全部注意力；

课程内容随机——突破条条框框，从点到面文案的相关全涉及。

授课方式随心——不光我讲你听，没准围观探讨还有带薪练习。

第二，你的注定得到。

文案之深度——20年营销实战经验，带你悟透文案人性精髓，从根底上带给你用户思维和营销思维的转变；

文案之广度——20年文案实战经验，带你打穿文案使用全景，让文案全方位赋能你的生意和业绩。

原价1999元/年，早鸟价闭眼入：999元/年（满30人涨价）。

不知道你读完以后是什么感受？应该说这三篇文案都有以下几个共同点：

第一，都用各自的语言写到了峰帅很厉害、峰帅写文案很牛；

第二，都写到了这个"盲盒文案教室"的学习方式与众不同；

第三，当然都没有忘记让大家赶紧来报名。

从这几点来看，这几篇文案似乎写得都还不错，无论是整体的逻辑，还是文案的结构，以及遣词造句，都没有太大的问题。

但是在我看来有一个最大的问题是：这几篇文案在写的时候，到底站对了"山头"没有？

我们知道，在今天的知识付费市场，学习文案写作的课程有几个现状：

第一个现状是，文案课林林总总，无论老文案人还是新文案人，很多人都在讲文案课，所以峰帅的文案课也只不过是其中之一而已。

第二个现状是，在很多人的脑海中，文案就等于"变现文案"，那么峰帅的文案课又能让他们变现多少呢？因为在那个时候，知道我的文案理念和方法论的人还很少。

还有无法回避的第三个现状是，很多人对于新推出来的文案课其实是有抵触心理的。原因恰恰也是因为现在讲文案写作的人张口闭口就是变现，搞得人心普遍很焦虑、很浮躁，所以当他们看到又有一门新的文案课出来了，就会本能地产生一种抵触心理，甚至屏蔽发这种文案的人。

一篇文案示范

基于这样一些客观的现状，那么这篇"盲盒文案教室"的招募文案到底应该怎么写？又到底应该站在什么角度、站在什么"山头"去写呢？

后来我亲手写了一篇范文，题目叫《写给"想写好文案的你"的一封信》（见图18-1），全文如下：

我是峰帅，一个20年的资深营销人，骨子里更是一名文案人。

就文案本身而言，我21岁入行，23岁写下"华硕品质，坚若磐石"，27岁为膳博士写下"三十年前的香"，33岁出版畅销书《飞禽走兽》，37岁出版诗集《你的表情，就是我的一年四季》，40岁为爱提词写下"提词跟着语速走"，41岁，也就是今年，我提出"小口号，大生意"的理念，并设立"万元定制口号"咨询服务，为诸多学员写下了一用就变现、至少管十年的个人品牌口号，并即将出版《峰帅·个人品牌放大器》……

你看，在文案的宇宙里，我走了不少路、看了不少景、踩了不少坑、也打了不少仗，但是我一直不敢开一门文案课，因为那是一门几乎无人能讲的课。所以在诸多学员

图18-1

的期待下，我只能开这样一个"盲盒文案教室"。

实在不好意思，在这个文案教室里，我永远不会承诺你：听了我讲的，你可以日入多少万。这里也没有什么爆款文案、吸金文案、收钱文案之类的名目。文案就是文案，它的天职就是服务于变现、服务于持续变现，但这些都只不过是"伎俩"，背后更加宝贵的，是文案的"精气神"。

所以在这个教室里，我随时会讲课，也随时不讲课。你买了门票可以"浸泡"一年，一年以后你应该会成为一个对文案的理解和见识360度无死角的人，然后你可以去讲课，但我更建议你在自己的商业世界好好使用从我这里学到的东西，因为文案对于每个人，所体现的深度价值都不会是一样的。——这就是我把这个教室称为"盲盒"的真正意图所在。

愿我们一起在这个教室度过扎实、充盈而美好的365天！

峰帅

在这篇文案的最后，是关于"盲盒文案教室"的一些学习机制、能够得到的福利以及报名的价格。最后的最后，我还没有忘记加上一句口号："渗透式学文案，一年后无死角！"

我是如何选择"山头"的？

不知道你此刻读了我亲手写的这篇范文以后，心里又会是什么感受？在我看来，这篇文案也有以下几个特点，我以作者的身份来简要地替你拆解一下。

第一个特点是，我这篇文案是用手写书信体来写的，于是它给人的第一感觉会是眼前一亮。

请注意，手写体和书信体这两样东西，其实就约等于"说实话"。也就是说，如果一篇文案你是用手写的，或者是用电脑上的手写体呈现的，就会给人一种感觉：这篇文案写的是大实话。同样地，如果你用书信体来写一篇文案，也会给人一种暗示：你写的一切都是大实话。这就是手写体和书信体很微妙的地方，它会带来一种感性效果。所以当我采用了手写书信体来写那篇文案的时候，跟常规字体的文案比起来，它第一时间给人的吸引力和信赖感会更强，这是一个先天性的优势。

第二个特点是，我在这篇文案的一开始，就"面无表情"地讲述了一下自己在写文案上的背景和实力。

通过这些内容的讲述，我貌似不经意地为自己增加了一些信任背书，让读者也进一步对我增加了信赖感。在此基础上，按常理我应该趁热打铁地"卖东西"了，但是我并没有马上让大家快来加入这个"盲盒文案教室"，恰恰相反，我选择了一个跟鼓吹自己相对立的"山头"，叫"认怂"。

所以这篇文案的第三个特点就是，我发自内心地承认写文案、讲文案写作是一件非常难的事情，甚至难到我认为这世上根本就没有人能真正讲好文案写作，当然也包括我自己。

言下之意就是：我本来也不愿意讲文案写作的，但是众望所归，我是被大家推着来讲的。即便推着我讲，我仍然不敢直接开一门文案课，而是要先建一个文案教室，让大家在里面自由交流。这样一来，就再次增加了这篇文案的吸引力，会让人觉得"原来还有自认为讲不好文案写作的文案老师"，这恰恰说明我是在讲大实话。

第四个特点就是，我要继续站在这个对立面的"山头"上，在这篇文案中不作出绝对的承诺。

我不会承诺你在这个文案教室里学了以后，马上就能赚很多钱，而是柔柔地说出我自己最核心的那些文案主张，例如，写文案不能一味地追求变现，更重要的是培养出文案背后的那股"精气神"。

最后第五个特点是，这篇文案一定要让人走向焦虑的反面，也就是——笃定。

你不得不承认，即便是同样一门课，对不同的人而言，吸收程度以及最终的用处和价值都是不一样的。所以在这篇文案里，我对每一位希望学好文案的人强调这一点，让他们能够笃定地沉下心来，通过扎实而美好的 365 天"浸泡"学习，真正地学习到写文案的精髓。当然，最后的结果其实是，大家在这个文案教室里只待了半年，"文案收银机"这门正课就诞生了。

在这篇文案的最后你可以看到，我再次强调了一句话："渗透式学文案，一年后无死角！"从而让人记住这个"盲盒文案教室"真正的价值所在。

找对"山头",事半功倍

现在我们回过头来看看文案写作学习的市场现状,再来对比我写的这篇范文,你会发现它破除了一些"魔障"。

第一,破除了"被人抵触的魔障"。

既然讲文案课的人那么多,所以我在这篇文案中也客观地承认我只是其中一根葱而已,这时候读者就不太容易对我产生抵触情绪了。我一再说过,这一点极其重要,就是你的文案首先不能被人讨厌。

第二,破除了"不被信任的魔障"。

虽然我只是一根葱,但是要让人感觉到,这根葱还真有点与众不同。所以在别人不抵触我的基础上,我还要写出我在文案上的实力和背景、我的基本理念,以及我在文案上有很多独到心法。你可以看到,这几点在我这篇文案中都有所体现。

第三,破除了"让人焦虑的魔障"。

既然很多人渴望学好文案写作,又对很多文案课抱有抵触心理和排斥心理,那么我在这篇文案中一定要让他们去除这种心理,要告诉他们:必须回归文案写作学习的本质,要浸泡其中,潜移默化、扎扎实实地学习文案写作。

所以通过这个案例你可以体会到,对于一篇文案,你站在什么"山头"去写,比怎么写、写什么往往更重要。换句话说,如果你站对了"山头",这时候用户就会变成你的"同伙",你自然就知道你的文案应该怎么写和写什么了,效果就会事半功倍。相反,如果你站错了"山头",这时候用户就会变成你的"对手",甚至是"敌人",那么无论你的文案怎么写,都会让人讨厌、让人排斥,最后的效果也会变得事倍功半。

事实也的确如此,对"盲盒文案教室"的那篇文案来说,如果你不先去找到一个正确的"山头"去写,无论怎么写,最后都很容易把用户变成对手或者敌人,甚至会让人厌恶。而我写的这篇手写书信体文案,正是把用户变成同伙的一个有效尝试。

找对"山头"的简单法则

不仅仅是文案教室,当你要为你的任何产品写文案时都一样,都需要先找对

"山头"、找对站位，然后再来写文案。

你可能会说："我不知道应该站在什么'山头'，用户才会成为我的同伙啊！"

在这一章的最后，我要给你一个最简单的找对"山头"的法则：

如果某一件事情、某一个道理，你发现已经有太多人都在这么说和这么写了，那么这时候你就要站在它"对立面"的那个"山头"去说、去写。这就是我们常说的"二元定律"，市面上很多产品的文案，尤其是饮料、食品、运动产品……都遵循了这一点。

相反，如果某一件事情、某一个道理，你发现几乎从来都没有人这么说过，或者很少这么说，又或者说得不够透彻，那么这时候你就老老实实站在这个"山头"去说就可以了。

第 19 章
怎么看清朋友圈的卡点，有效提升预热的"触达力"？

曾几何时，包括我在内的很多人，都只知道"销售"，却不知道什么叫"发售"，也就是"批量成交"，更不知道"私域发售""朋友圈发售"这些伴随着移动互联网的成熟而兴起的名目。但是今天再来看，无论个人还是企业，但凡有产品，但凡需要把产品持续变现，几乎都离不开"朋友圈发售"这个动作，也就是通过朋友圈批量成交。

这种批量成交的手段，最开始是由微商带头做起来的，后来就慢慢变成了生意场上的一种普遍发售方式。也正因为如此，很多从事文案工作的人就开始教别人来写"朋友圈文案"。而相应地，也就有更多人来学习怎么写"朋友圈文案"，希望通过发朋友圈，更多地卖出产品、获得收益。

文案场≈菜市场

作为一个职业文案人，我起初当然也会对"朋友圈文案"这个词感到好奇，并投入了很大的关注。但是看多了以后，我渐渐地就变得越来越理性，也越来越喜欢问别人一个问题："你学的和你写的那些朋友圈文案，到底有没有损害你的文案场？"

听到这里很多人可能会疑惑：什么是"文案场"啊？

打个简单的比方：

你的朋友圈就像是一个菜市场，当你走进一家菜市场，你一定会看到这里是卖蔬菜的、那里是卖水产的、那里是卖家禽的，还有卖山货的……你之所以走进菜市场，目的就是买菜，并且走进去以后自然而然就会产生一种买菜的冲动，通常也不会空手而归。

和菜市场类似，你在你的朋友圈今天发这个、明天发那个，上午写这个、下午写那个，总之都是写。"朋友圈"之所以叫"朋友圈"，目的就是让朋友们每天能看到你所写、所发的一切，从而让他们获得一些价值，或者让他们开心一下，而这也正是朋友圈应有的一种初始状态。所以如果你的朋友圈经营得好，你写的内容一发布，别人就会愿意看、愿意跟着你走，仿佛你的朋友圈就是一个气场很强的人。这样的朋友圈，我就称之为"文案场"。

但实际情况恰恰相反，今天很多人学了一些所谓的"朋友圈文案"以后，反而让自己的朋友圈变得令人讨厌，变得不利于发售和成交了。

这是为什么呢？

我在第 1 章里就说过，文案的天职就是变现，一个优秀的文案人，所写的任何文案都必定是带有"成交基因"的，但是绝对不会为了成交而去损害自己的"文案场"，因为这本身就是违背文案写作训练初衷的。原则上，你在朋友圈发的任何一条文案，都应该有一大批圈友喜欢看，甚至包括你写的发售文案。换句话说，正因为别人喜欢看你发的朋友圈，所以爱屋及乌，连你的发售文案也一起喜欢了。

但是，这样的朋友圈和"文案场"是需要刻意经营的。唯有刻意经营好"文案场"，你的朋友圈才能在你需要发售的时候，产生更好的成交效果。

一次"突如其来"的发售

为了更好地说明问题，下面跟你分享一个我的例子。

在 2021 年的 10 月 27 日，我突然发了一条很短的朋友圈，这条朋友圈是这样写的（见图 19-1）：

书读百遍其义自见？

No，书读百遍，其义是不会自见的，好好去做了才会。

"峰帅知行读书社"要来了！先跟你剧透一个名字，其他的再等等。

想加入的可以先点起赞来！

下面还跟了一个栏目名，叫"峰帅说事儿"。再下面的图片区，只是简简单单放了一个"峰帅知行读书社"的标志，然后下面有很多很多人点赞。

事实上这只是一条关于我准备利用业余时间来开一个线上读书社，为大家一年领读几十本好书的小预告。但是当这条朋友圈发出以后，短短两小时之内，找我报名要抢先加入读书社的人就有将近 100 人。当时的年度价格是 495 元，100 人报名的销售额也就是不到 5 万元钱，虽然并不是很多，但是已经出乎我的意料了。

后来过了两个月，在读书社临近开营领读的时候，我特地做了一场带有发售性质的直播，叫"峰帅带你穿梭 50 本书"，也就是把我接下来要为大家领读的那几十本书，挨个儿做了一次简单的介绍。截止到那场直播结束，总共有 200 多人报名加入了第一年的读书社，销售额也就是 10 万多元钱。

图 19-1

于是很快就有书友在群里问我："峰帅，当我们要在朋友圈发售一样东西的时候，到底需要预热多久比较合适呢？"

对于这个问题我没有正面回答，而是反问他们："你们觉得我在朋友圈发售这个读书社之前，有没有经过预热？"

几乎所有书友都说："预热个鬼！你是给了我们一个突如其来的惊喜好吗！"

他们用了"突如其来"和"惊喜"两个词，意思很显然：我这个读书社既来得很突然，又众望所归。

但我的回答是："其实我不但事先预热了，而且预热的时间还不短，至少预热了半年呢！"

我为什么这么说呢？因为在差不多半年的时间里，我几乎每天都会在朋友圈分享我买的书，以及我日常读到的一些精华内容。久而久之，朋友圈里的新老朋友都知道了：峰帅是一个非常会买书、会读书、会用书的资深读书人。

那么这算不算预热呢？我认为当然算预热。所以在这样一个前提下，我在任何一个时间点切入，告诉大家"我要办一个读书社，你们可以来报名了"应该都算不上唐突，因为在我的圈友们眼里，我办一个读书社那是再正常不过的事了。甚至当我在公布这个消息的时候，都不用太纠结发售文案应该怎么写，我只需要把这件事简单直接地说出来就行了。

于是，当我给书友解释了以后，他们才恍然大悟：虽然我原本并没有办一个读书社的打算，但是在这件事上，我其实已经默默准备了20多年，然后又预热了半年，所以当我在朋友圈里真正发售的时候，反而看起来就像是没有任何预热一样。

预热 vs 信赖感

通过这样一个小小的朋友圈发售的案例，我们其实可以很好地弄明白三个问题。

第一个问题是：我们发售一样东西时，预热的目的到底是什么？

简单地说，预热就是在一个时间段里反反复复地告诉大家："我要开始向你们交付这个东西了！"而预热的目的，其实也就是让你私域里的人在这件事上越来越信任你，到正式发售的时候，有更多人愿意来购买你的东西。比如，在办读书社这件事上，事实证明很多想读书的朋友是愿意信任我的。

第二个问题是：到底预热多久才比较合适呢？

事实上当我们在朋友圈发售任何东西时，最理想的一种情况就是：不需要预热。也就是只要你在朋友圈发售一样东西，就会有很多人来下单，就像张学友的演唱会门票，一开售就秒空。但前提是，你的朋友圈早已事先给人足够的信赖感。如果还没有形成足够的信赖感，你就需要像前面第一点说的，通过预热来制造信赖感。在办读书社这件事上，我算形成了还不错的信赖感，所以我一公布消息，才会有那么多人立马响应。

第三个问题是：这种朋友圈里的信赖感到底是怎么形成的呢？

答案再明确不过：它是通过日积月累，长则五年十年、短则一年半载，点点滴滴向外界传递出来的。在这个过程中，你通过营造朋友圈的"文案场"，让圈友对你形成了一些固有的认知，然后他们就自动给你打上了一些特定的标签。比如，在办读书社这件事上，圈友们对我的认知之一就是：原来你还是一个优秀的选书人和读书人。

所以现在我们可以笃定地认为："朋友圈发售"不应该是一件强买强卖的事，而恰恰应该是一件"众望所归"的事。或者说，成功的发售更多靠的不是文案写作技巧，而是"文案场"的势能。所以，为了让我们能够更省力地发售好产品，我们才需要学习朋友圈"文案场"的经营。

朋友圈的两大卡点

但问题是，当你放眼望去，在今天的互联网世界，朋友圈存在着两大普遍的卡点。

第一个卡点：你在朋友圈写的东西，首先要面对的不是人们喜欢不喜欢看的问题，而是能不能被人看见的问题。

现在刷屏的人、刷屏的内容实在太多了，你一秒钟之前刚发了一条朋友圈，一秒钟以后就已经沉入海底。这是大环境所致，你根本改变不了，也只能承认这个现实。也正因为这样，客观地说，你手机里拥有一个加了八千名甚至一万名好友的朋友圈，它的价值远远小于一个只有一千名忠实用户的朋友圈。所以我们现在所谓的"私域流量"这个词，更多时候其实只有"域"而不存在"私"，因为你甚至说不清楚很多好友到底是不是你的"私域用户"。

这就导致了朋友圈的第二个卡点：你可能一直都蹲在一个你自以为很熟悉的陌生地盘，日复一日写着自嗨的朋友圈文案。

也就是说，你认为这个朋友圈是"你的"朋友圈，事实上它对你来说早已是一个陌生的地盘，因为朋友圈里的很多人你并不认识，至少并不熟悉。所以你写的所有文案、发的所有内容，你根本不知道有多少人真的会看、真的在看、真的喜欢看。

因此，我们现在写朋友圈文案也好，做朋友圈发售也罢，需要面对的最重要的一个问题，没有之一，就是如何让你在朋友圈发布的内容尽可能有效地"触达"你的圈友。也正因为希望达到这个目的，很多人在关键时刻就变得越来越不信任朋友圈，而是选择了另一种"毒药"，就是干扰性极强的——私信。

我在《峰帅·个人品牌放大器》那本书里说过，我们最核心、最有用的私域资产有三个：第一是朋友圈，第二是会员群，第三是用户群。而朋友圈作为最重要的私域资产之一，我又称之为"触达力资产"。换句话说，如果你能够通过朋友圈的经营和"文案场"的营造，让你发布的内容更好地触达你的圈友，那么你就可以让你的朋友圈发售起到更好的效果。

但问题是，应该如何经营好这个"触达力资产"，如何营造朋友圈的"文案场"呢？在下一章里，我将详细地跟你探讨这个问题。

第 20 章
怎么经营朋友圈的"文案场",让私域发售更有效?

在上一章的最后,我抛出了一个关键问题,就是如何通过经营好朋友圈这个"触达力资产",来营造你的"文案场",从而让你今后的朋友圈发售更有效。

自从朋友圈诞生以来,它对于我们大家的意义早已不言而喻。但是很多人感叹说,自从短视频兴起以后,朋友圈已经废了、没落了,圈友们也不怎么给他们点赞了,也不怎么跟他们互动了,朋友圈卖货也不像以前那么好卖了。

关于这种情况,我一直有三点看法:

第一,其实不是朋友圈废了,而是"你的"朋友圈废了。很多善于经营维护的人,朋友圈还是好好的。

第二,无论其他的社交平台和电商平台变得如何兴旺发达,你无法否认的是,朋友圈始终是你私域的落脚点,最终你都要把流量沉淀到你的微信、你的朋友圈。

第三,也是最关键的一点,你在你的朋友圈里永远不可能"同时"取悦和打动所有人,他们不给你点赞、不跟你互动、不向你下单,都很正常,因为就是你的亲戚,也不会天天跟你互动、跟你打招呼。但是如果你的朋友圈里有些人曾经跟你有过很多互动,现在却不怎么互动了,这时候你得想一想到底是为什么。

有一个非常简单的原因,你可能早已忘了,那些好友当初是在什么场景下、因为什么原因而加你微信的。他们当时加你微信,一定有某种原因,但问题是加了你以后,你可能从此再也没在朋友圈里让他们看到他们想看的内容。你想想看是不是这样?

比如,某个人加我微信,可能是因为我曾经推荐了一本书,他觉得非常不错。但是如果他加了我以后,发现我的朋友圈里天天只卖货,从来也不讲什么读书的事，久而久之，他自然不会再跟我互动，也不会为我点赞了。

再比如，假如你是一个喜欢宠物的人，你的一个朋友也喜欢宠物，某一天你们加了微信，但是加了以后，他发现你每天只会发一些炒股的内容、理财的内容，久而久之，他也不会再跟你互动、给你点赞了。

所以，其实有很多情况都会导致你的朋友圈慢慢没落。

于是这时候你会想做一件事，就是所谓的"激活"朋友圈。但是很多人经常使用的激活朋友圈的手段，无非是拼命地发圈刷屏，或者有事没事给圈友们发一条私信，甚至发一条小广告。

所以下面我要跟你分享的一个观念是：按道理来说，你的朋友圈汇聚的应该都是跟你"同频同趣"的人，但是请你千万注意，所谓的同频同趣，其实都是"局部的同频同趣"。也就是说，你发布的所有内容，并不能触达每一个人——总有人爱看，也总有人不爱看你发的某些内容。那么这时候你应该做的是，基于同频同趣这个目标，要让你的朋友圈里总有"一部分内容"能够被你的"一部分圈友"所喜欢，这才是我们真正能够激活朋友圈的原理所在。

如何有效提升朋友圈的"触达力"？

基于这样一个原理，我根据自己的实操经验总结了三个核心动作，可以让你在经营维护你的朋友圈时，有效提升朋友圈的"触达力"，同时也能够营造你的"文案场"。

第一个核心动作，叫"圈友等级化"。

你得把你的朋友圈好友进行一个基本分类，但是在此之前，你还要先做一个很笨但是非常有必要的动作，就是一个一个点开来看你的圈友的信息，进行一次基本预判：第一，哪些人是可以触达的？也就是你发的朋友圈，你感觉他们应该是能看到的；第二，哪些人是可以跟你互动的？也就是你发了朋友圈以后，他们是会经常给你点赞、给你评论的；第三，哪些人是可以被你打动的，甚至是可以与你成交的？这些人就是你的潜在用户。

基于这三个分类，你对你所发的每一条朋友圈，哪些人会看到、哪些人会点赞评论、哪些人有可能与你成交，心里就大致有数了。当你有了这样的预判，你在发朋友圈的时候甚至还可以特地"艾特"某些人。你可能还会遇到一些意外的惊喜，比如，你预判明明不会跟你互动的人，却突然跟你互动了。这时候你一定要进行一个"反向维护"动作，你得回复他一下，或者找个机会也要给他点个赞，所谓"来而不往非礼也"。

在前面三个分类的基础上，你最好还能预判一点：有哪些人是肯定不会跟你互动的。比如，他们已经有几个月、有一年都不跟你互动了，尤其是他们只会在一种特定的情况下才会跟你互动，就是给你私信发小广告的时候。对于这样一些人，你可以果断把他们删除，不必有任何惋惜，因为他们对于你的朋友圈已经没有任何价值。

通过"圈友等级化"这个动作你可以深刻体会到，如果把朋友圈看作你的一块领土，那么这个动作就是你掌握领土权、掌握触达力的一个重要开端。而这整个过程，也相当于是在做朋友圈的 CRM，也就是"客户关系管理"，对圈友进行了一次深度的盘查。

接下来的第二个核心动作，叫"内容栏目化"。

这个道理很简单，既然你已经把朋友圈好友进行了一次大致的分类，紧接着你就应该根据自己的事业、家庭、爱好以及你内心经常会思考的一些东西，来设定你朋友圈的主题栏目。换句话说，你的事业层面加上你的生活层面，或者说你的物质层面加上你的精神层面，就是你设定朋友圈栏目的基础。然后你就应该像写杂志专栏一样去发你的朋友圈，这样一来，你会发现总有那么一两个栏目的内容是有些人会点赞、会评论的，这说明这些圈友喜欢看你的这部分内容。所以请注意：只要有一个栏目是这些人所钟爱的，那么他们对你而言就已经处于"激活"状态了，也就意味着他们不会屏蔽你，甚至还会"忍受"你所发的其他一些他们并不那么喜欢的内容。

比如，我的朋友圈有些栏目是固定的，有些栏目会阶段性调整，但基本包含了我事业层面和生活层面的内容，或者说物质层面和精神层面的一些内容。当我这样设置了我的朋友圈内容，产生的一个最显著的效果就是：有些人之前已经不太给我点赞、与我互动了，突然又会跟我互动起来，而且每一类内容下互动的人群是不太一样的，并不完全重叠。这个现象很有意思，你不妨自己去体会一番。

当然，也并不是说你每天只能发这些设定好的栏目的内容，那未免太僵化了。

偶尔兴致来了，你大可发一些碎碎念的、情绪性的东西。但总体而言，还是要以栏目内容为主，这是为了让你的朋友圈形成一种强个性、强特质、强识别性，让人一看这个栏目就知道是你发的，甚至你哪天没发，还会令人有一种期待感。

但无论是发固定栏目的内容，还是发一些情绪性的内容，你维护朋友圈时，务必坚守一个最重要的原则，那就是"真实"，让你的朋友圈呈现出一种"魅力人格体"的特质。在很大程度上，魅力就是信赖感的前提和基础，当你的朋友圈有了魅力人格体以后，它就能反过来成为你的"360度形象代言人"。

第三个核心动作，叫"推送时点化"。

顾名思义，你的内容要在一些相对特定的时间段发布，这样久而久之，也会形成你个人的一种特质。但是这种时点化的设定，可以说是因人而异的，因为我们每个人的朋友圈，它的生态特征和圈友的活跃情况都不一样。比如，有的人早上发一些吃吃喝喝的内容，点赞会很多；而有的人一早就发广告，效果也不错；还有的人早上发一些读书学习的内容，或者发一些健身的内容，也会有很好的回应。这些都需要你自己进行一些测试，然后逐步调整，最后形成一套相对固定的发布时点。

一般而言，我们可以把一天的时点分成早晨、上午、中午、下午和晚上。拿我自己来说：早上我通常会发一小段好书里的金句，或者我自己写的金句；上午我会发一条短视频，或者针对我早上读过的书，发一条我随手写下的读书心得；到了中午，大家开始休息了，这时候往往会相对集中地去刷一下朋友圈，于是我会发一些跟我的事业有关的信息，或者我自己书里的精华；到了下午，很多人会有点儿犯困，或者会比较忙碌和烦躁，我有时候会发一点儿比较有趣的内容、念头或者段子；而晚上的时候，大家忙了一天，相对而言这是比较自由和安静的时间，我又会分享一些跟事业有关的内容，以及跑步运动时产生的各种想法；周末的时候，我可能会发一些跟家庭、亲子、玩乐有关的内容。

但是我听过很多人说，每天最好要发十条以上内容，以确保时时刻刻都在激活你的朋友圈，让你的内容时刻保持高触达率。对于这种手段，我个人不太提倡，因为一天发十条以上朋友圈，这有点儿"扰民"。但是也不能一概而论，比如你是做微商的，你的整个朋友圈生态基本就是卖货圈层，或者说是创业圈层，那么当大家都在这样一种氛围下的时候，或许就有必要不断地去展示自己的产品，在朋友圈不断地去卖货，尤其当你的这个微信号是工作号的时候，你可以这样做。但除此之外，你的朋友圈应当避免一味地发布单一内容，比如没完没了地晒你的订单、晒你的产品。

以上就是关于如何经营好朋友圈的"文案场"，有效提升朋友圈的"触达力"的三个核心动作：圈友等级化、内容栏目化和推送时点化。

"文案场"的"黄金比例法则"

即便如此，仍然会有一些人时不时地对我说："你教的这三个方法对我有很大启发，可是我的朋友圈到底应该设置哪些内容呢？这一点我总是拿不定主意。"

这就涉及朋友圈"文案场"的内容配比问题了，所以下面我要再跟你分享一个通用法则，我美其名曰朋友圈内容构成的"黄金比例法则"，或者叫"1∶1∶1法则"，那就是——

生活∶想法∶生意 =1∶1∶1

首先是生活，也就是你的饮食、休息、运动、读书、社交等。比如我的朋友圈，早上有时候会发一个栏目，叫"我对吃真的不感兴趣"，其实就是拍一张有营养的早餐图，随手发到朋友圈，然后故意写上这么一句话。而更多时候，我早上会从我读过或者正在读的书里，摘出一段有价值的文字，随手分享在朋友圈，以此来作为一天的开始。这就是我的一部分生活。

其次是想法，也就是你日常的一些重要念头、认知和看法。比如，我每次跑完步，都会写一个朋友圈栏目，叫"跑步毒鸭汤"，把我在跑步时想到的一些有关于生命、生活和事业的真实想法都分享出来，既为自己做个存档，又给别人带来一些启发。再比如，我几乎每天中午都会从我自己写的书里，抽取一个精华片段分享在朋友圈，有时候还会加一些额外的说明和解释，很多人都喜欢看。

最后是生意，也就是你的产品广告、你的新品发布、你的工作出差、你的商务洽谈，以及你跟谁合作签约了等。比如，我有时候会在朋友圈分享一些我的创业小故事，有产品要发布的时候，我会节奏性地发一下产品海报。我的用户或者学员取得了一些成就后，我会分享一下他们的案例，反过来也是为我自己做一次用户证言。

所以简单地说，生活、想法和生意这三块内容，分别向别人展示了"你是怎么活的""你是怎么想的"以及"你是怎么做的",它们在你的朋友圈里大致应该是三等分的比例关系。为什么要这样界定呢?因为生活内容是为了展示你的能量,想法内容是为了展示你的智慧,生意内容则是为了体现你的努力和你的成就。这样久而久之,你的圈友们就会对你形成一个相对完整的认知,从而对你的信赖感也会越来越牢固。

如何做好朋友圈发售?

我们经常说,做短视频号需要"养号",而在我看来,营造朋友圈的"文案场",也是需要"养圈"的,而且养圈是一个需要不断检验和不断校准的过程。当你通过"黄金比例法则"把你的朋友圈不断校准到几乎每一条内容都有比较高的点赞率和评论率时,那就意味着你的朋友圈已经达到了一个比较和谐的状态,你的"文案场"和信赖感也已经养成了,那么这时候,你就可以开始好好策划你的朋友圈发售了。

请记住:没有"文案场",不要谈发售。否则你的朋友圈会变成一个广告垃圾场,很多人会讨厌你、屏蔽你,而你却还在自娱自乐地发着那些你自以为很有效果的朋友圈文案。

那么当我们拥有了朋友圈"文案场"以后,应该如何基于它来做好朋友圈发售呢?

我同样根据自己的经验,为你总结了三个非常重要的词:

第一个词,叫"情绪真实"。就是你即便在朋友圈发售产品,文案也要写得不装、不端、不欺骗,就像你日常发朋友圈一样。

第二个词,叫"价值明确"。就是你在朋友圈发售产品的时候,必须一件事情解决一个具体问题,要明确你在这件事情上能够给别人带来的价值到底是什么,并且这个价值必须是容易获得圈友们认可的价值。而这种"认可",正是来自我前面一直说的——你对于"文案场"的持续经营。

第三个词,叫"利益升级"。我曾经说过,用户的需求是多元化的,而且是可以升级迭代的。所以当你发售一样产品的时候,随着用户的需求越来越大,你在发售的产品上能够给出的价值也要越来越大,这时候你的收费和获利也会相应地越来越高,这叫"芝麻开花节节高"。

一个朋友圈发售的案例详解

为了让你更好地理解和运用这三个词，下面我要跟你分享一个很特殊也很有意思的案例，通过这个案例你可以比较真切地感受到，如何基于一个有信赖感的朋友圈"文案场"进行产品发售，又如何做到情绪真实、价值明确和利益升级。

应该说在 2021 年以前，很少有人意识到一句个人品牌口号对于一个创业者和生意人有多么重要。鉴于这种情况，我在那一年就极力倡导：在今天的互联网环境下，如果你要做好个人品牌、做好生意，就必须拥有一句出色的个人品牌口号。关于这一点，我在这本书的倒数第二章的压轴内容里，还会跟你详细讲述到底应该如何写一句优秀的口号。

于是我在 2021 年就推出了一个活动：只要 1 万元，峰帅就能亲自为你写一句持续变现、管用十年的个人品牌口号。请注意，我这里说的是"只要 1 万元"，因为事实上我当时给企业客户写一句口号的收费标准是 3 万元起。即便如此，那时候绝大多数学员仍然觉得这是个天价，作为个体创业者，有多少人会愿意花 1 万元钱来请峰帅写一句个人品牌口号呢？所以很显然，这是一次看起来注定会失败的发售活动。

所以如果我要在朋友圈把这个"万元口号"发售成功，必须分步骤来推进。于是我先为这个活动本身写了一句口号，叫"小口号，大生意"。

接下来我做的第一步是：免费诊断口号。

我建了一个免费听课群，直播三天，让大家来看我是如何为一些学员做口号诊断的。直播期间，任何人都可以免费进群获得一些福利。

当时我发了一条很短的朋友圈（见图 20-1），文案是这么写的：

 # 周三开始直播

直播三场，

因为我还要重新回去闭关呢！

现在扫码进快闪群，

福利多多，惊喜不断，

三点还有钱发！

文案下面是一张海报，写着大大的标题："让你的个人品牌口号自己会赚钱"。

那么在这三天的直播期间，我具体会做些什么事呢？

我将现场为所有人拆解 6 位学员的个人品牌口号，我会在直播间告诉大家，为什么这几句口号直接就能为这些学员带来收益。当然这 6 个人的口号是我之前为他们写的。

与此同时，我还将现场诊断 14 位学员的原有口号，让大家知道为什么这些口号对于赚钱毫无用处。当然这 14 个人的口号并不是我写的。

你可以看到，这一条简短的朋友圈文案，它符合"情绪真实"这一点，也就是我不装、不端、不欺骗，直接把"免费诊断口号"这件事公布就好

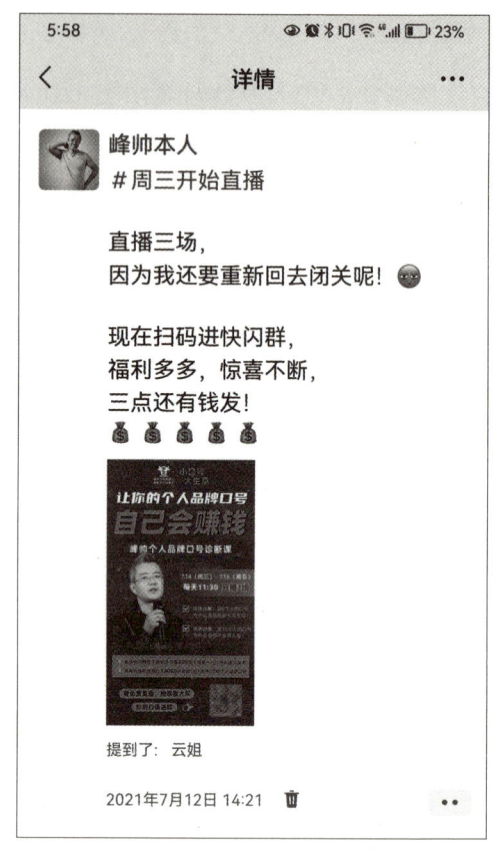

图 20-1

了，因为对我这样一个资深文案人来说，做几场直播来讲讲口号文案这件事，再正常不过了。

但更重要的是，这条朋友圈也符合"价值明确"，也就是一件事解决一个问题。解决了什么问题呢？就是我通过免费公开课告诉大家：什么样的口号有问题，什么样的口号没问题；为什么有的口号不能带来收益，而有的口号就能直接带来收益。所以在这件事上，我发布了这样一条朋友圈，很显然是比较容易获得认同感的。

在这条朋友圈的海报中，我还植入了另外一件事，就是在公开课的快闪群里，我每天会抽奖赠送一门售价 299 元的"口号文案实战课"。

这又是怎么回事呢？

其实这正是我接下来要做的第二步：发售"小口号，大生意"这门低客单价

的口号课。

当时我选在周一发了一条朋友圈，文案是这样写的：

#周一吉祥！今天正式发售！

我的全网第一门"口号文案实战课"：

"小口号，大生意"——

如何写一句"持续变现、管用十年的个人品牌口号"？

实不相瞒，

我亲自写个人品牌口号是1万元/句，

写企业品牌口号是3万元/句起。

那么现在这门口号文案实战课，

学费是多少呢？

答案是——居然只要299元！

而且还不止！！！

今天 10:00—22:00，

还有限时特价——只要199元！！！

再下面就是一些更加具体的报名福利，以及关于报名听课细节的一篇公众号推文链接。

通过这条朋友圈你也可以看到，它同时符合了"情绪真实""价值明确"和"利益升级"这三点。也就是说，很多人免费听了我诊断别人口号的公开课以后，可能还不过瘾，最好自己也能试着给自己写一句优秀的个人品牌口号，那么这门小课正好可以满足他们的需求，来解决这个问题。

事实上很多人当时在听了我的口号诊断课以后，确实有点被震撼到了，所以当我这条朋友圈发出以后，在十小时左右的时间里，报名学习"小口号，大生意"这门小课的学员就达到了两百多人，而当我在线上教室给大家封闭式讲授这门课时，学员的在线率更是接近100%。

你可能会说："但是你搞了半天，这两百多个人加起来销售额也只不过几万元钱呀！"

没错，但这仍然只是一个过渡阶段，而不是我的最终目的。

最终目的是我接下来做的第三步：正式转化高客单价定制口号服务。

意料之中的是，有些学员在上了"小口号，大生意"这门小课以后，立马又追加付费了1万元，让我直接为他们写一句持续变现、管用十年的口号，因为想图个省事。于是针对这些率先付费报名的学员，以及想报名还未报名的学员，我接下来又做了一系列更令人震撼的事。

第一，针对已付费学员，我每天做一场咨询直播，现场剖析他们的事业背景、生意路径和变现卡点，最后现场为他们定制专属的个人品牌口号；

第二，我在学员群里会同步做一些限时福利活动，让大家有机会抢到几个优惠名额；

第三，最有意思的是，我还引入了拍卖规则，在群里超低价拍卖定制口号名额，让大家有机会以更低的价格获得自己的口号。

事实上，定制口号本身的价格却以每周5000元的幅度在迅速上涨。在此期间，我每天会发朋友圈公布活动和报名的进展，其中一条朋友圈是这样写的：

这几天有人在咨询现场哭了……

第一轮万元付费直播今天结束了！
最近通过直播咨询为大家定制口号，
实在是把我毕生功力都用上了。
有几个咨询学员在现场居然哭了，
因为没想到我帮他们捋清楚以后，
口号是这么出乎意料又顺其自然！
但每一条都做到了——
给出真价值、解决真痛点、下达真指令。

目前已经写了30句，
写满60句选出50句，
编入《小口号，大生意》这本册子，
就不再写了，

太费脑了……

现在是 15000 元 / 句，
下周是 20000 元 / 句。
今天工作组做了场低价拍卖，
5000 元 / 句起拍，
最后 7400 元、7100 元被拍掉两条，
群里都疯掉了！

明天是 2000 元 / 句起拍，
入群祝你好运！

你看，多么有意思！这样的朋友圈同样符合了"情绪真实""价值明确"和"利益升级"这三个标准，而我就是通过"公开直播＋限时优惠＋低价拍卖"这样的组合拳，把"定制个人品牌口号"这个产品的发售，从 1 万元 / 句涨到了 1.5 万元 / 句，然后又涨到了 2 万元 / 句。

那么最终的发售结果怎么样呢？当我走完了以上三个步骤以后，最终有超过 50 人付费请我定制口号，也就是总营收超过 50 万元。换句话说，我在短短一个月左右的时间里，通过朋友圈、社群和直播，把一样看起来不可能成功发售的产品变成了"抢手货"。

通过这样一个朋友圈发售的案例，最后我想跟你分享以下三个重要心得：

第一，在我看来，其实根本就不存在什么"朋友圈文案"。真正的朋友圈文案，是你对于整个朋友圈"文案场"的用心经营。所以，朋友圈文案应当是一套系统性营造工程，而不是某一条文案的奇技淫巧。

第二，朋友圈发售的重点并不是文案，而是精心的策划。就像我发售"万元口号"一样，它是通过"三步走"来实现最终成交目标的，而这件事之所以做得还算成功，恰恰基于用户对我的"文案场"的一种信赖感，再加上我一步一步地将自己的价值，跟用户的需求进行一次一次的对接、匹配和升级，然后才批量促

成了交易。

  第三，其实我们每个人都可以在朋友圈发售好自己的产品。但是有一个重要前提是，你一定要先把朋友圈的"文案场"营造好，做到符合你的个人属性、符合你的生意场景、符合用户对你的期待，这需要你的持续经营和持续迭代。

  所以可以说，经营朋友圈的"文案场"，只有开始，而没有结束，因为我们永远都要让它的气场变得更足，从而让我们的朋友圈发售能够更加有成效。

第 ❷❶ 章
怎么写用户才会"行动",而不仅仅是"心动"?

在很早很早以前就有很多人问我:"你写了那么多文案,能不能告诉我,到底什么是好文案呢?"

那时候我用了一个很粗俗的比喻:文案,就相当于女孩子身上穿的一件衣服,不好的文案就是男生看到这个女孩子以后会说"哇,这件衣服真好看";而好文案却是男生看到这件衣服以后会说"这女孩子真好看,我得想办法去加她的微信"。

你明白这意思了吧?好文案恰恰让人觉察不到它是不是好文案,它会让用户直接产生行动,而不仅仅是心动。反过来说,无论你写文案的时候用了多少技巧、多少文采,给了多少福利,如果不能让人产生行动,那么你的文案就是差文案、烂文案。

我在第 1 章中就讲过:文案没有好不好,只有"会不会写"。因为文案不同于文学创作,它是有商业目的性的。

真实的小故事

那么到底什么样的文案,用户看了以后就会直接产生行动呢?

下面我给你讲一个我读大学时的真实小故事。

当时我在上海读书,在我们学校的 2 号食堂边上,有那么一个不大不小的学生活动中心,是被一个老板承包的。我们平时在食堂吃过晚饭以后,会在校园里随便逛上一圈,然后通常会去活动中心打一两个小时乒乓球、喝一瓶汽水,打乒乓球 5 元钱一小时,有时候是我请客,有时候是我同学请客。正好那个承包活动中心的老板也是个乒乓球迷，我也经常跟他打，久而久之就混熟了。

有一天我打完乒乓球，和同学坐在那儿喝汽水休息，我就跟老板说："你这里的场地条件挺好的，可惜人还是有点儿少，搞不好很多人还不知道呢！要不你在门口立一块黑板吧，黑板上大大地写上一句话——'打乒乓5元钱，喝汽水不要钱。'"老板听了我的建议以后，第二天立马就这么干了。从此以后，到他那儿打乒乓球的人至少比以前多了一倍。后来他还在那里单独辟出一个专区，卖一些体育用品。而他损失的，仅仅是别人来打球时赠送的1元钱一瓶的汽水。

无独有偶，还有另外一个有趣的故事。

在我们大学对面有一家饭馆，我们有时候吃腻了食堂的饭菜，就去那里吃些炒菜换换口味。这还是其次，很多人知道，我从小就喜欢唱歌，主要原因是那家饭馆里有卡拉OK，吃饭的时候可以免费唱歌。后来，再有几个月我就要离开学校了。有一天吃饭时，我就跟那个饭馆的老板娘说："我们很快就要出去找工作了，要不以后我们每次过来吃饭时，你多送我们一个菜吧！但是不让你白送，我帮你在门口写一句话，会让你的生意比现在好很多，你干不干？"老板娘一边给我们端菜，一边说："好啊！"于是我故技重演，说："你在门口立一块黑板，黑板上大大地写一句话——'进来免费K歌，中饭晚饭都行。'"过了一个星期左右，我们过去吃饭，看见老板娘已经在门口放了一只易拉宝，还设计了简单的画面，上面印的文案就是我跟她说的那句话。又过了一段时间，我们再过去吃饭，老板娘说，生意真的比以前更好了。其实不用她说我也知道，因为我基本上再也没机会免费唱歌了，那话筒总被人占着，唱歌还得排队。我后来想了想，这就叫"搬起石头砸自己的脚"吧！

当然，这两个小故事也说明了一点：我在大学时就已经显露出，我以后可能挺适合吃文案这碗饭的。后来我工作以后，果然就阴差阳错地在企业里做了文案策划。

所以下面我要跟你讲的第三个案例，就是我刚工作时的一个小故事。

当时在我租的住房附近有一条酒吧街，我那时候年轻，也会经常和朋友一起去酒吧喝喝酒、聊聊天。去多了以后，其中有一家酒吧的老板也跟我们熟了，有一天我跟他说："你看，这条街上全是酒吧，要不我帮你想个办法，也许可以让其他店里的客人多跑到你这儿来一些。但是你以后每次要多请我们喝一扎啤酒，怎么样？"老板说："那没问题，酒管够！"那会儿正好是世界杯开赛的时候，于是我就建议他说："你店里的电视机别放在太里面，往外再挪一挪，电视上不要播唱歌跳舞，就播踢球。然后你在酒吧门口放一块牌子，上面写'一起看球到天亮，喝酒聊天聊到爽'。"虽然我自己不是球迷，也从来不看世界杯，但我知道球迷是一种什么状态。所以从那以后我就看到，那家酒吧开始加座位了，为什么加座位，你懂的。而且即便没有世界杯的时候，店里仍然会一直播放踢球的节目，门口的牌子上也一直都是那句话，至少在我住在那附近的时候是这样的。

"免费接送"和"不买也行"

既然给你讲了这么几个真实有趣的小案例，下面我索性再给你讲两个跟企业有关的案例，让你对这样的文案有一个更加全面和深刻的感受。

在我工作了三四年以后，我服务了一家专门生产SUV的国产汽车企业。那时候互联网远远没有今天这么发达，也没有太多的互联网广告，传播渠道还是以电视、广播、报刊这些传统媒体为主。这家车企每个月都会在各种报刊上投放广告，尤其是新车上市的时候。我服务于它的那一年，它正好又推出了新款汽车，于是我就为其策划了一个"试乘试驾周"活动，顾名思义，就是在那一周，任何人都可以来体验一下这款新车。但是跟我对接的那个部门经理担心来试乘试驾的人太少，问我有什么办法。于是我在给这家企业做的报纸广告上，写了如下文案：

越野新款，试乘试驾。

免费接送，一个电话。

（预约电话：×××-××××××××）

连我自己也没想到，这个广告投放出去以后，在那整整一周时间里，每天从早上9点到下午4点，也就是在车企的整个上班时间内，预约电话几乎一分钟都没有断过，预约排期表做得密密麻麻。原因是什么，我不说想必你也知道了。

下面要给你讲的最后一个案例，是我创业以后服务一家空调企业的事情。

有一年这家企业参加了一个行业展会，为了增加现场人气，我在为其策划整个展会活动的时候，让这家企业在自己的展区入口设计了一块造型立牌，立牌上的文案我是这么写的：

基本还原你家，
看看不买也行。

同样连我自己也没想到，在那几天展会期间，这家企业的展区地毯都差点被踩烂了。现场本来只安排了两名销售咨询经理，后来不得不临时加派了两名，为进来"看看"的观众提供接待和咨询。后来展会结束以后，这家企业觉得立牌上那两句文案很有意思，也很有用，还把它用到了终端展厅。

"行动力文案"的奥秘

以上我总共跟你分享了五个案例，从我大学时代，一直到我工作以后，再到我刚刚创业时。应该说我列举的这些文案都谈不上是什么"大文案"，不像我写的"华硕品质，坚若磐石"那样掷地有声，一用就用了二十年。但是不得不承认，这些文案无一例外地都刺激了用户的直接行动，所以我称之为当之无愧的"行动力文案"，也是我们这一章所要学习的核心内容。的确，这样的文案不需要很"大"，甚至大多数时候写得一点儿也不用力，但是如你所见，它对于各行各业，小到路边摊，大到500强，都非常非常有用，尤其是对于那些有线下实体店的企业，就更加有用。说到这里你有没有发现，前面我列举的那五个案例，其实都是有线下实体店的。

那么做实体店生意最大的卡点是什么？

我的答案很简单，就是：你如何让用户把腿迈进来。

所以，我所说的"行动力文案"，就是让用户看了以后，恨不得马上走进你店里的那些文案。

那么写这样的"行动力文案"，它的奥秘究竟在哪里呢？

奥秘也很简单，就是你在写文案之前，要问自己三个最基本也最关键的问题。

第一，我这条文案是写给谁看的？

你可能会说："当然是给所有人看啦！看到的人越多越好啊！"

NO！事实上，你写任何文案，都一定是有一类"直接人群"的。例如，我前面所举的那个汽车企业的案例，其文案一定主要针对那些想买车的人，甚至是想买 SUV 的人、想买国产 SUV 的人，这才是那家车企的"直接人群"。

然后你需要问自己的第二个问题就是：我的用户看了这条文案以后，我希望他们做什么？

你可能会说："看了以后当然希望他们来消费、来买我的东西啊！"

NO！消费只是一个最终结果，而任何一条文案都一定是有一个"直接目的"的。例如，我那个做空调的客户，针对其展会和终端写文案，其实很难做到让人读完以后直接就买一台空调回去，你先得做到让人把腿迈进你店里来看看，看看什么样的空调适合自己家，然后通过现场互动和咨询，才有更大的转化机会，对不对？所以写好"行动力文案"的直接目的，就是要让用户读了文案以后，马上知道接下来要做什么。

最后，你需要问自己的第三个问题就是：我怎么样才能让他们愿意这么做？

你可能会说："在文案里承诺给出福利就行了嘛！"

对不起，"买赠"是最低级的文案。用户看了你的文案以后愿意行动、愿意做你希望他们做的下一步的动作，一定有一个"直接动力"在驱使。例如，我说的那个酒吧，我写了"免费看球"，客人可能就更愿意把腿迈进来喝酒；对于那个饭店，我写了"免费唱歌"，老顾客和路人可能就更愿意把腿迈进来吃饭；而对于那个大学活动中心，我写了"免费喝汽水"，学生可能就更愿意把腿迈进来打乒乓球，等等。

写好"行动力文案"三步骤

所以，对应以上三个最基本的问题，写好"行动力文案"的三个关键步骤也就呼之欲出了。

第一个步骤：设定一个直接人群。

正如前面说的，你卖任何东西、写任何文案，一定是有一类直接人群的，他们或者是那些爱看球的人，或者是喜欢唱歌的人，又或者是想给家里买台空调的人……总之，你一定要想明白，设定出这样一群非常具体的、跟你有直接关联的用户。

第二个步骤：明确一个直接目的。

文案的目的性也要直接、明白，而不是只知道要让别人来买你的东西。直接目的往往都是非常简单的，比如，让人走进你的店里，让人来体验一下你的产品，等等。而在今天的互联网时代，这样的直接目的就更多了，比如，你希望有人读了你的文案以后，能扫码加你的微信、进你的社群、领取你的试听课、兑换试用装……总之，想明白了那个直接目的，才能通往那个最终目的：消费。

第三个步骤：给出一个直接理由。

很多时候，理由和目的几乎是孪生兄弟，有了老大，自然就有了老二。你希望顾客进店看看空调，就自然应该告诉他："进来看看吧，不买没关系，我不骚扰你。"你希望人家来试驾你店里的新车，就自然应该跟他说："我来接你送你，不用你自己来回跑。"这就是直接理由。

根据这样三个步骤，下面我再跟你分享一个非常普通，同时又非常能说明问题的例子，这是我的学员数码晓姐姐的案例。

数码晓姐姐的优惠券

"数码晓姐姐"这个名字，你一听就大概知道，她是做数码产品和服务的。她在武汉的一些大学附近，开有自己的数码用品店。事实上数码晓姐姐在上了我的课以后，非常清楚一点：她自己要做的所有事情，都是为了吸引客户进店去购买她的产品和服务，当然现在也有了很多线上服务。但是就她的线下选址而言，能走进她店里的顾客主要有三种：第一种是相对固定的校园师生群体；第二种是周边的小区居民，也相对比较固定；第三种才是路过的那些流动人群。

对于这三类人群，我曾经告诉数码晓姐姐：最重要的不是直接向他们去推销产品，而是要让他们知道你，要想办法让他们加你的微信，然后再想办法让他们走进你的店里去看看。

你看，到这里为止，"设定一个直接人群"和"明确一个直接目的"是不是都有了，只差"给出一个直接理由"了？所以我给她出了一个非常便宜又非常好用的主意：我建议她马上做一张最最传统的优惠券，券的一面印上她的个人形象和口号，再加上主要业务范围；另一面印上具体的福利内容，也就是但凡领了这张优惠券的人，在一年之内，无论是不是在数码晓姐姐这里买过产品，都可以免费检测电脑一次，或者帮忙给手机免费清理内存一次。当然，做这张优惠券最重要的一点是：要让所有领券的人都扫码加上数码晓姐姐的微信。

于是晓姐姐很快就印了1万张优惠券（见图21-1），发放了这张优惠券以后，首先，很多人都会扫码加她，这意味着原本毫不相干的公域人群，瞬间变成了她的私域人群。其次，据数码晓姐姐对我说，那些加了她微信以后再进店消费的人，见面以后都会感觉很熟悉、很亲切，用户黏性就这样慢慢形成了。所以很显然，这样一张小小的优惠券，醉翁之意不在酒，它真正的价值其实是成为一个引流工具。

图 21-1

后来我觉得这张优惠券上的文案和设计都还有改进的余地，于是我就让数码晓姐姐调整出了一张新版优惠券（见图21-2）。你可以看到，调整后的优惠券，正面仍然是数码晓姐姐的个人照片、个人品牌口号以及微信二维码这三样东西，我称之为宣传物料中的"标配"。但是在文案中，原先那些写得比较死板，或者说写得很老实的业务范围，被我改成了"手机问题、电脑问题、打印机问题、回收换钱、租赁设备、礼品问题……在这里都不是问题！"，跟她的口号形成了更强的呼应。

同时，优惠券的反面和正面一样，增加了一个大大的二维码，省得别人要扫码还得翻来翻去地找。福利文案也改成了"免费咨询电脑疑难杂症1次，免费让你的手机提速1次"，意思都没变，但是变得更加能够刺激行动了。

图 21-2

文案不是孤立的

分享完以上各种案例，现在我要来画一下这一章的两个重点了。

第一个重点：通过这些案例你会发现，让用户"动起来"才是文案的目的所在。所以当你想写一篇"行动力文案"的时候，你一定要反复问自己："如果我是用户，我看了以后会愿意动起来吗？"

第二个重点：文案一定要写给直接用户。所以在你写文案的时候，心中一定要有一个预想，问自己："到底谁是我的直接用户？"而其他那些非直接的用户，如果也跑到你这里来了，那只是你的运气。所以，你的文案一定要能够最大限度地触达你所预想的直接用户。

所以从这两点来看，文案并不是孤立的，也不应该是孤立的，你还需要设身处地地想一想：根据你的产品、你的服务和你的业态，这篇文案你要用在什么媒介上或者什么工具上，才会起到最好的效果？是用在报纸上，还是用在户外高炮广告牌上？是用在店门口的易拉宝上，用在公司的网页上，还是用在优惠券上？总之，你会很自然地发现，在不同的媒介和工具上，你的文案表现形式都会有很大的不同。为什么呢？因为用户在读到这些文案时的场景、心情、时间等一切因素都是不一样的。比如，你给用户一张优惠券，他就可以仔细地阅读你的文案；但是如果你的文案投放在户外高炮广告牌上，人们在高速公路上开车时，能看到你文案的时间就只有那十几秒钟，这时候哪怕写同样的内容，你的文案表现形式也一定是不一样的。

当你明白了上面这两点以后，你就该知道，文案应该怎么写、用什么技巧来写，其实通通是次要的，最重要的是：你到底要"写什么"。请记住：你写的内容才是让用户产生行动的根本原因。就好比数码晓姐姐那张优惠券的文案，简直谈不上任何文采、任何技巧、任何方法，都是最普通的一些文字表达，却产生了很好的刺激用户行动的效果，原因就在于：在正确的媒介上、正确的场景下和正确的时间里，写了正确的文案。

正如我的书法老师跟我说的："你写字的时候不要总想着怎么样去拿笔、怎么样去运笔，要把你的注意力放在字上面，这样你的字就能写好了。"我们写文案也是一样的道理，不要总想着怎么样写得天花乱坠、用什么技巧去打动别人，不要去想这些，而是要想着：这条文案到底要解决一个什么问题、要达到一个什么目的？是要让人进店，要让人扫码，还是要让人进群？当你把注意力放在了要解决的问题、要达到的直接目的上面，你的文案就算写得再差，也会给用户一个有效的行动指令。正如我前面所列举的所有案例，其实文案都写得非常普通，甚至有些写得很差，但是它们的行动指令性都非常强，所以它们都是非常好的"行动力文案"。

第 22 章
怎么故意用"出戏文案",让用户更有代入感?

首先声明:这一章的内容很奇葩,也很另类。

你一定还记得,前面有些内容跟文学写作有点儿沾边,比如,教你如何用"迷你小说"来训练给文案"留白",教你如何借用唐诗来训练文案的"细节感染力"。而这一章同样跟文学写作有关系,也会对商业文案的撰写产生很大的赋能作用。

我们都知道,在具体写文案的时候往往追求三个字,叫"代入感",就是你的文案越能把读者和用户带入你营造的氛围和场景中去,那么文案的效果就会越好。这一章却偏偏要来讲一讲代入感的反面,我称之为"出戏文案"。也就是很多时候我们要故意在文案的关键处,加入一些让人"出戏"的成分,但是又恰恰能够让用户更有代入感。

这到底是怎么一回事呢?先来看一个小小的案例。

一篇复盘文里的闪光点

我曾经有一个学员,他在上了我的"个人品牌放大器"这门课程以后,写过一篇关于如何做好视频号的复盘文。那篇复盘文写得很长,也写得很认真、很细腻,他发在朋友圈以后,基本上就是一篇很优秀的销售软文。

下面我抽取其中很小的一段,让你体会一下:

如何避免以上的卡点又能长期地做视频号呢?峰帅给出了他本节课的核心观点,也是做视频号的目的,就是如何笃定地、不焦虑地做一个注定对你的生意产生巨大价值的视频号，并且按照传统，给出了本节课的实操工具——"视频号北斗星座"。唯一跟之前不同的是，这次的工具既是工具，也是心法，合二为一了！它们分别为：心术、策略、定位、内容、风格、叙事和变现。

请注意，读到这里你会觉得："写得都很正常啊，没什么特别的嘛！"但是当我继续读到下面几句话的时候，立刻就在学员群里对他进行了表扬。他是这么写的：

以上七点，我不想每一个都解释一遍，搞得最后有点像转述课程内容。我只想重点分享一下让我印象深刻的两点：心术和策略。

接下来他就对"心术"和"策略"这两点做了详细的分享。

现在请你结合上下文来细品一下，能不能体会到这几句话给你的一种微妙感受？其实在我表扬这位学员之前，连他自己都没有意识到这几句话到底微妙在哪里。

第一，在这几句话里，他突然跟读者的"阅读期待"反着写了一下。因为这时候读者的潜意识里正在期待的其实是："你既然罗列了七点，那就告诉我这七点分别是什么意思吧！"但是他说"我不想每一个都解释一遍"。换句话说，他写到这里并没有按照常理去满足读者的期待，这是第一个微妙之处。

第二，作为这篇复盘文的作者，他本来是躲在幕后的，现在居然突然冲到了台前，说什么"不想搞得最后有点像转述课程内容"。事实上这明明就是他的一篇复盘文，他明明就一直站在幕后指挥着这篇文字，讲述他学了这节课以后的心得体会，现在他却假装不承认自己是在做复盘。这就像一个话剧导演，突然从幕后走到了舞台上，对观众说："不能这么干！"你能体会到这里面的微妙之处吗？

第三，他通过一个悄无声息的过渡和转折，突然给读者下了一个套，这个悄无声息的转折就是，他说"我只想重点分享一下让我印象深刻的两点"。这个时候，其实读者已经被他带入氛围和场景了，已经忘记了前面的出戏，反而想了解一下：这两个让他印象深刻的"重点"到底是什么呢？

不知道你有没有体会到，就因为这三个"突然"，你一方面会觉得这几句话跟上文比起来有点出戏；但是另一方面，你反而会更加相信、更有兴趣去读他所说的那两个点。

作为一个本身也写小说的文案人，我当时看到这几句"出戏文案"时感觉眼前一亮，因为这在小说艺术里，涉及一个非常牛的概念，叫"元叙事"。

"出戏文案"到底有多厉害？

关于什么是元叙事，在文学上有很复杂的解释，而我的简单解释其实就是：一个幕后的作者，突然跑到台前来发表看法了。

举一个你很早就知道的例子。

周星驰和朱茵演的《大话西游》，其中有一个著名的片段，当时朱茵一气之下把剑顶在周星驰的脖子上，这时候镜头突然定格了，然后出现了周星驰的画外音，他说："当时，那把剑离我的喉咙只有 0.01 公分，但是四分之一炷香之后，那把剑的女主人将会彻底爱上我，因为我决定说一个谎话。"

这就叫元叙事。正常情况下，剧情正在发展，怎么可能突然停下来，主人公跑到画外音去说出那样一段话呢？所以这就是一段最明显的"出戏文案"。但是有了这样一段出戏文案以后，反而更容易把你带入那个场景里。你现在可以回顾一下，当时看这部电影时有没有这样一种感觉。

那么这种叙事手法在文学创作中，一般什么样的人使用得比较多呢？据我观察，通常只有艺高人胆大的作者才敢用、才会用，为什么呢？第一，他不怕你觉得出戏，因为紧接着他就会让你更加入戏；其次，他也不怕被你看穿里面的猫腻，因为紧接着你就会进入他给你下的"圈套"里去了。

既然这一章跟文学有点关系，为了更好地说明这种"出戏文案"的微妙之处，我们索性从经典小说里来看几个非常经典的例子。

要给你看的第一个例子，是塞林格的名著《麦田里的守望者》的开头，他是这样写的：

你要是真的想听我聊，首先想知道的，大概就是我在哪儿出生，我糟糕的童年是怎么过来的，我爸妈在我出生前是干吗的，还有什么大卫·科波菲尔故事式的屁话，可是说实话，那些我都不想说。

然后作者话锋一转，继续写道：

我只跟你说说去年圣诞节前后我经历的几件荒唐事吧，在那之后，我整个人就垮掉了，不得不到这儿放松一下。

读到这里你有没有感觉到，好像作者根本就不是准备要写一个故事，而是在跟你唠家常。但是他上来又跟你坦白，他不会唠你想听的那些事，而是打算讲几件没头没脑的荒唐事。请注意，就是从这句话开始，其实你已经进入作者设定的故事圈套了，你已经等着要听那几件荒唐事了，你已经被他带入那个场景了。

我们再来看一个例子，是我写小说的启蒙老师之一马原的一部短篇小说，叫《虚构》，开头是这样写的：

我就是那个叫马原的汉人，我写小说。我喜欢天马行空，我的故事多多少少都有那么一点耸人听闻。

你看，跟前面的塞林格比起来，马原是不是更不像是准备写小说的样子？哪有作者在自己的小说里上来就说自己是写小说的？这听起来更像是在给自己写一份简历，或者在介绍自己的背景。接下来，马原是这样写的：

我其实与别的作家没有本质不同，我也需要像别的作家一样去观察点什么，然后借助这些观察结果去杜撰。天马行空，前提总得有马有天空。

注意，说完这句话以后，作者话锋一转，立马就开始给你下套了，他写道：

比如这一次我为了杜撰这个故事，把脑袋掖在腰里钻了七天玛曲村。做一点补充说明，这是个关于麻风病人的故事，玛曲村是国家指定的病区，麻风村。

你几乎没有察觉，一个关于麻风病人的故事已经不知不觉地开始了，你已经进入马原设定的圈套和场景了，你甚至还没来得及思考这个故事到底是他"杜撰"

的，还是真实的。所以说马原是写"出戏文案"的高手，绝对的高手。

接下来，我们再来看一部名著，是毛姆写的《刀锋》。同样，其开头也不像是要写小说的样子，更像是要写一篇叙事散文。他是这样写的：

多年前我写过名为《月亮与六便士》的长篇小说。我在书里根据一位著名画家保罗·高更的形象，并且运用小说家的特权，设计了一连串的事件，来描摹我重新创造的这个角色。重新创造的原因，是这位法国艺术家的零星事迹对我产生了一些启发。在眼下这本书里我准备完全舍弃这种做法。这次我没有编造任何东西。为了避免在世之人觉得尴尬，我还精心设计出新的姓名，赋予故事里登场的列位人物。我在其他方面也想尽办法，以便确保他们不会被任何人辨认出来。我要写的这个人并不出名。或许他永远也不会有这一天。

然后作者话锋一转，故事又不知不觉地开始了。他说：

1919年，我碰巧路过芝加哥。当时我正准备去远东，却由于某些与本故事无关的原因，要在这个城市停留两三周。我在不久前刚推出的一部小说大获成功，算是当时的新闻事件；所以到芝加哥没多久就有人来做采访。第二天早晨房间的电话铃响了。我拿起电话。

作为读者，到这里为止，我们几乎很难察觉自己已经进入作者设定的故事圈套了，甚至会误以为作者仍然在扯闲篇儿。

好了，像这样的文学作品案例，还有很多很多，这里我就不多举例了。事实上，这样一种看起来简简单单，不知不觉就把人带入场景的叙事技巧，一度让我非常着迷，并且也对我自己的创作产生了很大影响。

例如，我20多岁时在杂志上发表了一部短篇小说，叫《新占梦书》（见图22-1、22-2），我一上来就这么写：

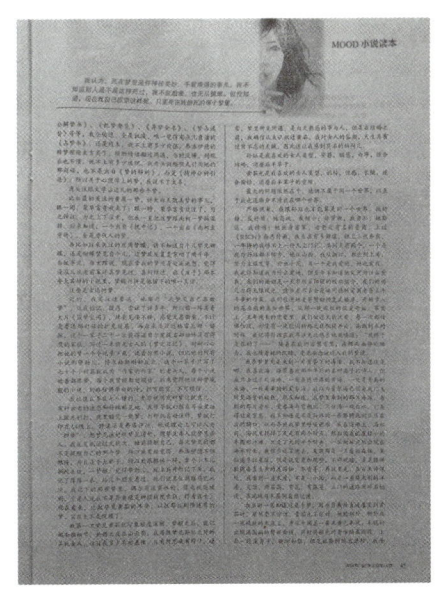

图 22-1　　　　　　　　　　　　　图 22-2

　　终于有机会来写写梦。我没有写过，以后多数也不会再写。我写过的小说，经常被朋友指责真真假假、故弄玄虚。他们问我，到底哪些是真有其事，哪些是胡编乱造的，都被我含糊其词搪塞过去了。但这次不。这次我可以声明：现在要写的这篇，所有涉及的人、所有讲述的事、所有谈到的理，无一不是假的，都是我一时脑袋抽筋随手捏造的，一切如真包换。

　　你看，是不是跟马原、毛姆、塞林格他们有一脉相承的感觉？一篇小说在开头居然直接就告诉你："我接下来要写的这个故事是假的，你千万别信！"你是不是觉得很奇怪，哪有小说这么写的？读起来非常出戏。

　　但是我后来话锋一转，说我梦见了一个人：

　　我第一次梦见黄茹就印象极度深刻，梦醒之后，能记起全程细节。

　　读到这一句时，你已经瞬间忘记我前面刚说过这个故事是假的了，因为你已经不知不觉被我带入这个做梦的场景中去了。

写好"出戏文案"的公式

一口气跟给你列举了上面几个经典案例，包括我的创作案例，相信你对于我提出的"出戏文案"这个概念，已经有了一个比较具象的初步认识。通过这些案例，你现在可以很明显地看到这种文案的特征。

第一个特征就是：见字如面，真实亲切。也就是说，这种文案就像一个有点儿任性的老朋友，坐在你对面，跟你喝茶、聊天，你们非常熟悉，也非常随意，没有任何隔阂。而这种感觉、这种气质，恰恰是我们写文案时一直要追求的效果。

第二个特征就是：以假乱真，以真乱假。为什么要这样真真假假呢？目的就是把你引入它的"迷魂阵"。

像这样的出戏文案，运用在文学上的确很好看、很耐看，可是它对于我们写商业文案有什么用呢？或者说应该如何把它运用在我们平时写的文案里呢？

基于前面所讲的一切，下面我要告诉你在商业文案中运用"出戏文案"的三个诀窍。

第一个诀窍是：故意出戏，爆点小料。

也就是说，你不要上来就急着就事论事，急着说这个产品、说那个产品。你不妨先说一点看起来跟正题无关的"花边"。注意，是"看起来"跟正题无关，实际上恰恰是从正题里面牵扯出来的话题。或者你作为作者，从幕后冲到台前，说一说你本人的一些小故事和想法，就像与一个熟悉的朋友唠嗑那样。但恰恰是这些看起来拉拉杂杂的"花边"和"小故事"，会成为让你的读者和用户进入"圈套"的第一步。因为，人都是爱看花边新闻和小道消息的。

第二个诀窍是：正话反说，以假乱真。

这其实有点儿像欲擒故纵，也就是说，先不要顺着读者所期待的那个套路去讲，或者着急去说你的产品有多么好。你不妨大胆地先说说你本来"其实不是这么想的、不想这么干的"，或者你觉得下面要说的这个产品其实并没有那么好，而是有什么缺陷的。为什么要这样欲擒故纵呢？因为请记住：人都爱看那些反常规的、与常识对着干的内容。

第三个诀窍是：话锋一转，请君入瓮。

你应该早就注意到了，"话锋一转"这个词，可能是我在这一章里用得最多的一个词了。也就是说，到了这个时候，你就可以顺着前面的话题言归正传，神不知鬼不觉地过渡到你真正要讲的那个话题了，因为经过了前面两步，这时候用户已经在你设定的场景里了。也请记住：人都是可以被"驯化"的。

这三个诀窍，如果我用一个公式来表达，其实就是：

出戏文案 = 故意爆料 + 以假乱真 + 言归正传

你现在对应一下就会发现，我前面所列举的所有案例，其实无一例外都符合这三个诀窍或者这个公式。而如果我们把这个公式运用在写商业文案，尤其是写长文案上，逻辑和方法也是完全一样的。

通篇都在"出戏"的一篇软文

比如，我在 2022 年第一次给"知行读书社"撰写公众号销售软文的时候，就非常有意识地运用了"出戏文案"撰写公式。那篇软文的开头是这么写的：

> 我买了 20 多年的书，也读了 20 多年的书，半生读过的书超过一万五千本，而且居然还没变成一个书呆子。所以很多朋友包括我们云姐，一直怂恿我做一个读书社，一边给别人推荐好书，一边还可以做直播带货。但我一直都没有去做。

你看，整个开篇都在出戏：

我一上来就爆料，说自己曾经读过很多书，说包括云姐在内的很多人都怂恿我做一个读书社，但是我没有做。其实这跟塞林格、马原、毛姆他们写小说一样，都是作者从幕后直接冲到了台前，讲了一堆花边新闻，这就是"故意出戏，爆点小料"。

然后我开始一本正经地说明，我为什么一直不愿意做读书社，第一个原因是什么、第二个原因是什么、第三个原因是什么。不论是真是假，反正你听起来一定是真的，你权且可以认为这是"正话反说，以假乱真"。但是下面我就说，我现在决定推出这个"知行读书社"了，只不过推出得很"草率"，消息还没正式发布，已经有 170 多位小伙伴付费加入读书社了。请注意，这里又是一个"正话反说，以假乱真"——一个真正草率推出的读书社，怎么会消息还没正式发布就有那么多人报名呢？所以，这几段文案看似写得不经意，其实写得很用心。

接下来我开始解释，为什么如此"草率"推出的这个读书社还会有那么多人加入。到这里才算真正切入了正题，也就是"话锋一转，请君入瓮"，我开始言归正传地讲述"知行读书社"的早起宗旨、选书标准、领读方式等具体情况。

这篇软文的完整版，你在微信直接搜索《知行合一，书中真的有黄金屋！》可以阅读一下。你会看到，在整篇文章里，几乎一半篇幅都属于"出戏文案"，并且始终遵循了我所提炼的那三个诀窍和那个公式。所以在这篇软文中，与其说写"出戏文案"是一种技巧或者是让用户进入场景的一种手段，更确切地说，我甚至是把"出戏文案"的撰写公式当成了整篇文案的结构布局，使得这篇文案读起来既让人出乎意料，又让人觉得在情理之中，显得非常高级，所以当时的效果也非常好。这篇从头到尾"出戏"，又从头到尾让人有强烈代入感的文案范本，值得你细细阅读、细细分析、细细拆解。

第 23 章
怎么写出用户的"真痛点",让产品更好卖?

这一章是整个"用法"部分的压轴内容,它涉及一个我提出并且一直强调的非常重要的概念,叫"真痛点"。

说起来人人都知道,用户之所以会愿意买你的产品,本质上都是因为你解决了他们的某一个痛点。但是我们在具体写文案的时候,所写出来的那个用户痛点,很多时候并不是一个"真痛点",这就会让文案看起来不痛不痒。

不痛不痒的"痛点"

比如,我们做子女的经常会说:"哎呀,父母年纪大了,给他们钱他们都不太愿意花。"我们会认为"节省"是一个痛点,所以我们会劝父母不要太节省,要舍得花钱。而事实上,天底下几乎不存在不愿意花钱的人,如果父母不愿意花钱,那很可能是因为我们给的零花钱不够多,这才是这件事情的"真痛点"。

再比如,我们做父母的经常会说孩子不自律,总希望用个什么方法可以让孩子变得自律,于是到处去听育儿专家讲各种道理、各种课,因为我们认为"孩子不自律"是一个痛点。而事实上,天底下几乎不存在不自律的孩子,如果孩子不自律,很可能是因为他在家里没有一个好榜样,这才是这件事情的"真痛点"。

又比如,我经常举一个例子:很多人总是要告诉宝妈们,怎样才能一手赚钱、一手带娃,一手带娃、一手赚钱。而事实上,宝妈们真正的痛点并不是带娃的时候赚钱少了,或者根本不赚钱了,而是有一天当她们不需要再带娃了,却发现自己与时代脱轨了,再也不具备顺畅赚钱的能力了。所以当你看到了宝妈们的这个"真痛点"时,你应该帮她们解决的本质问题应该是怎么样让她们以后不带娃了还具有很大的"赚钱势能",而不是必须马上学一种"赚钱技能"。

当然,其他类似的情况还有很多很多。

所以,我为什么要在"用法"部分的压轴这一章来重点讲一讲写文案一定要写出用户的"真痛点"?因为只有这样,你的文案才能真正击中用户的"要害"。但是正如我在开头所说,我们很多时候给自己或者给别人写文案时,我们所认为的那个理所当然的痛点,其实并不是"真痛点"。通过前面我举的那几个例子,你应该也有所体会了。

那么,到底什么才是"真痛点",应该如何在文案中写出"真痛点"呢?

写活五种"真痛点"

你肯定还记得,我曾经浓墨重彩地用了整整三章内容,跟你详细地分享过一个概念,叫"冻结用户需求"。在那三章内容里,我早就已经讲了什么是痛点,以及痛点有哪些类型。根据我的总结,用户的痛点有且只有三种:第一种叫"你有什么问题",第二种叫"你缺什么东西",第三种叫"你烦什么事情"。简而言之,所谓的痛点,其实就是我们每个人身上一定会有的一些问题点、渴望点,或者宣泄点,它们不是生理上的,就是心理上的。而在此基础上,如果你进一步探究就会发现,用户的这些问题也好、缺憾也好、烦恼也好,又都来自五种具体的心理状态:第一种叫"贪图省事",第二种叫"贪图美味",第三种叫"贪图虚荣",第四种叫"内心恐惧",第五种叫"无限希望"。

一般的文案课或者文案书讲到这里,通常都会忍不住提到一个著名的理论,叫"马斯洛需求理论"。也就是说,人的需求或者人的痛点有五个层级,从底层的生理需求,一直到最高层的心理需求。但是我在这里不谈"马斯洛需求理论",因为它讲得太不具体了,对于我们写好文案没有直接的指导作用。

前面说了,用户所有的需求和痛点,本质上都来自五种东西,也就是省事、美味、虚荣、恐惧和希望。所以当你在写文案的时候,无论是写一句口号、写一张海报的文案、写一篇销售软文,还是写一条朋友圈,你的文案如果要写到用户心坎里去,也必须相应地告诉用户:我可以为你解决这五个问题。

下面我一个一个来说。

第一，可以解决用户"懒"的问题。

比如，有一款打车软件叫"曹操出行"，它以前有一句口号，巧妙地借用了一句俗语，叫"说曹操，曹操到"。这句文案让人看一眼就知道，跟用传统方式打车比起来，用它打车可以很快、很便捷，这就解决了用户"懒"的问题。但是这句文案似乎现在已经不用了，我个人认为非常不明智。

再比如，某共享单车品牌曾经有一句口号，叫"共享单车，轻松出行"，同样是在说可以解决用户"懒"的问题。该品牌早期曾经推出过一个"一公里计划"，也就是让你的最后一公里不用再步行，这又是在说一个"懒"的问题——难道一公里路你也走不动吗？但是当它在文案中这样堂而皇之地说出来、写出来以后，"最后一公里"这个"真痛点"，就被它给抓住了。在此之前，还从来没人这样讲过。

第二，可以解决用户"馋"的问题。

比如，有一个餐厅叫"太二酸菜鱼"，它有一句文案叫"酸菜比鱼好吃"。你看，它并没有强调自家的鱼本身有多好吃，而是说酸菜比鱼好吃——"酸菜鱼""酸菜鱼"，鱼的美味来自酸菜嘛！这样一来，既说出了酸菜的美味，也把这道招牌菜整个的美味说出来了，让人有一种馋涎欲滴的感觉。

曾经有学员问过我："峰帅，美食文案应该怎么写啊？"这当然是一个很难回答的、太笼统的问题，但是我说了一个非常重要的法则，那就是一切关于"吃"的文案，你都要写出一种食欲感。无论你用什么方法，只要你能把某种食物写出相应的食欲感，那么你的文案一定是成功的。

举个例子，我近些年来虽然很少吃烧烤，但我其实一直很馋烧烤，尤其是路边的那些烧烤摊，我每次经过都会流口水。所以你如果要向我卖零食，比如薯片、虾条、豆腐干之类，你只需要在包装袋上印上"烧烤味"三个字，立马就能吸引我。因为对我而言，"烧烤味"这三个字就解决了我"馋"的问题，写出了我的"真痛点"。

所以我相信，人们在"吃"这件事上，其实有一些共同的"馋"和共同的"真痛点"，你想要击中这些"真痛点"，就必须写出一种食欲感。但是写出食欲感很多时候靠的并不是花哨的、有文采的表达，而恰恰是一些非常质朴的表达，就像针对我这种人而写的"烧烤味"三个字。

第三，可以解决用户"虚荣"的问题。

我们在给珠宝、豪车、名表这些产品写文案时，其实更多的不是要强调它们的产地、工艺、材质、造型，而是要想尽办法去写出用户拥有它们以后的那种对虚荣心的满足。

比如，劳力士有一句非常著名的文案，叫"一旦拥有，别无所求"，这种"让你独占"的心理暗示，就是一种满足虚荣心的表现。

同样，百达翡丽也有一句文案，叫"代代相传，由您开始"。所谓"代代相传"，就是像传家宝一样一代一代地传下去，这种大户人家的感觉，也把对虚荣心的满足淋漓尽致地写了出来。

再比如，香奈儿曾经有一句文案叫"想要无可取代，必须与众不同"，就是告诉用户：你用了我的产品，你就是与众不同的人，是一个极度个性化的人，并且拥有一种无可取代的地位。这仍然是满足了用户的虚荣心。

像这样的案例还有很多很多，你不妨自己再去找找看。

第四，还可以通过唤醒用户的"恐惧心理"，来解决其真痛点。

比如，《理财周刊》有一句我们非常熟悉的文案，叫"你不理财，财不理你"，它唤起了人们对于"贫穷"的恐惧心理，但同时也告诉你：学会好好地理财，财富自然就会跟随你。

再比如，有一句少儿教育的文案，你一定耳熟能详，叫"别让你的孩子输在起跑线上"，这句话唤起的是一种对自己孩子未来的恐惧。

还有很多防晒、美白、抗衰老的美容产品和保健品，也非常善于使用这种唤醒恐惧的方法，来引起用户的重视，这里我就不多举例了。

第五，可以通过让用户看见一种"希望"，来解决其真痛点。

比如，我们都知道，宝洁有很多款洗发水，每一款洗发水的文案，几乎都给了我们一种对美的希望，海飞丝的"头屑去无踪，秀发更出众"、潘婷的"拥有健康，当然亮泽"、飘柔的"飘柔，就是这样自信"，都是这样的。

再比如，在我老家安吉这个小小的县城，却有一句非常著名的文案，叫"绿水青山，就是金山银山"。不得不说，这句文案简直太棒了！"绿水青山"说的是环境好，"金山银山"说的是生活好，当你听到这句话以后，就会不由自主地感受到一种精神上和物质上的双重希望。

所以你看，无论我们卖什么产品，也无论我们面对什么用户，所有的用户痛点，其实都可以归结为以上五种心理：懒、馋、虚荣、恐惧和希望。你用文案告诉用户，我可以为你解决这五种心理对应的问题，你的文案才能够写出用户的"真痛点"。

这就要求我们在写文案或者审核文案的时候，一定要分两步走。

写出"真痛点"的两个核心步骤

第一步：你得非常清楚地知道，你要卖的产品，以及你要写的文案，到底是针对哪一种心理或者人性的。你到底是要解决用户懒的问题、馋的问题、虚荣的问题、恐惧的问题，还是要给用户一种希望？这一点你务必先明明白白地分析清楚。

第二步：你还必须想清楚，你的用户人群在这种心理和人性上，到底存在什么具体的痛点或问题。针对这个具体的痛点或问题，你才能顺利地进行文案的撰写。

举一个具体的例子。

我在开设少儿版"知行读书社"的时候，给它写过一系列文案，其中最核心的一句文案是："5～15岁亲子阅读里的'博士班'"（见图23-1）。你看，这句话向孩子的父母传递的就是一种非常强烈的希望感："我居然可以通过亲子阅读，跟孩子一起上'博士班'！"这是第一步，解决"希望"的问题。

但是光有这句文案显然是不够的，我还必须弄清楚在亲子阅读这件

图23-1

事上，爸爸妈妈们具体的痛点或问题到底有哪些。所以第二步就是在文案中重点传递这样一个具体信息，就是"爸爸妈妈三大省心，孩子给你三大信心"。

是哪"三大省心"呢？就是当你和你的孩子一起加入少儿版"知行读书社"以后，你就不用自己去选书、不用再去琢磨书里有哪些重要内容了，也不用担心和孩子一起读书会枯燥无趣了，因为你可能存在的这三个问题，峰帅和他的女儿都已经帮你解决了。那么相应地，孩子又会给你哪"三大信心"呢？通过和孩子每天进行这样的亲子阅读，在一年之内你会发现，你家孩子有了肉眼可见的自律成长、认知成长和表达成长。

你根据这一章讲的内容稍微分析一下就会看到，少儿版"知行读书社"的这一篇文案，首先重点解决了爸爸妈妈们的一个"懒"的问题，也就是巴不得轻轻松松就能带好孩子、教育好孩子；其次，这篇文案还解决了爸爸妈妈们的"虚荣"问题，也就是父母都希望自己的孩子能够变得更优秀。当我明确了这两点以后，才能在文案中把用户的"真痛点"给写出来。

第 24 章
怎么写好"金句",让你的文案"入心入肺"?

这一章严格来说并不是讲真正意义上的商业文案,而是商业文案写作的延伸课。打个简单的比方,如果这本书的整个"用法"部分都是在教你如何量体裁衣,那么这一章"金句方法论"就相当于顺带教你如何在衣服上绣花,从而让你的衣服更加光鲜亮丽、引人瞩目,所以我把它安排在了"用法"部分的最后一章。

事实上很多时候你觉得一篇文案写得好,往往只是被其中的某一句文案给打动了,而它之所以打动你,是因为这句文案本身就是一个金句。

我可以随便举几个例子。

比如,对于农夫山泉,你记得最牢的一句文案恐怕就是"我们不生产水,我们只是大自然的搬运工",而这也是一个让人惊喜的金句。

再比如,我早年为上海中环广场写的那句文案"去哪里 shopping 比 shopping 更重要",这还是一个让人惊喜的金句。

又比如,我写的《峰帅·个人品牌放大器》这本书,如果你把整本书看成一篇长文案,我在这篇长文案里写了那么多优秀的、有用的文字,但是大多数人印象最深刻的还是我说的那句"做个人品牌,就是要让人认识你、认可你、认准你",因为这也是一个让人惊喜的金句。

如果我们再推而广之,把一个人的演讲、讲课和直播也看成一篇文案,那么你听完或看完一场演讲、一堂课或者一次直播以后,能够记住的通常也只是其中的一两个金句。

所以我经常说,一切书面的和口头的表达都是文案,因此学好、用好"金句思维",对我们就显然很重要了。在一篇有效的文案中,你最起码得留给用户一根"语言钉子",而留下这根语言钉子,必须由"金句"来实现。就像我们从小到大都不会忘记的那些名人名言,你可能很难想起某个名人到底做过哪些具体的事情,但是你一定会记得他说过的某句名言,例如培根的"知识就是力量"、罗永浩的"彪悍的人生不需要解释"等。

所以这一章"金句方法论",就是为了教给你一些方法,让你的文案也可以变得像那些名言一样,"四处飞扬、入心入肺"。但是你要知道,即便是一个文案高手,也不可能做到随时随地一下笔、一开口就是金句。事实上,通常只有当你要在文案中提出一个重要问题、公布一个重要结论,或者推出一个重要概念的时候,你才真正需要借助一个金句来让你的问题、结论或者概念深入人心。除此以外,再有意思的金句对商业文案来说,都只是文字游戏。

写好金句的三个硬指标

也正因为如此,当你在以上三个特定的需要下撰写金句的时候,必须满足三个指标。

第一个指标叫"人人能懂"。也就是你写的金句得是大白话,要接地气,确保人人都能听懂。如果你写了一个所谓的金句,别人却不明所以,那当然就算不上是金句了。

第二个指标叫"字字有理"。也就是你写的金句得有道理,听起来就像真理一样,并且似乎还从来没人这样讲过。如果你写出来以后有人不同意,或者早就有人这样讲过了,那也就不是你的金句了。

第三个指标叫"口口相传"。也就是你的金句要像一句口诀一样好记又好传,写出来以后大家会忍不住想传播、引用。如果你写的金句除了你自己,再也没有第二个人主动去说、去传,那么这同样也算不上金句。

所以,"人人能懂、字字有理、口口相传"这12字箴言,你可以把它看作衡量一个金句是不是真金句的三个硬指标,也可以说是我们撰写金句的三个心法。如果你的金句有任何一个指标没有满足,它就不是真金句,最多只能算自娱自乐。

那么应该如何写出能够符合这三个指标的真金句呢?

"3+3" 金句法则

下面，我要教给你一个写好金句的法则，我称之为"3+3"金句法则。

第一个"3"，是用来写出一个"毛坯金句"的，它包含三个"点"，分别是：明确一个出发点、找到一个对立点、提出一个价值点。

为什么要先写一个"毛坯金句"呢？因为在多数情况下，你其实没有办法直接写出一个非常优秀的金句，所以得先写一个初级阶段的金句。

但是毛坯房必须经过装修才能住人，金句也是一样的，"毛坯金句"不能直接使用，必须把它改造成我之前所说的类似"口诀"的文案，它才能成为真正的金句。这时候就要用到三种强大的"语言装修工具"，也就是第二个"3"，它们分别是：对比法、公式法和叠字法。

根据我自己的经验，这三种工具你每次只需要用到其中的一到两种，就完全可以把一个"毛坯金句"装修成真正的口诀化金句了，但前提是：你必须先做到第一个"3"。

接下来，我先具体讲讲写出一个"毛坯金句"的三个步骤。

"毛坯金句"三步法

第一步：明确一个出发点。

所谓"明确一个出发点"，就是你眼睛里看到了什么问题，以及你想解决什么问题，你就把这个问题如实地写下来。

例如，我曾经在讲课时说过一个金句，我说演讲最主要的功能，就是"路转客、客转粉、粉转推销员"。我为什么会说这么一句话呢？是因为我眼睛里看到了很多人对于演讲的功能和目的，存在着极大的误解，而这句话就是为了扭转大家对于演讲的认知误区。所以，我把看到的这个问题写下来，就有了这个金句的原始出发点。

再例如，我还说过一个金句："追问，是解决一切问题的万能钥匙。"我为什么说这句话呢？也是因为我眼睛里看到了很多人连自己的真正问题到底是什么都没搞清楚，就急着想解决问题。同样地，我把这个问题写下来，也就有了这个金句的原始出发点。

这就是要写出一个"毛坯金句"的第一步。

第二步：找到一个对立点。

前面说过，真金句有三个指标，其中第二个指标和第三个指标是"字字有理""口口相传"，其实也隐含了独一无二的意思。也就是说，别人之所以觉得你这句话"字字有理"，还主动将它"口口相传"，是因为你这个金句要么没人这样说过，要么就是有人想说却没有说出来。因此，你必须知道在这个问题上别人通常都是怎么说的，而且别人的观点还必须跟你是相对的、相左的。最重要的是，他们的观点在很大程度上还恰恰是主流。

比如，很多人都知道我写过这么一个金句："变现从来都不是什么难事，难的是持续变现、持续变大现。"你仔细一琢磨就会发现，这个金句其实有一个对立点，就是现在几乎人人都在追求变现、变现、变现，却很少有人去真正提倡夯实自身的价值、创造持续的增长。

所以请注意，找到你的某个对立点，才是你写出一个"毛坯金句"的关键所在。很多时候，我们的金句之所以不能算真金句，就是因为没有找到一个对立点，于是写出来的只不过是跟大家异口同声的平常观点而已。

当你明确了一个出发点，又找到了一个对立点之后，就可以进入最后一步了。

第三步：提出一个价值点。

其实这几乎已经是一件水到渠成的事了，因为你找到的那个对立点的对立点，正是你的价值点。也就是说，一旦你找到了那个对立点，再将其反过来，那就是你自己的价值点。但是，你的这个价值点必须是能够解决一个实际问题的，而不仅仅是一种口舌之快，这是真金句和文字游戏的一个本质区别。

这时候你需要做的，就是把这个解决问题的价值点，用一句最平实的大白话写下来，就像语文试题中的"用一句话概括中心思想"，并且要用最平实的、不加任何修饰的文字来概括。

比如，关于读书这件事，我在给 2023 年"知行读书社"写的文案中，有一个金句是："十年前没做的事 99.9% 都没有后悔药，但读书是 0.1% 的例外。"在我写下这个金句之前，其实我先想到的是摩西奶奶那句名言："人生永远没有太晚的开始。"于是我写下的"毛坯金句"是："读书永远没有太晚的开始。"摩西奶奶那句话就是我想表达的中心思想，也是我要传递的价值点，最后我才把它改造成了自己的那个金句。

但是，当我们通过以上三个步骤写下一个"毛坯金句"时，很多人会犯的一个毛病是：直接就拿这个"毛坯金句"开始使用了。而我前面说过，毛坯房是不能住人的，毛坯版的金句也是不能直接使用的。

所以接下来我们还要通过一些必要的修辞手段，对这个"毛坯金句"进行二次创作，从而把它变成一句口诀。

下面我要跟你分享的，就是把一个"毛坯金句"打磨成真金句的三种"语言装修工具"，也是我自己用得最多的三个"法宝"。

写好真金句的三个"法宝"

第一个法宝，叫"对比法"。

所谓对比，简单地说就是用不好来衬托好、用劣质来衬托优质。也就是说，用你自己的好，来跟别人的不好进行对比，从而更加衬托出你自己的好。

有时候，这种好与坏的对比是非常明显的，比如我讲过的那个金句："宝妈们在财富上真正的痛点，其实并不是现在带娃的时候不能赚钱，而是当她们有一天不需要带娃了，却不知道怎么赚钱了。"这种前后意思的对比是非常强烈的。

而有时候这种对比并不是那么明显，甚至那个"坏"的部分，看起来也像是"好"的，但是当你把整句话讲完以后，人们才会发现原来这是一种对比，于是会产生一种喜出望外的惊艳感。

比如，我曾经写过："80%的问题，都是没有沟通清楚造成的。"读到这里你可能会想：那剩下的20%就是沟通清楚了。不对！我的下半句其实是："剩下20%的问题，是压根没有沟通造成的。"言下之意就是，我们工作中和生活中遇到的所有问题，本质上都是没有好好沟通造成的。所以你看，这个金句中的前后对比并没有那么强烈。

用对比法来打磨金句的好处就在这里：一正一反，给人一种恰到好处的感觉，通常会让人产生一种深刻的印象，而且不仅仅是对好的这部分产生深刻的印象，对坏的那部分也会产生深刻的印象。

第二个法宝，叫"公式法"。

学过数理化的人都知道，公式会给人一种很权威、不容置疑的感觉。那么当我们把公式这种形式运用在打磨金句的时候，也会给人一种铿锵有力、独一无二的感觉。当然，公式本身必须经得起推敲。

用公式法来打磨金句，还有第二个很重要的好处，就是它能把你所有想要表达的信息，进行一次高度的浓缩和打包，从而变得非常好记、好传播。

比如，我一直说，所谓生意模式，其实就是一个"闭环力"。那什么又是闭环力呢？我列了一个非常好记的公式：闭环力 = 交付闭环 + 价值闭环 + 盈利闭环。你看，我只用了一个简洁到无法再简洁的公式，就把生意模式这么一个看起来非常复杂的问题给说清楚了，所以它早已在我的学员和用户那里成为一个金句了。

再比如，现在很多人提倡要注重人脉链接，你链接我、我链接你。所以我专门为此提出过一个概念，叫"人脉链接质量"，然后也得出了一个公式：人脉链接质量 = 双方的势能 × 双方的热能 × 双方的动能。意思就是，首先，链接双方的社会地位、阅历背景要基本对等，否则势能不匹配，没法产生真正有价值的链接；其次，链接双方的知识储备、见识高低、价值观也要基本对等，否则热能不匹配，也没法产生真正有价值的链接；最后，链接双方各自所做的事要互相支持、互相依存，否则动能不匹配，还是没法产生真正有价值的链接。只有当这三种能量都高度匹配，三者相乘以后，双方的人脉链接才能达到一个比较高的质量，否则就称不上人脉链接。在这个金句里，我同样用了一个很简单的公式，把这个问题给说清楚了，而且会让人印象深刻。

第三个法宝，叫"叠字法"。

就是在一句话里面，把某个已经用过的字词，再反复使用一次或者多次，从而达到一种层层递进的效果，让人的印象越来越深刻。

比如，我们经常说"复盘"，今天读了一本什么书，或者听了一门什么课，都要进行复盘。但是客观地说，很多时候我们的复盘，只不过是一种机械化的转述。

所以我写过一个金句："转述不是学习的目的，转化才是。"言下之意就是，我们把学到的东西，转化运用到自己身上去，化于无形，从而对我们自身的成长、对我们自己的生意起到重要的推动作用，这才是学习的目的。在这个金句里，我把"转化"和"转述"这两个词用了叠字法进行了叠加以后，就产生了一种递进的效果，会给人一个比较深刻的印象。

再比如，我前面说："做个人品牌就是要让人认识你、认可你、认准你。"这里的"认识""认可""认准"，显然也特地用了叠字法，而且层层递进，一个词比一个词重要，给别人的印象也越来越深刻，这就是叠字法的奥妙所在。

以上就是对"毛坯金句"进行二次创作，把它变成口诀化金句的三种修辞手段，也就是三个法宝。

事实上除了这三个法宝，还有其他一些打磨金句的方法，例如比喻法、穷尽法等，在这本书的其他内容里也都有讲到。但是这么多年以来，我在写文案的时候使用最多的打磨金句的方法，就是上面这三个。所以你也不妨按照我给你的这些方法，换着花样地操练起来。

金句不是憋出来的

在这一章的最后，我还必须提醒你几点，因为它们对于你撰写金句同样非常重要：

第一，我要重申这一章开头所说的，金句严格来说并不是真正意义上的商业文案，它本身并没有太大的商业价值，反而看起来更像是一种文字技巧，所以千万不要想当然地以为，写出一个金句，就会为你带来多大的经济效益。但是，一旦你娴熟地掌握了这些撰写金句的方法，把金句附着在日常的文案中，你就会体会到其奥妙所在，因为金句会让你的文案锦上添花，甚至如虎添翼，变得更加"入心入肺"。

第二，撰写金句虽然是一种文案写作技巧，还伴随着很多修辞手法，但它其实跟文采无关，甚至跟写作也没有太大关系，它更多的是一种思维方式的训练，以及把各种复杂的信息进行简化的训练。

第三，正因为如此，金句更多时候其实并非"想"出来的，更不是"憋"出来的，而是依托于你在生活和事业中点点滴滴积累起来的价值观，也就是你对于万事万物的看法，以及你在文案中要表达的重要的、有价值的观点。

一直以来很多人都对我感到惊讶："峰帅的文案为什么总有那么多的金句？"真正的答案并不是因为我文采好，或者脑子机灵，而是我每天都在积累自己的各种想法、各种理念，然后把这些想法和理念相应地融入文案和金句中去。至于金句应该用什么方法去打磨、怎么遣词、如何造句，这都是技术层面的问题，你只要掌握了这一章我教你的一些手段，这反而是最容易解决的。

下 篇
文案的写法

第 25 章
怎么起一个吸睛的"社交名字"，让人看一眼就记住你？

从这一章开始，我们就要进入这本书的第三大模块了，也就是不同类型文案的具体"写法"。

事实上在第一模块和第二模块里，我在讲"练法"和"用法"的时候，也早就顺带讲到了很多文案的写法，但是在这个模块里，我会把许多你所关心的，或者是你在今天的商业场景下经常会用到的文案类型，全都汇聚在一起，大到一篇销售软文、一句变现口号、一组爆品文案，小到一个社交名字、一篇个人简介，都一样一样地告诉你：这些文案到底应该怎么写才会更加有效地让你靠近钱，自己变成钱。

不可否认，无论你是个人品牌还是企业品牌，如果要做生意，一定都要从起一个名字开始。所以在"写法"这一部分，我首先要跟你讲的就是：如何起一个让人过目难忘、价值万金的社交名字。过目难忘很容易理解，但是一个小小的名字，真的能够价值万金吗？当然！不过我们先要弄明白，什么是"社交名字"。

什么是"社交名字"？

你有没有数过，其实我们现在很多人都有四个名字：第一个是大名，也叫学名；第二个是小名，也叫乳名；第三个是很多人都会给自己起的英文名；第四个就是个人品牌名，我给了它一个更容易理解的说法，叫"社交名字"，顾名思义就是你在社交环境下长期使用并且能够产生商业作用的名字。

比如，我的大名、学名叫高一峰；在家里的小名叫峰峰；我也有一个英文名叫 Ivan，它其实来自俄语；而现在更多人知道的却是我的个人品牌名，也就是社交名字，叫峰帅。

不但个人是这样，其实企业也差不多。比如，有一家企业，学名叫"北京思维造物信息科技股份有限公司"，你听起来可能有点陌生，但是说起它的品牌名或者社交名字，你应该非常熟悉了，就是"得到"App。再比如，还有一家企业，学名叫"上海黄豆网络科技有限公司"，它的社交名字就是你非常熟悉的"樊登读书"，现在已经改名叫"帆书"。

所以无论是企业还是个人，我们都是用学名去走一切商务流程和法务流程的，但是在今天的移动互联网环境下，我们还需要用一个社交名字去行走天下。当然，有时候学名跟社交名字也会是同一个名字，比如，海底捞的学名就叫海底捞，优酷的学名也叫优酷，而很多个人也会把自己的本名直接用作社交名字。

那些"价值万金"的社交名字

读过我的《峰帅·个人品牌放大器》那本书的人都知道，我在书里特别强调说，一套完整的个人品牌符号系统，在外界看来有五大要素，包括社交名字、标准头像、身份标签、传播口号，以及产品符号（见图25-1），而其中社交名字是占第一位的，因为它是用来被人看、被人叫、被人听、被人传的。

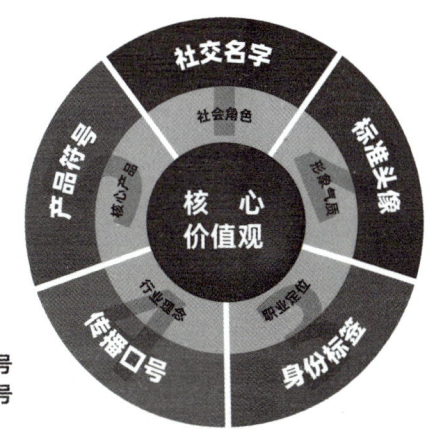

图 25-1

所以在我的学员里，很多人的社交名字都被我把关过，有的被我批评过，有的被我肯定过，有的被我改进过，甚至还有的是由我直接起的。社交名字实在太重要了，你如果要别人认识你、认可你、认准你，第一个抓手就是你的社交名字，所以它真的价值万金，而你如果随随便便起了个社交名字，就相当于把"万金"白白地给丢弃了。

那么既然如此，到底什么样的社交名字才算价值万金呢？

话不多说，下面我来为你展示一些价值万金的社交名字，它们都是被我改过、把关过，或者由我起的学员社交名字。

第一个：丹青杨。看到这个名字，你能猜到她是做什么的吗？但是她曾经的名字叫"郸郸杨"，被我改了。

第二个：镜子姐。她是一位心理咨询师，这个名字是她自己起的，也被我肯定了。

第三个：数码晓姐姐。这个名字虽然略微有点长，有五个字，但是我相信你只需要看一眼，就大概知道她是做什么的了。

第四个：妍教头。她是一名瘦身教练，而且是教人"吃着瘦"的，这对很多又爱美、又爱吃的女性来讲，应该很诱人吧？

第五个：富妈妈天语。她曾经是我的项目发售操盘手，也是一位变现导师，单从名字里你就知道是怎么回事了。

第六个：本名叫段吉红，我给她起了一个社交名字，叫"苗家辣妹"，因为她是做辣椒生意的，所以现在更多人叫她"辣妹"。

所以我要跟你分享的是：如果你想让你的社交名字得到很好的传播，甚至达到过目不忘、"入耳即化"的地步，一定要做到"三不要"和"三要"。当你在起社交名字的时候，先避开"三不要"，然后有意地靠近"三要"，那么你的社交名字无论如何都不会差了。

起好社交名字的"三不要"

第一个"不要"：不要有容易让人读不明白的字，包括歧义字。

因为名字首先是用来听的，其次才是用来看的，所以你的社交名字里一定不要有容易让人读不明白的字，这是一个最低标准，千万不要读出来以后别人根本不知道怎么写，甚至压根不知道怎么读。

比如，我有一个学员叫"筱痕"，这个名字如果是她的本名就无可厚非，但它作为社交名字是不及格的，因为很多人分不清"筱"字和"莜"字，或者两个字都不认识。同样，我还有一个学员叫"钰莹"，很多人也分不清"钰"字和"珏"字，而且"筱痕"和"钰莹"这两个名字，解释给人听都要解释很久，那还怎么让人传、让人记呢？我还有一位在国外的学员，叫"芊漩"，天哪，这名字该让人怎么读、怎么传、怎么记？后来因为她的英文名叫"Salla"，而且她是开幼儿园的，于是我就帮她把社交名字改成了"沙拉园长"，一下子就变得通透了。

第二个"不要"：不要用英文名。

你不妨去调研一下，无论企业品牌还是个人品牌，用英文名进行社交和传播而在中国成功的案例极少极少。因为在传播过程中，英文跟中文比起来是根本没有穿透力的，所以如果可以不用英文名，一定不要用英文名。

那如果你在海外或港澳台怎么办呢？即便如此，如果要传播好你的品牌，大市场也大概率是在中国内地，所以这时候很简单：你可以保留你的英文名，然后根据英文名，倒推出来一个中文名，比如，前面说的"沙拉园长"就是用的这个方法。再比如，我有一位在香港的学员叫"Emily"——你知道有多少人叫"Emily"吗？但是她当时跟我说，这名字不能改，因为在香港被人叫习惯了，而且她本身又是教英语的，怎么办呢？于是我就给了她另外一个可以在全世界华人中传播的中文社交名字，叫"爱米粒"，符号感立刻就出来了。

第三个"不要"：不要起一个没有表情的名字。

什么叫没有表情？就是你的社交名字不生动，就像一副扑克脸，怎么看都不知道你要干吗。比如，我有一些读者和学员的名字，叫"星云微光""原点读书吧""阳光明媚""碧繁"……是不是看起来根本就不像是一个人的社交名字？对我们普通人而言，或者对初创型小公司而言，一个没有表情的社交名字，也就意味着它没有任何符号感、没有任何指向性，因此也就没有了记忆度和传播力。

以上说的是起好一个社交名字，你必须要避开的"三不要"。那么"三要"又是什么呢？

起好社交名字的"三要"

第一个"要"：要让你的社交名字自己会说话。

社交名字跟你的学名不是一回事，你的学名可以起得没有表情，可以很中性，但是社交名字必须"自己会说话"，要能够传情达意。简而言之就是，你的社交名字最好能够迅速反映你的社会角色和职业属性，也就是让人看一眼就能大概知道你是干什么的、你在这个社会上属于什么角色。这样的社交名字，就是最优秀的名字。

比如，我前面举例的丹青杨，你一看这名字，大概就能知道她跟画画有关；数码晓姐姐，一看就知道应该跟数码产品有关；妍教头，那肯定是要教别人什么东西吧？如果再看到"吃着瘦，妍教头"这句口号，那肯定就是教瘦身了；还有我的学员焦医生，单从名字你当然看不出他是什么科的医生，但最起码你知道他是医生；还有我自己——峰帅，你觉得我"长得帅"也好，认为我是个"统帅"也好，都没关系，说明这个名字已经自己在对你说话了。这一点非常重要，因为随着社交名字的持续使用，它自带的这种"表情"会被不断地加强，直到深入人心。

第二个"要"：你的社交名字最好要抑扬顿挫、朗朗上口。

这一点很好理解，朗朗上口的名字更有利于传播、更容易被记住，这属于认知心理学层面的定论。但问题是怎么做到呢？告诉你一个非常简单的秘诀，就是你名字里的声调，最好平声和仄声相穿插、相结合，也就是既要有一声或者二声这样的平声字，也要有三声或者四声这样的仄声字，然后把它们组合，抑扬顿挫的感觉就出来了。

比如，我的"峰帅"两个字，"峰"是一声平声，"帅"是四声仄声，把它们一组合，就有了一种抑扬顿挫的感觉；"云姐"，"云"是二声平声，"姐"是三声仄声，组合起来也有抑扬顿挫的感觉；前面说的"妍教头""数码晓姐姐""富妈妈天语"，也都是有抑扬顿挫感的，所以读起来都很朗朗上口。当然，前提是名字里没有生僻字，否则字都读不出，何来抑扬顿挫、朗朗上口？

但是也有例外，如果你的名字起得实在太有"表情"、太符合第一个"要"了，也可以允许它不那么抑扬顿挫。事实上，即便是我起的名字，也不是个个都抑扬顿挫，比如"丹青杨"，三个字全是平声，但是这个名字太好了，所以也就不强求音律感了。

这里必须郑重提醒你一点：千万不要在你的社交名字里面玩"谐音梗"这种最低级的文字游戏！因为名字、口号、广告语这些文字，在传播中都属于"听觉语言"，而不是"视觉语言"。换句话说，它主要不是让别人看的，而是让别人听的，要追求"入耳即化"。但是"谐音梗"这种东西，你只有在用眼睛看的时候才知道它原来是个谐音,耳朵是听不出谐音的,更不用说"入耳即化"了。这就导致"谐音梗"的名字传到别人耳朵里以后会变味,让人吃不准你到底叫什么名字,所以要坚决杜绝。

第三个"要":你的社交名字要有画面感。

什么?名字怎么会有画面感呢?

当然会!而且我还为你总结了两种一定会让社交名字产生画面感的方法。

第一个方法是:制造冲突感。

有时候你可以在社交名字上玩"性别错位"或者"年龄错位",比如,女性可以叫"意公子""徐公子""公子丹",或者叫"龙哥""香帅"这些明显带有男性色彩的名字;反过来,男性也不妨叫"姐姐",或者你明明很年轻,却叫"飞娘子""陈星爷""猫叔"……这些名字一听都很有画面感,因为它们跟本人形成了一种强烈的冲突感。

第二个方法是:制造"萌萌哒"。

比如,"一禅小和尚""爱米粒""叮咚""交交",这些名字都属于"萌萌哒"类型,都非常有"表情",其中我的学员交交的名字还带有"成交"的联想(见图25-2),也就是符合第一个"要"。甚至如果你长得比较粗犷、比较豪放,起一个"萌萌哒"的名字,也会形成一种冲突感。

以上就是起一个令人过目不忘并且价值万金的社交名字应当遵守的"三不要"和"三要",你不妨对照这六点,检验一下自己是否已经拥有了一个价值万金的社交名字,或者替你身边的朋友检验一下社交名字。甚至如果你有信心,还可以用我教你的方

图25-2

法，去为别人做收费诊断或者收费起名。

但是如果你的社交名字不符合以上要求，又不能改或者不想改，应该怎么办呢？老实说，这种情况在我的学员中非常多。比如"柳晓红""艺芸""王姐""心怡""新彪"……这些名字你一听就知道，显然都没到"万金"的程度，甚至可以说平平无奇，放在一堆人名中，一秒钟就被淹没了。这时候最好的办法就是，写一句令人过目难忘、价值万金的品牌口号，来弥补名字本身的不足。比如前面所举的那些平平无奇的学员名字，当我分别为他们写了一句独一无二的品牌口号以后（见图 25-3、25-4、25-5），名字上的不足影响就很小了，因为口号已经帮他们传达了一切。

关于如何写一句价值万金的口号，我会在本模块的最后一章，也就是第 35 章，专门地来教你，你不妨期待一下。

图 25-3　　　　　　　　图 25-4　　　　　　　　图 25-5

第 26 章
怎么撰写"个人标签",让用户迅速建立信赖感?

这一章我们要探讨一个看起来非常不起眼,但是又非常重要,几乎每一位职场人和创业人都要用到的文案技法,就是怎么写你的"个人标签"。

之所以说它不起眼,是因为个人标签通常只不过是你在发名片或者给人发送个人简介的时候,放在你名字边上的一个小小的备注。

而之所以又说它非常重要,是因为这世上除了极少数的人不需要写个人标签,一般人都需要。

比如,老舍的名片上只有两个字:老舍。还有李敖,他的名片上也只有两个字:李敖。我相信刘德华的名片上(如果他有名片的话)即便什么标签都不写,就写"刘德华"三个字,也没有人不知道他是谁。但他们是老舍、是李敖、是刘德华,而一般人在社交和做生意时,基本上都需要一个甚至多个标签,因为你需要通过这些简洁的标签来让人们认识你,知道你是干吗的。而你的这些个人标签,很有可能在一秒钟之内决定了别人是否信赖你、是否想链接你,或者跟你合作。

再比如,我有一个朋友,她有一次想把我推荐给她的大客户,希望我们能产生合作。于是她问我:"我应该怎么样跟他介绍你呢?"我说:"你就跟他说'峰帅是一个 23 年的实战型营销专家'就够了。"你看,就这么一个简单的标签,其实就能迅速建立起你在别人心中的信赖感。

但是写这样的个人标签究竟有什么诀窍?其中隐藏了哪些共性的规则呢?

我们先来看一个就在我们身边的小案例。

个人标签文案的三个"常见病"

我的学员镜子姐是一名心理咨询师，我曾经为她度身定制了一句个人品牌口号，叫"遇上镜子姐，爱上新世界"。你一听应该就能明白，心理咨询师所做的，自然就是让人摆脱某些心理问题，重新爱上这个世界。但是在镜子姐的个人宣传海报上，仍然需要打上她自己的标签。镜子姐在最开始是这样写自己的个人标签文案的：

国家认证婚姻家庭咨询师

中国教育学会儿童心智成长指导师

美国名校整合心理咨询专业证书

一对一解决问题　成功案例 1500+

当时我在看了她的文案以后，给了她几句非常关键的评语。

第一句评语是：你想说的话、想表达的信息点太多了，以至于别人看了你的这几个标签以后，几乎什么也记不住。

这一点其实跟我有些客户所犯的毛病是一样的，就是在广告中什么都想说，恨不得把自己所有的长处都放进去。但是这世上只有两种人才会把自己的标签写得特别长：第一种是小白，刚刚从学校里走出来，还是一个菜鸟，因为什么都不懂，所以恨不得在简历上、在自己的个人标签上，写上很多很多零零碎碎的实习经历，连端盘子、摆地摊都会写上去；第二种就是骗子，自己本身啥也没有，甚至很有可能获得的很多证书都是买来的，于是他就会在自己的名片和简介上写上满满的头衔，来证明自己有多牛。而真正有真才实学的人，个人标签往往只有那么寥寥几行字，甚至只有一行字。

第二句评语是：作为一个心理咨询师，你的这些标签并没有让我看出你跟别的心理咨询师有什么不同之处。

没错，她的确罗列了很多专业背景和职业证书，但是这些背景和证书，一般人根本不了解，这就意味着罗列这些是白费功夫。

第三句评语是：你的这些标签说明你或许真的很牛，但是我在第一时间并没有看出你跟我有什么关系，以及你能为我解决什么问题。

要相信一个事实：在你的世界里，最能被你记住的一种人，就是对你可能有用、你可能会需要的人，因为人心都是自私的。

所以像镜子姐这样的个人标签文案，乍一看似乎没什么问题，事实上却无法让人迅速产生信赖感，而这恰恰是大多数人写个人标签文案的通病。

那么你的个人标签如果要迅速让用户建立起信赖感，应该怎么做呢？

秘诀就是，个人标签里必须包含三个"量"：分量、能量和数量。

写好个人标签文案的"分量"

所谓分量，就是你的个人标签里一定要有一个最核心的角色和身份，或者一个公认的专业背书。

这种角色、身份和背书，有时候你可以使用客观存在的事实，比如说，你是作家协会会员、是某高校的教授、是某著名企业的特聘专家……总之一定得是公认的、有分量的背书。

但并不是所有人都拥有这样的资历，如果你的专业背书还不够广为人知、不够公认，怎么办呢？这时候你就一定要提炼出一个让人"不明觉厉"的角色和身份。比如，我的学员麦子老师有一个标签是"决定力践行导师"（见图26-1），这虽然并不是一个公认的头衔，提炼出来以后，却会达到一种让人"一看就懂，觉得厉害"的效果。

写好个人标签文案的"能量"

所谓能量，就是你的个人标签里一定要有一个对他人有用的核心价值，让人感受到你能为他解决的核心

图26-1

问题是什么。

这一点是最重要的，它意味着你的标签让人觉得"跟我有关"，而不是"关我何事"。而所谓"跟我有关"，无非就是让人觉得你对他有用、你能给他能量。

这里面又分两种情况：

一种情况是，你可以在标签中融入相对比较宽泛的价值和能量。比如我有一条标签是"生意增长赋能专家"，再比如我的学员陈剑有一条标签是"辅导员背后的辅导员"（见图26-2），这些都属于比较宽泛的能量，虽然没有讲得更具体，但是会让人感觉很厉害的样子。

另一种情况是，你可以在标签里融入明确、精准的价值和能量。比如前面举例的麦子老师，他有一个标签是"资深戒烟导师"，沙拉园长的其中一个标签是"海外幼儿中文启蒙领路人"，都传达出了非常明确的价值和能量。

但无论你使用宽泛的还是精准的能量标签，都一定要避免一个误区，就是你的标签只说出了一种"状态"，而没有说出一种"结果"。

图 26-2　　　　　　　　图 26-3

比如，我们现在经常会看到有些人的标签是"天赋解读师""复盘教练""短视频内容导师"等，这些标签乍一看似乎没什么问题，其实已经进入了一个误区，就是它们并没有真正说出这些人到底能给人什么能量、到底能解决什么问题。"天赋解读师"解读了以后又能怎么样呢？"复盘教练"复盘了以后又有什么用呢？"短视频内容导师"指导的内容跟别的老师又有什么不同呢？所以类似这样的个人标签，都需要做进一步的深化提炼。

这就是写好个人标签的第二个"量"，要在你的个人标签中注入能量，让用户看了你的标签以后能够"看见价值，觉得有用"。

写好个人标签文案的"数量"

所谓数量，就是你的标签里要有能够体现你成就的、具有"证言"意义的数据。

事实胜于雄辩，数据其实就约等于事实。所以你要想办法在你的个人标签中放入一个恰如其分的重要数据，这样往往能够迅速地让人对你增加信赖感。

写出这样的数据性标签，我们常见的有效方法有两种：

第一种方法是用年份数据，来突出自己有很高的专业度。比如，我的学员丹青杨有一个标签是"10年少儿原创绘画教育"，会让人觉得她在少儿绘画这一领域的教育经验很丰富。我也有一个几乎会一直使用的标签，就是"23年实战营销人"，而且前面的年份数据每过一年都会增加，同样是为了突显自己的专业度。

第二种有效的方法，是用案例的数量来突出自己有很高的用户信赖度。

比如，数码晓姐姐的另一个标签是"服务用户5000+"，作为一个数码产品和服务领域的创业者，这个数量标签已经非常能说明问题了。再比如，我的一个开软装公司的学员心怡，她的标签之一是"已打造300+家庭心仪软装"，同时另一个标签是"已打造100+心仪大型公装"，也就是说家庭软装、大型公装都有了很可观的案例数量，这样的软装公司及其创始人当然值得信赖。

但是不知道你有没有注意到，我前面说了四个字，叫"恰如其分"。我想要提醒你的是，有两种数据你最好不要用在你的标签里：

一种是太小的数据。比如，你说自己服务过十来个用户，这个数量就太少了，甚至连做样本都不够，所以这样的数据是不太具有信服力的。

另一种数据其实是一个普遍的误解和误用，就是很多人经常会说自己赚了多少钱、日入多少金，显得很厉害、很值得学习的样子。但是我想请你尽量不要在你的标签里使用这样的数据，因为从人类正常的心理层面而言，这样的数据更多会引起别人的质疑、嫉妒甚至焦虑，而不是信赖。

可以这么说，我们在个人标签中使用数据的本质，其实是要强调自己到底有多丰富的经验、到底帮别人解决了多少问题，而不是为了显示自己有多牛。这才是我们使用数量标签的目的，也就是让人觉得"恰如其分，感觉靠谱"。

以上就是我要跟你分享的在撰写自己的个人标签时，如果希望迅速建立起别人的信赖感，必须包含的三个"量"：分量、能量和数量。它们分别代表了一个角色、一个价值和一个数据。

那么下面我们再来检验一下，镜子姐后来经过我的指导以后，写出来的 2.0 版个人标签（见图 26-4）：

第一个标签是"心理咨询导师"，这是一个角色，也就是"分量标签"；

第二个标签是"已为 100+ 家精英家庭心理护航"，这是一个数据，也就是"数量标签"；

第三个标签是"结果导向，内心安宁，夫妻和睦，儿女成才"，看起来比较长，但是明确地传达了她能带给别人的价值和结果，也就是"能量标签"。

所以你看，经过这样有章法的调整以后，镜子姐的个人标签不但变得简单好懂，而且更加让人有信赖感。

在这一章的最后，我还要跟你再分享一个在我的商业咨询案例中具有"样板房"性质的个人标签范本，她就是做升学教育的王姐。我为她写过一句口号，叫"升学找王姐，孩子做人杰"，这既是一句个人品牌口号，又是一句非常具有转化力的产品品牌口号，因为她的教育品牌就叫"王姐升学"。她的个人标签是这样写的（见图 26-5）：

第一个标签是"中国智慧工程研究会升学项目首席专家"，这既是一个角色，也是一个过硬的行业背书；

第二个标签是"已帮全国 10000+ 学员成功升学"，这既是她的价值，又是一个数据；

图26-4　　　　　　　　图26-5

所以我说，像王姐这样的个人标签，是能够迅速让用户建立信赖感的"样板房"性质的个人标签范本。

第 27 章
怎么写好"个人商业简介",让它无限接近于钱?

看到这一章的题目,你心里可能会觉得有点奇怪:"这明明是一门文案课,为什么还要教我怎么去写一份个人简介呢?"

个人简介这样东西,相信我们几乎每个人都看到过,自己也都写过,但是很少会有人把它跟写文案联系起来。因为它虽然是写给别人看的,但是在我们的潜意识里,多少还是认为它是一种相对"私人"的东西,只有在一些特定的情况下才会把它拿出来。所以我们通常也会认为,写个人简介算不上一种必要的技能。

但如果我说,请你现在立刻拿一份个人商业简介出来!

我相信没有几个人能够立马拿得出来。

有没有必要写好个人商业简介?

那么,撰写个人商业简介有必要当成文案写作技能来好好地来学一学吗?我可以很明确地告诉你:非常有必要!

原因有这么几个:

第一,我这里要讲的不是个人简历、不是个人生活履历,而是"个人商业简介",既然是商业的,那就一定跟赚钱有关了。而我这本《文案收银机》,归根到底也无非是为了让你通过写好文案,获取更多收益,所以撰写个人商业简介完全有必要在这里好好地学一学。

第二,你以前可能觉得个人商业简介没那么重要,但如果我问你,你觉得产品简介重要不重要?你一定会觉得重要。我再问你,企业简介重要不重要?你一定也觉得很重要。而我不止一次讲过,一个人在很大程度上其实就相当于一个产品，甚至也相当于一家企业。从这个层面说，个人商业简介就约等于产品简介，也约等于企业简介，所以完全有必要好好地学一学。

第三，这么多年以来，我发现真的不是所有人都能写出一份有效的个人商业简介。你现在不妨想一想：假如你已经有一份个人商业简介，或者准备写一份个人商业简介，你觉得它能不能为你的事业很好地"助攻"呢？或者说，你觉得它能不能在生意中成为你的"代言人"呢？事实上很多时候甚至会适得其反：本来别人还挺想跟你合作的，但是看了你的个人商业简介以后，反而不想跟你合作了。这种情况在跟个人做生意的时候经常会遇到，而在跟企业做生意的时候，比如参加某个项目的竞标时，更是经常会遇到，所以撰写个人商业简介还是有必要在这里好好地学一学的。

无效个人商业简介的三个毛病

那为什么你曾经看到的或者写过的那些个人商业简介，没有发挥出比较好的商业效果呢？

原因很简单，就是在写简介的时候犯了三个毛病。

第一个毛病是：只顾着自己，却忘了用户。

你往往会下意识地觉得，反正这是你自己的个人简介，所以你在写它的时候，心里很自然地就会只装着自己，却忘了这份简介到底是写给谁看的。

那么简介到底是写给谁看的呢？当然是写给你的目标用户看的。所以在这一点上，你写一份个人商业简介，跟写其他商业文案是一模一样的，也就是你的心里首先要有一个对象，那个对象就是你的目标用户。

第二个毛病是：只顾着展示，却忘了目的。

如果我问你写个人商业简介的目的是什么，你可能会说出很多冠冕堂皇的目的来，比如让别人来了解你、来链接你，你可能还会说是为了让人看了你的简介以后能够认识你、认可你、认准你。这些目的我认为都对，但是也都不对。

事实上我们之所以要写一份优秀的个人商业简介，真正的目的是让它自己会赚钱，或者让它无限接近于钱。可是你在实际写简介的时候，往往只顾着挖空心思地在简介里展示自己、秀自己，恨不得把自己的七十二般变化都写进去，在整个撰写过程中，却始终忘了问自己一句：我写的这些跟用户有关系吗？是用户所关心的吗？这才是衡量一份个人商业简介能否无限接近于钱的一个本质问题，当然也是我们写一切文案的本质问题。

第三个毛病是：只顾着啰唆，却忘了变现。

这一点跟前面说的第二点有所不同。前面说的是我们写个人商业简介是"为了"赚钱，这里的意思是，你在简介里不要只顾着展示自己，而是要直接"叫卖"。但是大部分人的简介写了好多页，最后连半个"钱"字也没看到。

你可能会有所疑惑："为什么在个人商业简介里还要提钱呢？"因为你不提钱，别人对你也就不会有钱的概念。也就是说，即便他在有需要的时候，也很难想起应该花钱去找到你消费。

无限接近于钱的个人商业简介

那么一份有效的、无限接近于钱的个人商业简介，应该长成什么样呢？

关于这一点，我有一个非常简单的衡量标准，就是当你有了一份个人商业简介以后，你永远不需要再回答别人向你提出的类似这样一些问题："你是做什么的呀？""你什么时候有空，咱们聊一聊，看看有什么地方可以合作的？""我有个项目想找你做，你收费贵吗？"你看，这些问题你听起来是不是挺耳熟？这些无聊的问题，如果你的个人商业简介都能够在最短的时间内替你解决掉，那么你的简介就是一份有效的、无限接近于钱的个人商业简介。

我为你展示了一个范本（见图 27-1），是我 2023 年上半年的一份个人商业简介，只有一张图片。

从这份简介里你可以看到：最先跳到你眼睛里的是我的一句个人品牌口号以及我的照片，然后是我的几项个人标签；接着我写了一些跟我的职业有关的背景、我做过什么事，以及我有什么能力；后面我列出了我近年的一些重要产品；最后列出的是我的核心产品和服务的价格。

这样一份个人商业简介，乍一看平平无奇，但事实证明，你看一眼就会心动，再多看一眼就想跟我产生链接，甚至会想找我做事，而且也的确有很多人因为看了这份简介而来找我。反过来说，如果你看了我的这份简介，暂时还没有找我，那一定是因为我暂时对你来说太贵了，或者你压根不是我的目标用户，只有这两个原因。

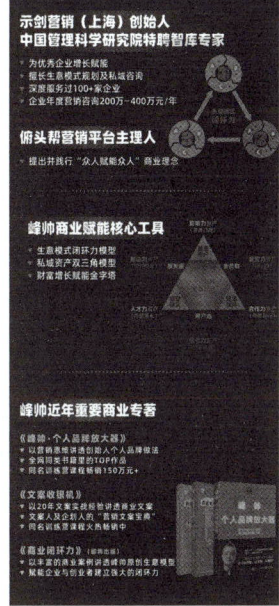

图 27-1

那么问题来了，为什么这份个人商业简介会让人感到心动呢？因为它具备了一般简介不具备的三个特点。

第一个特点：我是像写诗一样去写它的。

你可以看到，这份简介从头到尾全都是一个一个的短句，全都是从沙子里淘出来的金子，可以说没有一句废话，甚至你都看不到一个完整的段落。因为我在写这份简介的时候，始终有一个限制：凡是让别人看到的信息，都是他"应该看到"的。也就是说，与重点无关的信息，即便能反映出我有多厉害，也不会出现在这份简介当中。这就像我们之所以会记住一首诗，也是因为这首诗不会浪费一个字去占用你的注意力。所以，我们如果像写诗一样去撰写和整理我们的个人商业简介，就可以最大限度地占领用户的注意力。

第二个特点：我在写它的时候，假装用户就坐在我的面前。

正如我反反复复强调的，不要自言自语，不要自嗨。我始终不会忘记这份简介是写给用户看的，就好像我面对面地在跟用户对话，在一个个地回答他所提出来的问题，而且是他最关心的问题。所以，如果你也能够始终假装用户就坐在你的面前，你的简介就永远不会偏离我前面所说的那个最重要的目的，也会让你的简介更加接近于钱。

第三个特点：谈钱不伤感情。

这里我先插一句题外话：假如我们把求职简历也看成个人商业简介的话，坦白说，这么多年以来我最喜欢看的简历，就是会把自己"值多少钱"写得清清楚楚的那些简历，比如写清基本工资必须是多少、希望提成怎么拿、奖金怎么发等。因为这样的简历能够让我在面试之前就能很容易地衡量，这个人到底值不值这些钱，以及我能不能请得起他。

那么相应地，写个人商业简介的时候也一样，一定要让用户知道：如果要找你，应该准备多少钱。这样一来，他也会很容易就能衡量到底有没有必要来找你，以及能不能找得起你。所以请记住，在个人商业简介中把"钱"说清楚，你的简介也会更加接近于钱、更有利于赚钱。

有效个人商业简介撰写公式

那么像这样的一份自己会讲话、自己会赚钱的个人商业简介，到底应该如何布局、如何撰写呢？能不能给出一个通用的撰写方法呢？

当然能！在这一点上我从来都没有让你失望过。

所以下面我照例要给你一个撰写有效个人商业简介的公式：

离钱最近的个人商业简介 = 海报 + 价值 + 产品 + 报价

如果我把这个公式说得再具体一点、再精确一点，那就是：离钱最近的个人商业简介 = 带着口号的海报 + 拿得出手的价值 + 懂你需求的产品 + 对号入座的报价。

接下来我为你分别解析一下这里面的四个要素。

第一个要素：带着口号的海报。

你可以看到，我示范的这一份个人商业简介，其实它的开头部分是一张完整的海报，它其实是可以拆开来单独使用的。在这张海报里，你会看到三个最核心的元素，就是口号、标签和标准照。

你一定要引起重视的是，在你的简介海报中，一定要有一句大大的个人品牌口号，或者叫变现口号，因为口号可以说是"简介中的简介"。比如，我的这一句口号——"生意增长，就找峰帅"，当它大大地出现在我的简介海报中时，即便你从来都不认识我，我的口号都会告诉你：峰帅是谁，峰帅对你能有什么价值。

所以我一再强调，一句优秀的个人口号，是可以让你持续变现、管用十年的。如果你的简介中没有一句这样的口号，那就是最大的资源浪费。

再来看标签。在上一章里我详细地讲过，精心提炼你的个人标签极其重要，它可以让人在几秒钟之内就对你产生一种信赖感。但是，个人标签出现在简介里的时候，不要多，也不要少，三项最好。至于是哪三项，以及如何提炼，建议你再好好复习一下第 26 章。

下面我们再来看一下海报里的标准照。你一定要请一位专业摄影师，帮你拍一组能够体现你的职业、气质和个性的标准照，然后你至少在一个阶段内，比如半年内、一年内或者三年内，有一两张特定的照片是固定使用、不会轻易更换的，即便你要更换照片，也要保持一致的风格，千万不要一会儿是正装风，一会儿又是嬉皮士风。比如我简介里的照片，即便我有时候会替换使用不同的标准照，它们也都是统一的风格，而不会让你产生一种"串戏"的感觉。请注意，口号和标准照，都是你在生意场上最重要的品牌资产，所以你需要在个人商业简介的一开始就给人留下深刻的印象。

除了上面这三项，在你的简介海报里，还需要出现你的双域二维码。所谓双域，当然就是你的公域和私域了。私域二维码，就是你的微信二维码。而公域二维码，你要把你最重要的那个自媒体号的二维码放上去，视频号、小红书、抖音或者公众号都可以。为什么一定要放上你的自媒体号呢？因为它是现在最强劲的一张社交名片，可以向那些对你有兴趣的人展示你的内容创作，从而让他们能够马上进一步地了解一个活生生的你，而不需要像传统时代那样，只有等到见了你才能了解你。

除了这些，如果你有自己的百度百科词条，也应该把检索词放在海报的醒目位置。在很多年前就有读者帮我建立了百度百科词条，而这两年因为做个人品牌，我自己也请人重新优化了一下词条内容。这其实是一个很不起眼但是有时候挺有用的辅助工具，尤其是对那些对你完全陌生的人来说，他们会自己上百度去搜一下你，这时候百度百科就会起到第一轮介绍你的作用。

第二个要素：拿得出手的价值。

一份个人商业简介如果要最大限度地接近于钱，最本质的一点仍然是要让人能够一目了然地看到：你到底能给我提供什么价值。

很多人把一份无效的个人商业简介归咎于写得太长了、内容太多了，这的确是原因之一，但我认为这绝对不是最致命的原因。不得不承认，我们每个人在骨子里都是自私的，我们都更关心跟自己有关的东西，如果你的简介里写的东西跟用户无关，那才是真正导致你的简介没有效果、没有用处的最大原因。所以，你在个人商业简介里一定要迅速把你的价值告诉别人。

告诉别人哪些东西呢？

第一是你的资历。也就是，你到底是何方神圣，你最主要的职业背景是什么，这些都要尽快出现。但是请注意，在写到你的资历和背景时，你一定要精挑细选，最好只写一到两条，最多不要超过三条。

比如，在我的简介里，我写了最重要也是最客观的一条："示剑营销（上海）创始人"。然后我加了一条次重要的信息来对它进行加持，就是"中国管理科学研究院特聘智库专家"。在下一栏里，我又写了一条"俯头帮营销平台主理人"，事实上这一条可写可不写，但是因为它关乎我提出的一个很重要的商业理念，叫"众人赋能众人"，所以我把它给加了进去。

第二是你的本事和你取得的成果。也就是你到底做过什么厉害的事，以及你能为别人做什么。这一点也要精挑细选，写你最重要、最核心的那些本事以及成果。

比如，在我的个人商业简介里，客观地说，我能写文案、能讲课、能做培训，但是我要把这些都写上去吗？没有，我只写了最核心的一条，就是"为优秀企业增长赋能"。换句话说，我最主要的本事就是围绕着"如何让生意持续增长"这个最核心的问题给企业做咨询。而后面的三条，"擅长生意模式规划及私域咨询""深度服务过100+家企业""企业年度营销咨询200万～400万元/年"，其实都是对第一条的补充，是为了强化我在营销咨询上的真实能力和成果。而之所以我只重点写了这一条，说明我在写简介的时候，心里时刻都没有忘记我最重要的目标用户就是那些企业大客户。

所以在你的简介中，也一定要向最重要的对象去展示你的本事和成果。反过来，如果你想在简介里兼顾所有用户，也可能会失去所有用户。

第三就是你的方法论。你凭啥说自己这么厉害？你是靠什么取得这些成果的？你在自己的这片领域里干了这么久、干得这么深，请问你的方法到底是什么？你应该给你的目标用户总结出来你的方法，而且最好是形成了工具的方法。

比如，我在我的个人商业简介里写了三个最重要的商业赋能工具，分别是"生意模式闭环力模型""私域资产双三角模型"和"财富增长赋能金字塔"，它们分别代表了我在生意模式规划、私域经营和财富增长方面的研究结果和心得。除此以外，其实我还总结了很多其他方法工具，但是我都没有写到简介上去，因为这三个工具对于我的 B 端大客户和 C 端用户们都是最重要的东西。我的很多用户都知道，我在做咨询的时候，大思路都是一样的，不一样的地方仅仅在于那些细微处的落地动作。那为什么我可以在大思路上始终做到统一而不杂乱呢？就是因为我有自己的这些方法、工具，所以我把它们体现在个人商业简介上，用来告诉潜在用户：我的专业能力和成果是从哪里来的。

到这里为止你已经看到，在我的个人商业简介里，我只用了简简单单几行字，就把自己能够提供的价值，以及这些价值背后的支撑点，都呈现得清清楚楚。

第三个要素：懂你需求的产品。

毫无疑问，我们每个人都有自己的不同产品，无论是实体的还是虚拟的。当你在个人商业简介上列出你的产品时，必须通过严格的筛选，把最主要的产品推给最需要的人，而不要眉毛胡子一把抓，什么产品都往上堆。

什么叫"懂你需求的产品"？简而言之就是，你的产品清单要像商场里面的导购牌或者餐厅的菜单一样，一定要呈现清楚：有什么产品、对谁有用、有什么用。对于每一款产品，你都要用最简单的文案来讲清楚这三点。

比如，在我的个人商业简介里，对于《峰帅·个人品牌放大器》这个产品，我给它写了一句话："以营销思维讲透创始人个人品牌做法。"你看，什么产品、对谁有用、有什么用，只用了这一句话就讲得清清楚楚，并且我还顺带在下面强调了一下这个产品很受欢迎、卖得很好，但是我说得很"面无表情"、不动声色。

再比如，我在《文案收银机》这个产品下面写了两句话："以 20 余年文案实战经验讲透商业文案。""文案人及企划人的'营销文案宝典'。"你看，什么产品、对谁有用、有什么用，同样讲得很清楚，并且还提了一句"同名训练营课程火热畅销中"，说明我在写简介的时候还没有忘记卖货。

以上是图书著作类产品，对于课程类和咨询类产品也是一样的，你通过我的简介范本可以看到，无论是我最贵的商业咨询，还是最普惠的读书社，我都会有意识地去做到两点：第一，从这个产品的名字开始，就要让人能够大致明白它到底有什么用；第二，在每一个产品里，都简单地说清楚最重要的消费福利是什么，比如送什么礼物、有什么优惠、怎么成为股东等。

通过以上这样分门别类和精练的说明，就可以把用户最需要的产品，以及每个产品能够给用户的核心价值，呈现得简单而又清楚。而且如果你细心一点还会发现，我在每一类产品的背景上，都会放一张代表这类产品的图片，以此来增加产品的权威感和信赖感。

第四个要素：对号入座的报价。

在个人商业简介中谈钱不伤感情，不谈钱就会伤到个人商业简介。你在简介里说了半天，这个好、那个好，它们到底要多少钱呢？所以你必须在你的个人商业简介中，直接给出一份可以让人对号入座、各取所需的简明价目表，让你的目标用户一看就知道：在什么情况下可以找你、找你可以解决什么问题，以及你是怎么收费的。总之，你的个人商业简介要让人看了以后用不着再来私下询问你收费标准，最起码他在具体询问的时候，心中已经大致有数了，因为对大多数人而言，询问价格或多或少还是一件比较尴尬的事情。

比如，在我的个人商业简介里，我把产品价格分成了两种：第一种是一个产品一个价格，我会在每一个重要产品的后面直接明码标价；第二种是，我在简介的最后，会把最核心、最主力的产品单独汇总起来，同样进行明码标价，也就是你看到的"2023年峰帅商业赋能常规收费一览表"。什么是常规收费？当然是指我的主力业务、核心业务的收费。除此以外，还会有一些不在这个范围内的"非常规产品"，例如，你单独请我写文案的收费标准，这时候我得留个余地给你，你可以找我私下洽谈。

好了，通过上面我为你做的详尽解析，我想你越发可以体会到，当你用"离钱最近的个人商业简介 = 带着口号的海报 + 拿得出手的价值 + 懂你需求的产品 + 对号入座的报价"这样一个公式来布局和撰写你的个人商业简介时，它的结构会既清晰又简单，不需要长篇大论，却能让你的简介做到什么都不缺、什么都不多余，正如古人所说："增之一分则太长，减之一分则太短。"

另外很重要的一点是，这样的个人商业简介可以被任何人学习和复制。比如，你学完这一章内容以后，完全可以照着我的简介范本，进行替换和改写，把它变成专属于你的、无限接近于钱的个人商业简介。当然，写完以后不要忘了请一位优秀的设计师，帮你把这份独特的个人商业简介设计美化一下。

用好个人商业简介的三个小贴士

在这一章的最后，关于个人商业简介的运用，我想再给你三个小贴士。

第一个小贴士：你的简介一定要设计成既能合成一张图片，也能拆成几页PPT（演示文稿）的样子。

就像变形金刚一样，每个汽车人都可以单打独斗，但是在特殊情况下，他们互相组合起来，就是一个战斗力更强的巨无霸。

比如我的这份简介，除了你前面所看到的那张长图，其实我还特地做了一份拆解版的PPT（见图27-2、27-3、27-4），这份PPT就是对特定的用户做一对一宣讲时用的。

图 27-2

图 27-3

图 27-4

第二个小贴士：你的简介一定要做到既可以在五分钟内轻松讲完，也能够有料有趣地给人介绍一小时以上。

也就是说，假如时间不宽裕，你可以用最短的时间，借助于你的个人商业简介，向别人说清楚：你是谁、你能提供什么、为什么要找你，以及找你要准备多少钱。而且在这短短的时间里，你还要说得让人心动。假如时间允许，给你一小时、两小时、三小时，你也可以对着你的简介，像讲课一样有趣有料地来介绍自己。

为什么是像讲课一样地介绍自己呢？因为你用这一章所学到的方法做出来的个人商业简介，是有逻辑、有方法、有工具、有产品的，所以原则上当你用它介绍完自己以后，就相当于给对方上了一节课，当然更能够促成生意了。

第三个小贴士：你的简介一定要一次成形、持续迭代。

这个意思再明显不过，就是我们每个人的每一天、每个阶段都在进步，都在更新迭代，所以严格意义上来说，没有一份简介是可以永久使用的，因此你需要阶段性地审视你的简介，不断地优化迭代你的简介。

我个人的习惯是，每过半年至一年，把我的个人商业简介更新一次。但是无论再怎么更新，简介的整体骨架和逻辑必须是一次成形的，需要更新迭代的只是骨架里的血液和肌肉而已。

第 28 章
怎么写好"品牌文案",创造变现势能?

我在第 1 章里就讲过,文案的功能包括而不限于变现,而作为一个文案人,这些功能我们都应该去掌握。比如,文案还有提升品牌地位的作用,让你的品牌在用户心中能够活得更长久;文案还有化解公关危机的作用,让你和你的企业在遇到风险时能够化险为夷;文案还具有制造事件、形成热点的作用,让你的品牌和产品能够引起人们更多的关注。

在我看来,文案其实可以只分为两类:一类约等于我们现在常说的"变现文案",但是我们都知道,没有一种文案是 100% 能够直接变现的,它所起到的作用顶多是"促进销售",所以我称之为"促销文案";第二类文案,我称之为"品牌文案",也就是它不直接卖货,甚至也不是为了促进销售,而是为了给卖货创造更大的势能。所以一个优秀的文案人,这两大类文案的写法都应当努力去掌握。而我前面所说的能够提升品牌地位的文案、能够化解公关危机的文案、能够引起更多关注的文案,其实都属于品牌文案。

比如,"华硕品质,坚若磐石",这句文案卖货了吗?并没有卖货,但是它为华硕的市场销售创造了非常大的势能。再比如"人头马一开,好事自然来",卖货了吗?其实也没有卖货,但是它为人头马的市场销售带来了非常大的势能。

所以甚至可以这样说:什么是品牌文案?品牌文案就是不涉及某一款具体产品,更不涉及具体销售辞令的促销文案。

接下来,我就来详细说说品牌文案的写法。

但是在此之前,先要明确一个问题。

什么时候需要写品牌文案？

仔细想一想，其实需要用到品牌文案的时候非常多。

第一，我在之前专门讲过如何为你个人或者企业起一个"社交名字"，这个社交名字就属于品牌文案。

第二，当你要为一个产品或者企业写一句口号的时候，你也需要品牌文案。

第三，一个品牌创立以后，你需要为它撰写一个打动人的品牌故事，这也是一种品牌文案。

第四，当企业发生一个重要事件的时候，比如某企业做了慈善、某企业开始涉足元宇宙或者人工智能产业的时候，也需要品牌文案的助力。

第五，当产品陈列在商超货架上的时候，货架上也需要呈现出品牌文案。

第六，当你在户外的高炮广告牌、机场的大屏、商场里的各种灯箱以及很多互联网媒体上投放广告时，也经常需要品牌文案。

此外还有很多场景下，品牌文案都必不可少。

前面我说了，品牌文案是为卖货和变现创造势能的，那么到底什么又是"变现势能"或者"卖货势能"呢？

什么是"变现势能"？

这里我要给你一个非常有意思的公式：

$$变现势能 = 记得住你 \times 想得起你 \times 找得到你$$

这个公式很好理解——"记得住你"就是不会忘记你；"想得起你"就是把你放在心里面，当我需要某样东西的时候，首先想到的就是你；但这样还不够，还要能够随时"找得到你"。比如，有些银行的线下网点特别多，想要办理业务的时候，在家附近随便一找就能找到。而反过来，有家餐厅的菜品虽然很好吃，当我想吃的时候，家门口却没有，并不是随时都能找到它，久而久之我就会忘记它。

所以，当你能够在用户心中同时满足"记得住你"和"想得起你"，从而能够持续地激发用户去"找到你"，就说明你的文案为品牌创造的势能是比较大的。

中学的时候学过物理的都知道，势能可以转化成动能。借用势能和动能之间的这种转化关系，如果"记得住你、想得起你、找得到你"是一种势能，那么我们所说的变现和卖货，就可以理解为动能，也就是你把产品给卖出去了。而我们撰写"品牌文案"的目的，就是要把那种势能转化成卖货和变现的动能。

但是其中"找得到你"这一点，事实上更多取决于你的产品通路、产品渠道和传播载体做得怎么样，它不是文案能决定的，所以我这一章讲的品牌文案，主要是解决"记得住你"和"想得起你"这两个层面。比如，你为什么要做个人品牌？还不是为了让人能够记得住你、想得起你吗？再比如，为什么很多企业要在央视的黄金时段投放广告？也是为了让更多人能够记得住和想得起。又比如，为什么很多人现在要天天直播？因为要露脸。为什么我们要天天发朋友圈？因为要刷存在感。这一切动作，都是为了让用户能够记得住和想得起，否则所谓的"变现势能"就无从谈起。换句话说，我们的个人品牌做得越好，我们的变现势能就越大；我们的广告投得越多，我们的变现势能就越大；我们的存在感越强，我们的变现势能也越大。

但是千万记住：在这个过程中，文案对你的"变现势能"起着非常关键的作用。你的品牌文案是否足以在用户心中钉下一颗"语言钉子"，很大程度上会影响到用户能否记得住你、能否想得起你。

如何写出让人"记得住你"又"想得起你"的品牌文案？

关于本章最重要的这个问题，我给你的答案就是：当你在撰写一篇品牌文案的时候，一定要为你的文案拉一个"帮手"过来。这个帮手，我称之为"关联性信息"。

当你的品牌建立以后，尤其是在你的品牌初创的时候，用户记住的其实从来都不是你的品牌，而是你的品牌所连带的那些关联性信息。

什么叫关联性信息？有这么几种情况。

第一种关联性信息，就是用户脑子里原本就已经非常熟悉的事物，你一提到这个事物，他们就会想到你的品牌。

其中最巧妙的一个手法，就是用一个比喻把人们所熟悉的、不需要解释的事物，跟品牌关联起来。比如，农夫山泉说："我们不生产水，我们只是大自然的搬运工。""搬运工"的意思我们非常熟悉，所以把"大自然的搬运工"跟"农夫山泉矿泉水"关联在一起是什么意思也不言而喻，这个比喻又从来没人这样用过，所以后来一说到"大自然的搬运工"，我们就会想到农夫山泉。

第二种关联性信息，是用户心里会觉得非常厉害的事物，当你把它跟你的品牌关联在一起，一提到它，用户也会想到你的品牌。

比如，蒙牛在 2022 年为什么要请谷爱凌做形象代言人？因为那一年谷爱凌火了。再比如，为什么很多品牌的产品包装上会写着"某运动会指定赞助商"？也是因为这个运动会成了热点。所以在文案中有意地用上这种方法，我称之为"合理地傍大款"。

第三种关联性信息，就是用户潜意识中非常向往的事物，当你把这个事物跟你的品牌联系在一起的时候，一提到它，用户也会想到你的品牌。

比如，我前面提到过的"人头马一开，好事自然来"，每个人都希望每天都有好事发生，所以把"好事"跟"人头马"强行关联在一起，久而久之，"人头马"这个品牌和它的内涵就被我们记住了。再比如，几乎所有出差的人都爱干净，但并不是每一家酒店都很干净，所以"爱干净，住汉庭"，把"干净"跟"汉庭酒店"关联在一起，久而久之，一提到"干净"，我们也会想到"汉庭"。

以上就是三种在品牌文案中非常容易被记住以及被想起的"关联性信息"。

下面通过我亲自实践的一些案例，我再来分别介绍，在撰写品牌文案的过程中，具体应该如何引入这三种关联性信息。

如何用一个比喻，把品牌植入用户大脑？

我先来说一说，在写品牌文案的时候，如何用一个人人都非常熟悉、几乎用不着解释的比喻，把你的品牌植入用户的大脑。

我在第 7 章专门讲过"比喻思维"，而在这里我要特别告诉你的是，如何把比喻思维运用到撰写品牌文案中去。我会重点讲到我曾经的老东家华硕电脑，我用了两年多的时间，深度参与了它一切文案的撰写。下面我将用三个案例来为你说明，如何用比喻思维来写品牌文案。

我不止一次地提到过我在 23 岁时写的一句华硕电脑的品牌口号："华硕品质，坚若磐石。"现在我们回过头来再看这句文案，几乎人人都知道什么是磐石，磐石就是稳定，就是坚不可摧。所以把"磐石"跟"华硕电脑"进行这样的深度关联，可以说是华硕对自身产品品质的超强信心和市场宣告，而这句口号到现在还在用。有很多朋友曾经跟我说过，他们用的第一台笔记本电脑就是华硕电脑，当初就是因为这句品牌口号才买的。

除了这句口号，我还为华硕电脑写过一个品牌故事，题目叫《IT史上的"麦哲伦船队"》（见图28-1）。在这篇品牌文案里面，我把华硕电脑从做主板起家一直到做品牌电脑、从中国台湾起步一直发展到中国大陆，乃至走向全球的历程，作了一个贴切的比喻，就是把它比作环游地球的"麦哲伦船队"。这篇文案是华硕在2001年进入中国大陆不久的时候，我为它策划的一本品牌画册的概述，你单从它的标题就可以看到，这是典型的运用比喻思维来撰写的品牌故事。

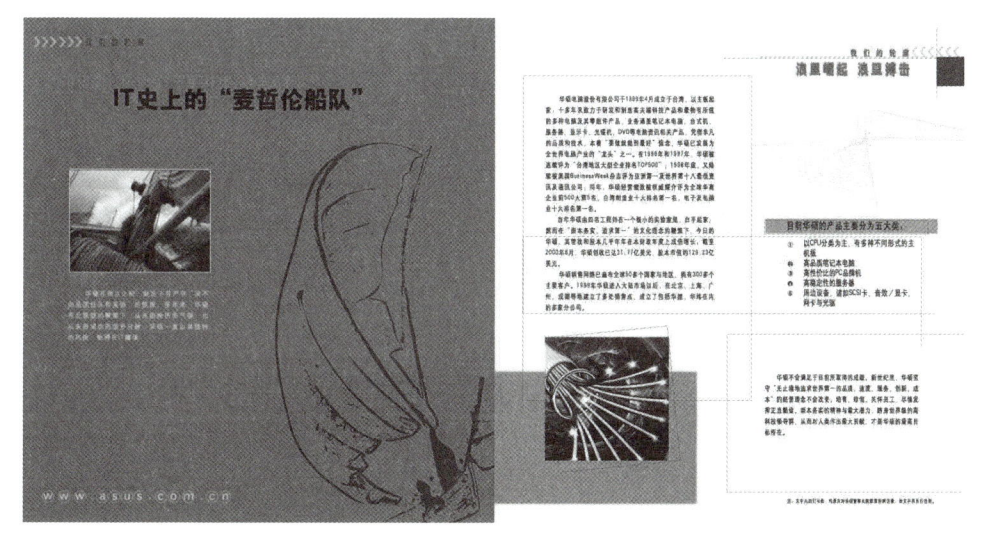

图28-1

下面我想重点跟你讲一讲的是华硕电脑的一个服务品牌，叫"海星服务"。我们知道，在当时那个年头，IT业品牌云集，竞争非常激烈，天下还没有定型，各个品牌之间除了产品竞争，更有服务上的竞争，华硕电脑身在其中当然也不例外。于是它就针对笔记本电脑产品推出了一项"2小时快修服务"：如果你的华硕笔记本出了问题，你将其拿到服务网点来，喝上一杯咖啡，两小时之内就会帮你修好，如果两小时还修不好，直接给你换一台新的。这是一个非常有诚意的服务承诺，而我当时接到的任务就是给这个服务品牌起一个名字，然后撰写一系列的广告文案。

我想了整整三天，最后给它起了一个名字，叫"海星服务"。这个名字在上报我的领导和总部之后，可以说一锤定音。这篇文案呈现在海报上，你一眼看过去，可以看到一个大标题，叫《没有魔力，只有实力》(见图28-2)，正文是这样写的——

它叫海星。
海星的生命力，在于它可以迅速完好如初。
它有魔术般的"自我修复"能力，
这是海星的惊人之处。
不是它真有魔力，
因为它具有自我完善的实力。
当海星一旦受伤，
它体内长期积蓄的各种细胞，
会被一种"活性因子"迅速激活，
并调动其他组织紧密配合起来，
从而神速修复身体任意部位的创伤。

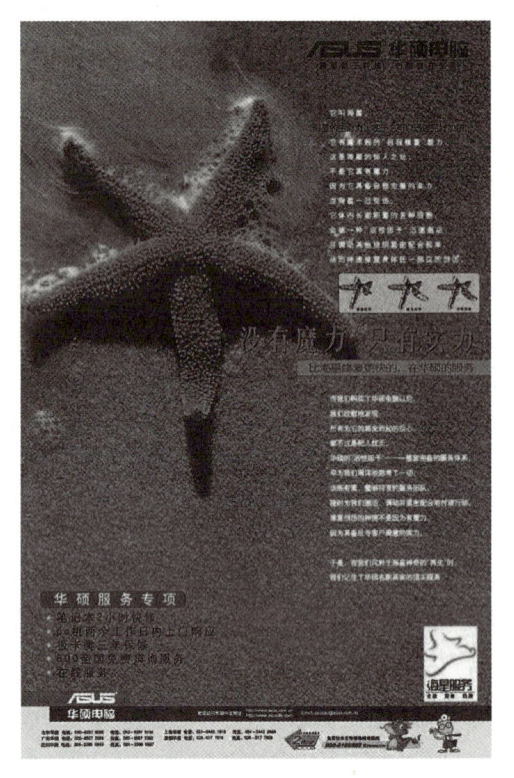

图28-2

没有魔力，只有实力。
比海星修复更快的，在华硕的服务。

当我们购买了华硕电脑以后，
我们欣慰地发现，
所有为它的将来而起的担心，
都不过是杞人忧天。
华硕的"活性因子"——一整套完备的服务体系，
早为我们周详地思考了一切；
训练有素、整装待发的服务团队，
随时为我们激活、调动并紧密配合地付诸行动。

修复创伤的神速不是因为有魔力，
因为具有足令用户满意的实力。

于是，在我们诧异于海星神奇的"再生"时，
我们记住了华硕名副其实的顶尖服务。

在我今天看来，这篇文案本身的遣词造句和内容表述，坦白说写得很不怎么样，但是当我把"海星"这种生物跟华硕的服务关联在一起的时候，就在你心中植入了一个强烈的"记忆符号"。所以当年的很多笔记本用户，尤其是一些发烧友，都知道"海星服务"这个品牌，很多人甚至会因为这个"2小时快修"的服务而选择买一台华硕的笔记本电脑。

以上就是在品牌文案中引入第一种关联性信息的具体做法：用一个人人都非常熟悉的比喻，把你的品牌没有任何征兆地植入用户的大脑。

如何把一件厉害的事融入文案，提升品牌的变现势能？

我们来看一个案例：1998年，宇航员上太空的时候带了笔记本电脑，其中有一台就是华硕的新款A1笔记本。到了2001年，也就是我刚进华硕那一年，宇航员很快就要带着这台A1笔记本归来了，于是就有了下面这篇文案和它的事件海报（见图28-3）——

今天，100000000多人在使用华硕的产品，
其中有1台华硕笔记本电脑不在地球，在遥远的太空，
1998年6月与和平号太空船一起探索太空，无故障运行至今，
不远的某一天，即将圆满完成太空探索，回归地球。
归来时刻，欢庆一刻。

从这篇像大白话一样的文案中可以体会到，我们也许并不清楚在太空的环境下对于一台笔记本电脑的品质要求有多高，但是宇航员带着华硕笔记本上太空这件事，听起来的确会让人觉得非常厉害。

以上就是我最早在华硕时亲手做过的案例：在撰写品牌文案的时候，把一件听起来非常厉害的事情，有机地融入文案中去，从而提升品牌本身的"变现势能"，因为它会大大增加品牌在用户心中的"信服力"。有时候这种"厉害的事情"显而易见，但更多时候，这种"厉害的事情"需要你去挖掘出来，然后用文案去表现出来。

总之，不要平白无故地浪费在你的品牌文案中"合理地傍大款"的机会。

在下一章里，我会继续来为你揭晓：如何有效地调用人们潜意识中非常向往的那些事物来撰写品牌文案，从而提升品牌的变现势能。我会用我撰写的其他品牌文案来告诉你，其实在很多时候，当你确定了品牌文案的撰写方向以后，你的文案将不再一篇一篇、一句一句地出来，而是一串一串地出来的，这时候你就可以轻松地写出我们通常所说的"系列稿"了。

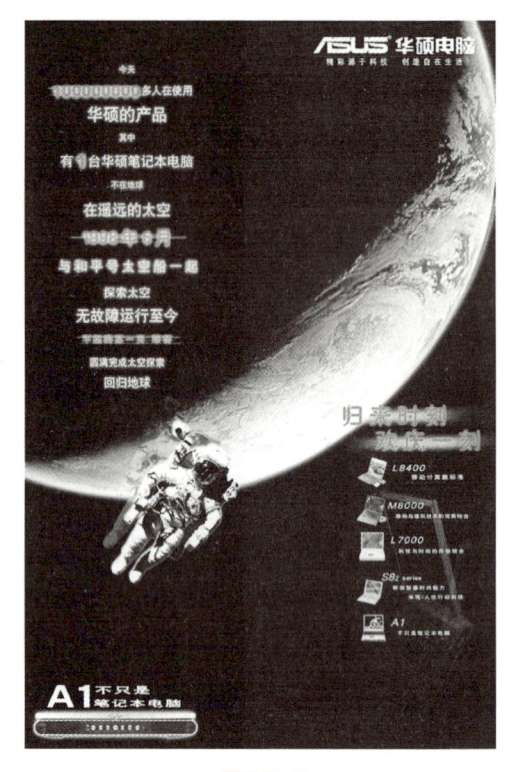

图28-3

第 29 章
怎么写出"惊喜感",让人记得住你又想得起你?

在上一章里,我为你讲了写好品牌文案的其中两个方法:第一个方法是用一个用户非常熟悉的比喻,把你的品牌植入用户的大脑;第二个方法是把一件听起来非常厉害的事情融入品牌文案。这一章我们来学习第三个方法,就是把人们潜意识里非常向往的"美好事物"带入品牌文案,让你所写的文案本身被转发、被传播,从而提升品牌的变现势能。

这里请注意:很多时候,当你确定了一个品牌文案的撰写方向以后,你的文案是可以一串一串"冒"出来的,而不是一篇一篇写出来的。

这话是什么意思呢?

我们先来看一组案例,这个案例来自我的客户兴业消费金融。在 2020 年的时候,我要为兴业消费金融创作一系列在手机端推送的年度节日海报,这套海报总共有几十张,这里我给你展示了其中非常有代表性的八张(见图 29-1、29-2、29-3、29-4、29-5、29-6、29-7、29-8)。很显然,这是一套没有涉及任何具体产品的品牌文案。

你仔细看,在每张海报的左上角都有一句固定广告语,叫"信用立身,以诚相贷",因为兴业消费金融主要是做家用贷的,并且在行业内好评度非常高。然后你再看每张海报的右上角,是我为这一套年度节日海报提炼的一句核心文案,叫"万物融洽,都是因为信与被信"。这句话很好理解:对于消费金融这样一个行业,"信任"和"被信任"的关系可以说非常重要,它甚至直接决定了企业跟用户之间"选择"与"被选择"的关系。于是我索性把这种信任关系给升华了一下,升华到了人与人之间的和谐乃至世间万物的融洽,其实都建立在"信与被信"

的关系之上。

　　理解了这样一个底层逻辑以后,再来撰写这一整套节日海报的文案,思路就变得非常开阔,也非常有意思了。你可以看到,我给每一张海报写的文案都很短,并且都分为上下两截,因为这是一组双屏长海报,也就是当你在手机上点开以后,先看到的是海报的上半部分画面和文案,你看完会忍不住上滑屏幕,这时候才能看到下半部分的画面和文案。

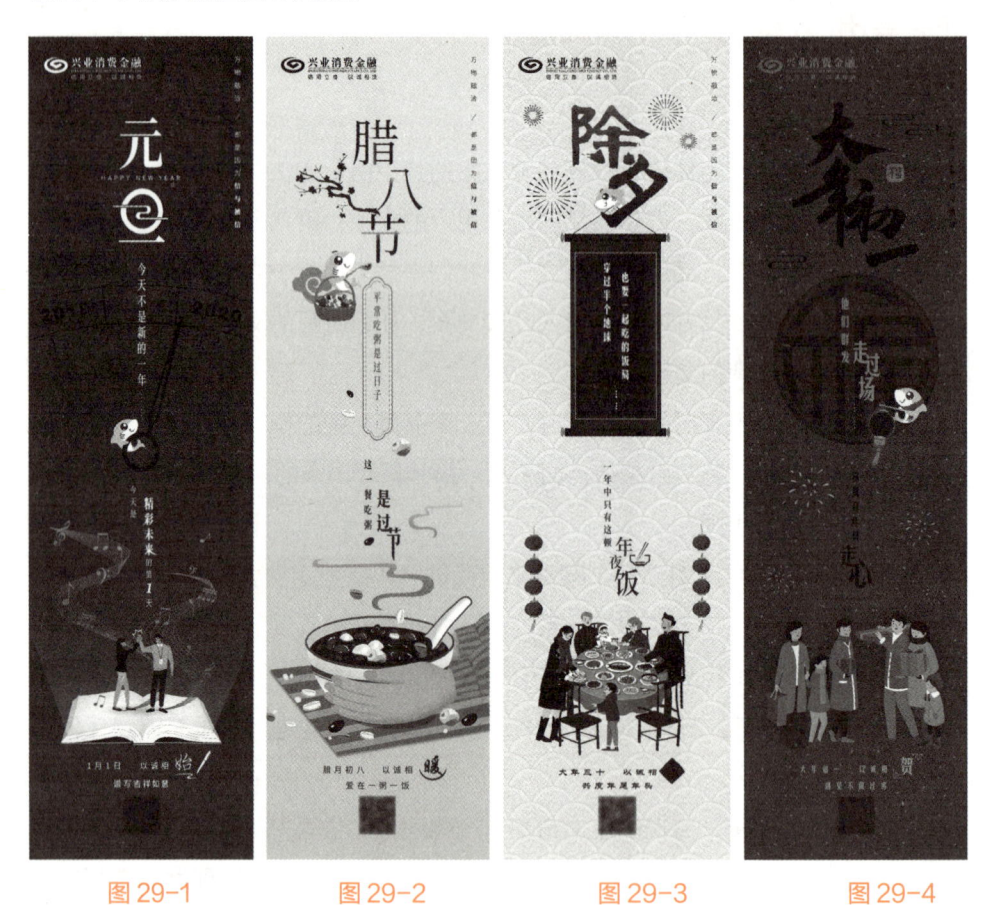

图 29-1　　　　图 29-2　　　　图 29-3　　　　图 29-4

图 29-5 　　　图 29-6 　　　图 29-7 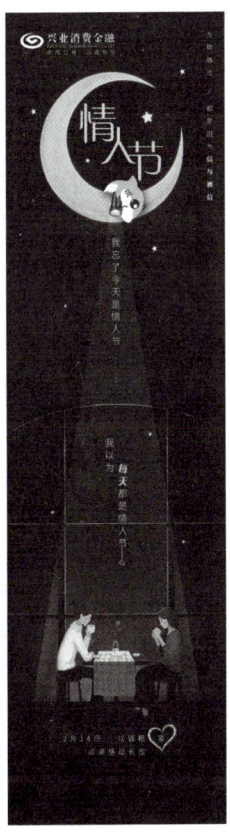　　　图 29-8

一组有"惊喜感"的品牌文案

我们先看元旦那张海报的文案:"今天不是新的一年……今天是精彩未来的第1天!"再往下会看到一行小文案:"1月1日,以诚相始,谱写吉祥如意。"

第二张是腊八节海报,文案是:"平常吃粥是过日子……这一餐吃粥是过节。"小文案是:"腊月初八,以诚相暖,爱在一粥一饭。"

第三张是除夕海报,文案是:"穿过半个地球也要一起吃的饭局……一年中只有这顿年夜饭。"小文案是:"大年三十,以诚相守,共度年尾年头。"

第四张是大年初一的海报,文案是:"他们群发走过场……你我拜年只走心。"小文案是:"大年初一,以诚相贺,遇见不做过客。"

第五张是大年初三的海报,文案是:"悲观者说,长假过去整整一半了!乐观者说，长假还有整整一半呢！"小文案是："大年初三，以诚相看，生活惊喜无限。"

第六张是大年初七的海报，文案是："怕什么'长假综合征'……没什么是一只开工红包不能解决的！"小文案是："正月初七，以诚相启，恭祝开工大吉。"

到了正月十五元宵节，海报文案是："团圆就是……很久不见的人，在一起见很久。"小文案是："正月十五，以诚相聚，家人温馨一叙。"

最后一张是情人节海报，文案是："我忘了今天是情人节……我以为每天都是情人节。"小文案是："2月14日，以诚相爱，点滴感动常在。"

你可能已经注意到了，这套手机端海报有几个特点。

第一个特点是，它们的画面都很美好。因为这组海报都是由设计师一张一张精心手绘出来的，画得很唯美。但是我一贯强调：在商业传播的过程中，如果没有好文案，再美的画面都会变成什么也不是。所以海报最后终究还得看文案。

第二个特点前面说过，这一整套海报的文案全都围绕着一句核心文案而展开，就是那句"万物融洽，都是因为信与被信"。

第三个特点是，每一张海报的每一条文案，我都为它设定了一个场景、传递了一种情感、表达了一种意料之外又情理之中的惊喜感。所谓"意料之外又情理之中的惊喜感"，也就是我一开始就说的人们潜意识里非常向往的某种"美好事物"。正因为有了这些美好的惊喜感，这组海报的文案才会让人觉得回味无穷，甚至有一些文案还会随着品牌一起被传播、传播、再传播。

分析了这样一组案例，我们再回到这一章的主要任务：应该如何借用人们潜意识里非常向往的那些事物，来写好一系列品牌文案，从而提升品牌的"变现势能"呢？

我为你总结了一个"四步法"，只要你遵循这四个步骤去写，你也可以像我一样，一步一步写出精妙而有意思的系列品牌文案来。

写好系列品牌文案的"四步法"

第一步：你要基于一个品牌的核心理念，提炼出一句核心文案，并确认一个具有"无限延展性"的关键词。

比如，兴业消费金融的品牌核心理念是"信用立身，以诚相贷"，那么基于这样一个核心理念，我提炼出了一句具有无限延伸性的核心文案："万物融洽，都是因为信与被信。"这句话里面其实有两个关键词，一个是"万物融洽"，另一个是"信与被信"，这两个关键词都具有很好的延展性，都可以用来做文章，就看你在每一张海报的具体延展中以哪一个关键词为主。你不妨检验一下，在前面所展示的那一系列海报中，我其实主要选择了以"融洽"这个关键词为核心，进行了文案内容的延展。

第二步：你要基于提炼出来的那句核心文案，罗列出尽可能多的场景来，并筛选出最终要使用的场景。

有时候这些场景本来就已经存在了，例如兴业消费金融的节日系列海报，那些节日本身就已经存在了，所以我只需要把它们罗列出来就可以了。但是更多时候，这些文案的场景需要你自己去设定，例如江小白的那些瓶身文案，它的每一条文案其实都代表了一种角色和一种场景，在那种场景下都会产生一种情绪。但是请记住，无论你设定多少个场景，其实都逃不出三类场景：

第一类是生活场景，也就是我们每个人日常的吃喝拉撒、衣食住行这些事情；第二类是事业场景，也就是我们在打工、创业过程中发生的一切；第三类就是家庭场景，在家庭中我们会有亲子互动，有一系列的责任，甚至一系列的矛盾等。你去逐个比对一下就会发现，我写的那套兴业消费金融节日海报文案，也并没有超出这三类场景的范畴。总之，这三类场景为我们设定无限多的文案场景提供了源头活水。

在此基础上，写好系列品牌文案的第三步是：你要基于第二步筛选出来的这些生活、事业和家庭中的不同场景，通过文案来传递出一种最值得向往和期待的"情感"。

什么是情感？其实也只有三种：一种叫亲情，一种叫友情，一种叫爱情。

在兴业消费金融那套节日海报中也不例外，每一张海报、每一个节日的场景，其实都传递出了一种我们所向往或者期待的情感：比如腊八节、除夕、元宵节，文案里传递出来的是一种令人向往的亲情；大年初一、初三、初七这些文案，传递出来的是与同事之间、与朋友之间的一种和谐的友情；而情人节那张海报，传递出来的则是我们司空见惯却又非常稀缺的一种爱情。

所以，你能够想到的每一种情感，都存在一种美好的状态，而那种美好的状态，无论我们是否已经获得，很多时候都会为之向往和期待。这样一种向往和期待，正是你需要在文案中呈现出来、表达出来的。

但是怎么样才能将其表达得非常精确，并且有助于提升品牌的势能呢？换句话说，怎么样把那种"向往和期待"写得让人很想转发、很想传播呢？

这就是写好系列品牌文案的第四步：你要基于那种美好的情感，技巧性地呈现出一种"意料之外、情理之中"的惊喜感。

如果没有让人感觉到那种惊喜感，你的文案一定会缺少魅力、张力和吸引力，它对于品牌势能的提升就起不到什么作用。

那有没有什么方法，可以让你把情感写出惊喜感来呢？

下面我还是以前面那八张节日海报的文案为范本，跟你分享五个非常重要的方法。

把情感写出惊喜感的五个方法

第一种方法，叫对比法。

比如腊八节那一张海报，"平常吃粥是过日子"，这原本是一种平平无奇的情感，谁都知道，但是下半句文案说"这一餐吃粥是过节"，同样喝粥，一个是过日子，一个是过节，这样前后一对比，就产生了一种微妙的戏剧性，会让你忍不住多看几眼。

第二种方法，叫谜语法。

顾名思义，就好像是在你的文案中设了一个谜语。比如除夕那张海报的文案，"穿过半个地球也要一起吃的饭局"，这叫什么？这叫谜面，它会让人不由自主地去想：什么饭局这么金贵，居然穿过半个地球也要吃？然后下半句文案揭晓谜底："一年中只有这顿年夜饭。"这是典型的"意料之外、情理之中"，所以通过谜语法也可以制造一种惊喜感。

第三种方法是我经常使用的方法，叫叠字法。

也就是在你的文案中，你会对其中的两个词、三个词甚至更多的关键词，采用一种叠加出现的方法。比如大年初一那张海报："他们群发走过场……你我拜年只走心。"这里面的"走过场"和"走心"两个词就用了叠字法。再比如腊八节那张海报："平常吃粥是过日子……这一餐吃粥是过节。"这里面的"过日子"和

"过节"，也形成了巧妙的叠字效果，会给人一种诙谐、有趣的惊喜感。

第四种方法，叫悬疑法。

也就是像悬疑剧一样，一开始会提出一个难题或者卡点，让人觉得有点奇怪、有点蒙，不知道怎么回事，但是当你揭示了原因以后，就会让人觉得："原来是这么回事！有点意思！"比如情人节那张节日海报："我忘了今天是情人节……"读了这句话，很多人可能会想：情人节你怎么可以忘呢？忘了以后会有什么后果呢？然后下半句却是："我以为每天都是情人节。"一下子来了个急转弯，变成"撒狗粮"了，于是也会带来一种意想不到的惊喜感。

第五种方法，叫注解法。

也就是你先提出一个概念，然后对这个概念进行一种不同寻常的巧妙诠释和注解。比如元宵节那张海报，上半句文案提出了"团圆"这个概念，紧接着下半句就给出了一个巧妙的注解："团圆就是很久不见的人，在一起见很久。"你看，这么平平常常的一个词，通过这样一种解释，顿时变得无限深情，让人觉得非常有意思。

以上就是我所总结并且经常运用的，把亲情、友情和爱情在文案中传递出惊喜感的五种拿来就能用的方法。

最后我还想顺便提醒你一下：这一章和上一章我们所学习的内容，跟第13章的"不设防文案"有着异曲同工之妙，它们是有互相借鉴意义的，所以我建议你一定要把这三章内容放在一起深入地学习，因为我在这两章所讲的写好品牌文案的三种方法——"比喻思维法""不明觉厉法"以及"意外惊喜法"，如果从文案效果上来看，完全可以称为另一种"不设防文案"。

第 30 章
怎么写好"爆品文案",从产品到内容一路抓人?

什么叫爆品?你可能有自己的解释。我个人最简单直白的解释就是:有可能卖爆的产品,就叫爆品。而这样的产品,往往是你要放到市场上去卖的关键性产品,或者叫主力产品、拳头产品。无论是实物产品还是虚拟产品,无论是日用消费品还是知识产品,也无论是男性产品、女性产品还是婴幼儿产品,都有可能成为你的爆品。而且无论你是个人还是企业,都需要有一款爆品,也应当有一款爆品,因为当你有了一款爆品,它对你其他产品的销售也会产生很大的影响。

比如,当年的 iPod 对于曾经的苹果就是一款爆品;当年的 T18 手机,对于曾经的爱立信也是爆品;还有红烧牛肉面,对统一方便面来说也是爆品。

当然这些都是企业产品。

那么个人有没有这样的案例呢?当然也有,比如,我的《峰帅·个人品牌放大器》和《文案收银机》,对我整个产品线而言,其实都是爆品。

写好爆品文案的两大任务

现在我们回到这一章的核心问题:爆品文案到底应该怎么写呢?

有人可能马上会想到:搞流量啊,只要把流量搞起来了,产品自然就能卖爆了嘛!但问题是,流量又怎么搞呢?你看市场上有那么多人在讲"搞流量",但是又有多少人真正是把流量先搞起来,然后再把产品卖爆的呢?可以说是凤毛麟角。这说明这条路径理论上没有毛病,但是未必对所有人都能通用。除此以外,更多人对于"爆品文案应该怎么写"这个问题其实一头雾水,就像狐狸咬刺猬,根本无从下嘴。

实际上当我们回到问题的本质就会发现,"爆品文案怎么写"这个问题涉及两个任务,第一个任务是怎么让你的产品本身听起来、看起来就像是一个爆品,而不是一个平庸的产品;第二个任务才是怎么样用文案去传播出这种"爆品感"——请重点注意"爆品感"这个词。

一套爆品文案的策划与撰写

接下来我们来看一个我亲手策划并撰写文案的完整案例,这个案例是我曾经为B端客户兴业银行策划的一个爆品全案,并且还是"命题作文"。

兴业银行有一种卡叫"小蜜蜂理财卡"(见图30-1),你可以用这种卡来为老人、孩子、爱人或者其他重要的人存钱,卡面上有一只卡通蜜蜂,整张卡看起来挺可爱的。

图 30-1

兴业银行想基于这种理财卡,推出一款新产品,叫"礼仪存单"。顾名思义就是一款存单,这款存单办理以后也不是给自己的,也是给老人、孩子、爱人等你认为重要的人的:你可以把钱存在那张"小蜜蜂理财卡"里,再把这张存单送给你指定的人,所以叫"礼仪存单",因为中国是个礼仪之邦嘛!

说到这里,你看出其中的营销逻辑了吗?银行想要打造的这款新产品"礼仪存单",其实就是为"小蜜蜂理财卡"而服务的,或者你可以认为它就是"小蜜蜂理财卡"的引流产品。因为假如银行总是硬邦邦地去卖"小蜜蜂理财卡",这叫推销、叫硬销售;而现在通过可以赠送的"礼仪存单"来卖理财卡,这就变成了营销,或者叫软销售。

所以我接到的"命题作文"也就来了:如何为这款"礼仪存单"去做一系列的内容传播物呢?比如海报、银行网点终端里的那些物料,以及短视频……这些内容传播物的策划、文案写作和一系列设计，分别应该怎么开展呢？

我不止一次地说过：文案不存在好不好，只有会不会写。其实设计也一样，商业中的设计也不存在好不好，只有会不会设计。但是应该如何衡量呢？对"礼仪存单"这个项目来说，它首先涉及一个问题，就是这款产品虽然具有一定的"爆品基因"，但是还不具备充分的"爆品相"。就好比一个孩子看起来像是有出息的样子，但是还没有真的有出息。

所以接下来，我就为客户提供了一整套方案，并进行了一系列爆品文案的策划和撰写。

产品重新命名："品牌关联符号"策划。

我的第一个文案任务，就是要对这款产品进行品牌关联符号的策划。这话我说得比较学术，其实就是为产品重新命名。

我给它起了一个新名字，叫"兴业蜜囊礼仪存单"（见图30-2）。加了"蜜囊"两个字，任何人一看就知道：蜜囊当然是跟蜜蜂有关联的。所以在设计这个新名字的时候，我特意让设计师加入了蜜蜂身体的元素。同时，"蜜囊"这个词还跟甜蜜、爱心、关爱这样一些词有关联，可以说非常符合产品本身的属性。

这是关于品牌关联符号的策划，但是光有一个产品的品牌名只是开始，接下来我还要对它进行产品关联符号的策划。

兴业蜜囊礼仪存单

图 30-2

产品属性命名："产品关联符号"策划。

所谓产品关联符号，就是针对不同人群的产品属性命名。

因为这款"礼仪存单"并不是送给同样一群人的，当它面对不同的用户对象时，含义其实是有所不同的，那么这时候最好还能够在名字的属性上有一些小小的区分。前面我通过小蜜蜂已经想到了蜜囊，通过小蜜蜂我还能自然地联想到蜜蜂采蜜、联想到百花。所以这款"礼仪存单"如果要送给不同的人，在设计上完全可以对应不同的花。

问题是主要送给哪些人群、对应哪些花呢？

所以在此之前，我先做了一件非常重要的事，就是把"兴业蜜囊礼仪存单"的细分人群和消费场景，进行了一次"少而穷尽"的划分——注意不是无限划分，是既要少、还要穷尽的划分。于是我为此特地画了一个坐标系（见图30-3），你可以看到：它的横轴就是四大主力用户人群，包括子女群、情侣群、长辈群和挚友群；而纵轴是我给这些不同的人群设定的三类送礼场景，一个叫生命点，一个叫祈福点，一个叫特需点。

	子女群	情侣群	长辈群	挚友群
特需点	留学 创业 结婚 ……	旅游 买房 ……	养老 旅游 同学会 ……	创业 同学会 ……
祈福点	儿童节 春节 圣诞节 ……	情人节 妇女节 圣诞节 ……	重阳节 春节 父亲节、母亲节 ……	光棍节 中秋节 ……
生命点	满月 周岁 升学 ……	初识纪念日 结婚纪念日 ……	祝寿 ……	庆生 婚礼 乔迁 ……

图 30-3

所谓"生命点"，就是我们在整个生命当中，一定会经历的那些重要的时间节点。比如，对子女来说一定会有满月、周岁、升学这些节点，对情侣来说一定会有初识纪念日、结婚纪念日这些节点，对长辈来说会有祝寿等节点，对挚友来说会有庆生、婚礼、乔迁等节点。

第二类场景我称之为"祈福点"，就是对某些人群而言很重要，需要对他们进行祝福的时间节点。比如，子女有儿童节、春节、圣诞节，情侣有情人节、妇女节，老人有重阳节、春节，挚友有光棍节、中秋节等。

还有一类场景，我称之为"特需点"，也就是说并不是每个人都会有需要，但是对相当一群人，他们如果到了这样一个时间节点、在这样一个场景下，会变得特别有需要。比如，对子女来说，有的子女以后会留学、会创业、会结婚；对情侣来说，他们可能需要买房、需要经常旅游；对长辈来说，有的也需要经常旅游、需要参加同学会；对挚友来说，可能需要创业。

于是这样两根坐标轴一交集，就会形成一个"用户消费场景坐标系"，甚至这个坐标系还会影响到产品的研发，所以我们又可以称之为"产品研发对照图"。

那么对照着这样一个坐标系，"礼仪存单"也就自然有了不同属性的对应名字：送子女的这张存单，我就可以叫它"菡萏礼"（菡萏就是荷花的别名）；送爱人的可以叫"玫瑰礼"；送长辈的可以叫"仙客礼"；送挚友的可以叫"百合礼"。而且针对这四类主力人群，还能明确那些重要的送礼场景，比如前面说的"生命点"，还有很多延展的送礼场景，比如"祈福点"和"特需点"。

当我有了针对不同人群的产品属性命名以后，这一套"兴业蜜囊礼仪存单"的产品设计其实也就呼之欲出了（见图30-4）。

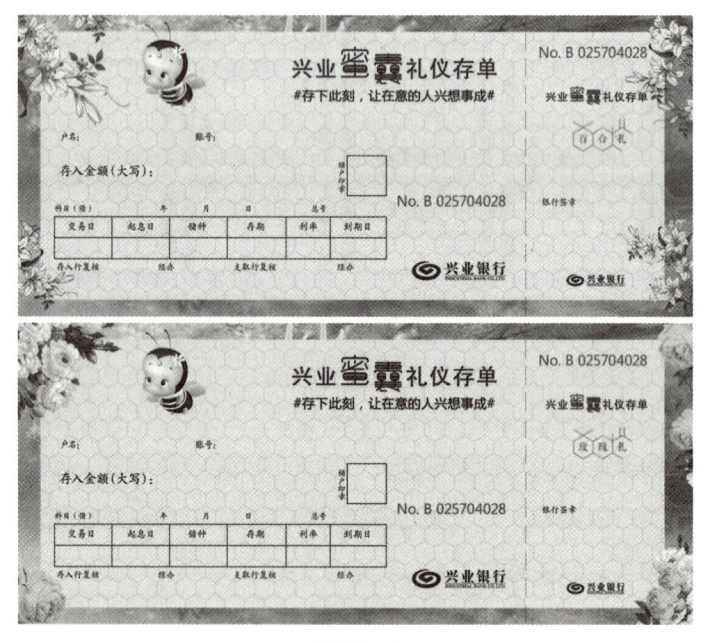

图30-4

你可以看到，针对不同的用户人群，"礼仪存单"上面所对应的花是不同的。而且该产品在银行终端陈列的时候，还巧妙地融入了"蜂巢"的元素，意味着"构筑爱巢"，这又是一个跟小蜜蜂有关联的元素。不仅如此，除了这款"礼仪存单"本身的设计，我还额外为它搭配设计了一个"锦囊伴手礼"，凡是办了"兴业蜜囊礼仪存单"的客户，银行都会送出一份这个礼物（见图30-5）。

图 30-5

到这里为止你可以看到，这款"礼仪存单"已经具备了"爆品相"。但是光有这样的"爆品相"仍然不够，还需要在营销和传播上让用户觉得它有"爆品感"，这也就意味着，这款"礼仪存单"的传播内容，尤其是它的文案，一定要有"爆品感"、要有传播力、要有"病毒性"。

于是对于这款"礼仪存单"，我经过仔细分析，认为需要抓住两个关键点：

第一个关键点是，你其实只有对在意的人才会送礼，除此以外的其他人，你平时都基本不会去送礼，尤其是像"兴业蜜囊礼仪存单"这种爱意满满的礼。

第二个关键点是，对"礼仪存单"这样一个特定产品而言，你把它送给任何人，无论是送子女还是送爱人，是送老人还是送朋友，你为其存的这笔钱，表面看存的是现在，其实你送的是未来，是让其未来去消费的。

所以接下来我的第三个文案任务就是"攻心诉求"的策划，也就是提炼这款产品的传播口号。

传播口号提炼："攻心诉求"策划。

我为它写了一句口号，叫"让在意的人兴想事成"（见图 30-6）。

兴业蜜囊礼仪存单

让在意的人兴想事成

图 30-6

注意，这句口号里正好包含了两个层面的意思，一个是"在意的人"，另一个是让其"心想事成"。应该说，这是一句直抵人心的产品口号。于是接下来我的第四个文案任务就是，基于这句口号，在不同的媒介载体上，针对不同的人群和消费场景，撰写系列性的、具有感染力和说动力的细分爆品文案。

细分文案撰写：不同场景的不同感染力。

在实际运用的时候，我在那句口号前面又加上了四个字，把整句话变成了"存下此刻，让在意的人兴想事成"，这样就呼应了之前所说的"礼仪存单"的关键点——存的是现在，送的是未来。然后围绕着这句话，我先做了四张总海报，文案标题分别是《致子女》《致爱人》《致爸妈》和《致挚友》（见图30-7、30-8、30-9、30-10）。从图中你可以感受到文案与画面结合以后所产生的那种"抓人"的效果，海报文案如下。

致子女

你是上天赐给我的最美好的礼物，而我此生最想送给你的礼物，不是给你留套房子，不是替你找份工作，也不是帮你娶个媳妇儿，而是在成长路上的每一天，都能让你做自己想做的任何事。

#存下此刻，让在意的人兴想事成#

@兴业蜜囊礼仪存单

致爱人

你是上天赐给我的最美好的礼物，而我此生最想送给你的礼物，不是什么派的玫瑰花，不是"双十一"买很多个包包，也不是一年只过一个情人节，而是即便儿女成群了，还能像过去一样每天心怀梦想。

#存下此刻，让在意的人兴想事成#

@兴业蜜囊礼仪存单

致爸妈

你们是上天赐给我的最美好的礼物，而我此生最想送给你们的礼物，不是每年带你们体检一次，不是让你们不要牵挂，也不是逢年过节给你们买一堆吃的穿的，而是让你们年轻时没来得及实现的梦想，现在开始一个个去实现。

#存下此刻，让在意的人兴想事成#

@兴业蜜囊礼仪存单

致挚友

你是上天赐给我的最美好的礼物，而我此生最想送给你的礼物，不是有事的时候随个份子，不是没事的时候吃顿大餐，也不是心情低落的时候听你倾吐，而是在你每一个关键的人生时刻，都留下我最诚挚的祝福。

#存下此刻，让在意的人兴想事成#
@兴业蜜囊礼仪存单

图 30-7

图 30-8

图 30-9

图 30-10

当然，这样一套传播文案还可以用在各种不同的传播载体上，比如户外灯箱、银行终端的陈列区、短视频……而且根据前面所细分出来的"用户消费场景坐标系"，你还可以写出更多成系列但又不雷同的场景性文案，让每一条文案都各自发挥出打动用户的感染力。

以上就是我对兴业银行"礼仪存单"这个全案项目所做的文案策划的主体部分。通过这个案例，你已经看到了一个爆品从无到有被策划出来的全过程，你也应该体会到了我如何从一个被限定的、不可变的概念（小蜜蜂理财卡），延伸出了一整套发散性的、无边界的概念（蜜囊、百花、心想事成等）。这些概念其实都是我二次赋予它的，在此基础上，再用文案和设计把产品的价值感、"爆品感"呈现出来。

那么你最关心的一个问题来了：从这样一个详尽的示范性案例中，你可以学到哪些文案写作实战上的技术点呢？又到底应该如何写好爆品文案呢？

写好爆品文案的路径与公式

通过我前面拆解这个案例的过程，你可以借鉴和复制的爆品文案撰写路径已经展示得非常清晰了，总共有四个要点和步骤。

第一，你一定要给你的产品起一个有爆品相的社交名字，要让人过目难忘。

关于如何起一个优秀的社交名字，我们在第 25 章已经单独学习过了。无论对于个人还是产品，社交名字的命名原理和路径其实都是类似的，所以你可以再去回顾一下那一章的内容。

第二，你一定要根据你的产品属性，对它的用户群体和消费场景进行细分，无论是有形产品还是无形产品。

再次强调：一定要进行"少而穷尽"的细分！通过人群细分和场景细分这一纵一横两根坐标轴，得出你的"用户消费场景坐标系"，从而让你接下来撰写文案再也不会跑偏。

第三，你一定要为你的产品提炼一句直抵人心的口号。

口号是一切文案的灵魂，一句好口号能让从来都不知道你产品的人，看了就想了解它，甚至想消费它。关于如何写一句直抵人心的产品口号，我在第 35 章还会详细告诉你。

第四，针对不同的细分人群和消费场景，并且围绕你所提炼出来的核心诉求（也就是口号），你需要分别撰写特定的传播文案，运用于不同的媒介载体。

现在我们可以得出一个爆品文案的撰写公式了，请你牢牢记住这个公式，因为这就是我亲测有效的写好一套爆品文案的可复制路径：

爆品文案 = 社交名字 + 消费场景 + 产品口号 + 细分文案

第 31 章
怎么写好"海报文案",让人看了就忍不住想"买买买"?

无论你是在企业工作,还是自己正在创业,只要你有产品要卖,那么你一定会经常用到这一章的技能,就是"怎么写好海报文案"。

有一次我跟一个民营企业的总裁吃饭,这位总裁同时也是我的一位学员。席间聊天时,她情不自禁地感叹说:"我觉得你的课程海报和发售海报都很好看,我每次看了以后,都忍不住要报名。"

按照常理来说,我听了她这句话应该很高兴才对,我却说:"你这句话的后半句我很认同,但是前半句我不是很认同。"为什么呢?因为这句话大大违背了我们创作商业海报的一个真谛,那就是:"好看"与否其实并不是衡量一张海报优秀不优秀的标准,"有效"才是最重要甚至是唯一的衡量标准。只不过很多人并不知道一张海报里到底有什么门道,也说不出个所以然来,所以他们在评判的时候,只能说"好看"或者"不好看"。

"吸引力"和"销售力"

那么到底什么样的海报才是有效的海报呢?

这里我要给你一个明确的答案:决定一张商业海报是否优秀、是否有效的因素,有且只有两个,第一个叫"吸引力",也就是你的海报发布以后,能不能抓住人的眼球;第二个叫"销售力",也就是用户看了你的海报以后,能不能产生一种"买买买"的消费冲动。对一张海报来讲,这两个因素可以说缺一不可:如果没有吸引力,那就留不住用户的眼睛,也就谈不上什么销售了;而如果没有销售力,让人看了以后没有买的欲望,那么这张海报设计得再怎么花枝招展也没有用。

如你所知，我做了 20 多年的营销，从最开始做文案策划，做到创意总监，然后又做客户总监，在这个过程中，我手里亲自做过的、经过的、审核过的商业海报，数以万计。于是经常会有人问我："一张海报，到底是设计更重要，还是文案更重要呢？"

现在我想请你记住一句话，你也不妨把它当作这个问题的标准答案：吸引力来自设计，销售力来自文案。

我先简单地讲一讲"吸引力"。

当你在设计排版一张海报的时候，它的吸引力其实主要来自两个关键点：第一个叫"信号强度"，第二个叫"阅读层次"。

"信号强度"大等于好看

为了让"信号强度"尽可能大，在一张海报中，一定要把你希望用户最先看到的文案和核心元素，摆在黄金位置、使用最醒目的颜色、放大到最大限度。这些核心元素可以是大标题、产品图、课程导师的照片和名字，当然还有付费二维码、产品价格等。

而我们很多人在设计一张海报时，最常见的一个误区却是，为了追求所谓的"精致"和"调性"，反而把这些核心元素处理得很小、很隐蔽，很多甲方也会要求乙方的设计师这么干。这其实是因小失大，也就是为了一种虚假的"好看"，却付出了弱化"信号强度"的代价。

有些人可能会问："把文案和产品元素在海报上放得那么大，会不会很土、很"low"、很丑啊？"请记住一个更严重的事实：如果你的用户在一秒钟之内看不明白你的海报讲了些什么，那才是真正的土；如果你的海报没有在第一时间吸住用户的眼球，那才是真正的"low"和真正的丑。在今天的商业海报美学里，"信号强度"大就等同于真正的"好看"。而一张海报能做到让人看见、让人注意，就是最有良心的设计，同时也是最美的设计。

所以你会发现，峰帅团队出品的所有海报，上面的核心元素都会放大到不能再放大，元素之间的色彩对比也很强烈，整张海报的"信号强度"也就显得非常大。很多熟悉我的朋友都知道，这几乎是我衡量一张海报合格不合格的第一标准，但是从来也没人说过它们土、"low"、丑。

让用户被你"牵着读"

再来简单地讲一讲"阅读层次"。

所谓"阅读层次",简而言之就是一句话:当用户看到你的海报时,不要让他去"找着读",而是要被你"牵着读"。

假如把海报比作商场里的一块指引牌,那么当用户面对这张海报的时候,他先读什么、后读什么,这一切的顺序和轻重缓急都要由你说了算。也就是说,你让他读哪里,他就读哪里,而不是任由他自己东一下西一下地乱读。

但是我们平时看到的很多海报,上面的信息都是眉毛胡子一把抓、毫无"阅读层次"和设计逻辑可言的,仅仅是把各种信息堆了上去。

所以,你如果要让你的海报对用户起到指引牌的作用,让用户被你"牵着读",你在设计排版的时候必须把握好三个层次,分别是:字体层次、字号层次和色彩搭配层次。比如,我发布的所有海报,在这三个方面一定是非常讲究层次感的,一级信息用什么字体、什么字号、什么颜色,二级、三级信息又分别用什么字体、什么字号、什么颜色,不单是设计师,连我自己也会反复推敲。

当你把握了这三个层次以后,你会发现海报上的信息是多还是少,已经不是什么问题了,因为当我们走进一家商场的时候,怕的不是指引牌上的信息多,而是怕上面的信息多而乱,让人不知道该逛哪里。同样,如果你的海报没有把握好这三个层次,也一定会让人一眼望去眼珠子不知道该往哪里落。

所以基于这一点,我很早就对文案人员提出一个要求:虽然海报的吸引力看起来是设计师的事,不关文案人员什么事,但是一个优秀的文案人一定要学一点设计和排版。也许一个文案人并不需要自己来设计、排版,但是你在撰写一篇海报文案时,脑子里一定要能够浮现出这张海报已经设计好的样子,然后再跟设计师做出来的成品海报进行一次"碰局",检验一下"信号强度"和"阅读层次"是否都是你设想中的样子,这个成品比你设想中的更好还是更坏。做到了这一点,你才能算得上一个真正对市场负责的文案人。

以上讲的是如何让一张海报产生"吸引力",因为并不是这一章的重点,所以我点到为止。

下面要重点讲的，是跟文案撰写有直接关系的另一个要素，就是海报文案的"销售力"。

怎样的海报文案有"销售力"？

一张海报的文案到底应该怎么写才会更有效、更有销售力呢？

在告诉你具体方法之前，我们先来看一个案例。

在我诸多的课程里，有一门课叫"好课大卖"，就是教大家如何做课和卖课的。在这门课正式发售之前，我和云姐决定先讲一堂公开课，让从来没有做过课的学员先入个门。于是我们为此做了一张预热海报。海报做出来以后却被我毙了（见图 31-1），然后我亲自对海报文案进行了全面修改（见图 31-2）。

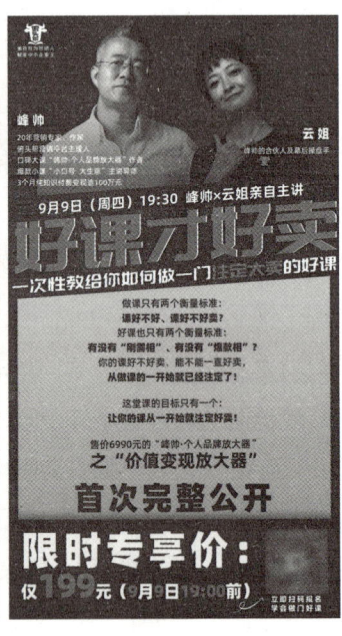

图 31-1   图 31-2

排除一切设计和排版上的因素先不说，你可以看到，这前后两张海报有三个很明显的不一样之处：第一是它们的标题不一样；第二是它们的附文不一样，也就是产品介绍、导师简介这些说明性的文字有很大区别；第三就是指引你去扫码下单的那句指令文案不一样。简单地说，这张海报经过我修改以后，文案变得更有销售力了。为什么会更有销售力呢？因为我把这三个地方的文案写对了，甚至是写绝了，从而使得整张海报的文案无限接近于四个字：淋漓尽致。

所以请你切记，标题、附文和指令文案这三个地方，正是一张海报文案的三大要害。如果你要写好一张海报的文案，让人看了以后就想"买买买"，必须熟练掌握以下三个诀窍：标题文案给结果，附加文案抠细节，指令文案逼行动。

这三个诀窍你可以当成三句口诀记在心里，下面我为你分别来详细讲解一下。

诀窍一：写好标题的两个"秘诀"

不得不说，标题就是一张海报的灵魂所在。一张海报有没有销售力，标题就决定了一半，包括主标题和副标题。有时候一张海报只需要一个主标题就够了，而更多时候还需要用一个副标题来助阵。总而言之，写好海报标题的不二法门就是：你要用最少的文字，在标题里给出一个明确的结果。为什么呢？因为用户只会为一个他"看得见的结果"而心甘情愿地去买单，不会为任何虚头巴脑的说辞去买单。

所以，你一定要在用户看到海报以后的一秒钟之内，跟他毫不游移地确认清楚：我能给你的那个"明确的结果"到底是什么。

什么是结果？如果你还记得"冻结用户需求"那几章的内容就知道，所谓的结果，无外乎"给对方好处"或者"让对方高兴"。所以假如你能够在标题里明确地告诉用户"我能给你什么好处"或者"我能怎么样让你高兴"，那么你的标题就可以瞬间"冻结用户需求"，让用户在一秒钟之内对你产生信赖感。

说说容易，那具体应该怎么写呢？

下面我要告诉你的是，基于我自己多年来的实战，写好能够让用户瞬间产生信赖感的海报标题，有两个非常管用的"秘诀"。

第一个秘诀是，一定要用肯定句来写。

也就是直接给用户一个不需要商量的"结论"，而不是卖关子。怎么样检验是不是肯定句呢？方法很简单——如果一定要给这个标题加上一个标点符号的话，它一定是句号或者感叹号，而不是问号或者省略号。

第二个秘诀是，主副标题一定要形成互补之势。

请注意是互补，而不是重复，就是主标题里如果还有未尽的意思，要由副标题再来做一个强化和说明，也就是我前面所说的"助阵"。而这时候最关键的一点是——你一定要在副标题中埋入一个用户的"真痛点",并且立刻在文案中解决这个真痛点,从而对主标题所给出的那个结果的确定性和真理性,起到再一次的强化作用。关于"真痛点"这个问题,我在第 23 章里曾经详细地讲过,这里就不再重复了。

下面我们通过具体的案例来看一下,我是如何在标题里给出一个明确的结果,以及如何用肯定句和主副标题的互补来强化这个结果的。

好标题的三个案例

先来看前面那张我的公开课海报,如你所见,这张海报在修改以前,标题是"如何做出一门持续好卖的课",这句话如果给它加上标点符号,很显然是一个问号,并没有给出一个明确的结果。而它的副标题是"峰帅个人品牌公开课",基本上跟主标题没有什么明确的关系,也就谈不上互补。这个标题当时被我毙掉的原因也就在这里,因为用户读到它的时候,是很难在第一时间被打动的。

而经过我修改以后,标题变成了"好课才好卖",这就直接给出了一个明确的结论和结果:你的课想要好卖,必须首先是一门好课;反过来也一样,如果你能做出一门好课,那么大概率也会好卖。所以言下之意当然就是:我能教会你如何做出这样一门好课。

但是这样一个隐含的"言下之意",有些人可能体会不到,怎么办呢?于是我就给它加了一个互补性的副标题,叫"一次性教给你如何做一门注定大卖的好课",这样一来整个标题就变得淋漓尽致了,因为它们合起来给了用户几个非常明确的结果:第一,我能让你一次性学会,你不用再去别处学了;第二,你学完以后也可以做出一门好课;第三,你的课做出来以后也可以卖好。这些问题都是我们在做课和卖课中普遍会遇到的"真痛点",我在副标题里给出了果断的答复和解决方案。所以,当这张海报的标题这样一修改,销售力自然就立刻倍增。

再来看下一个例子:

我的学员财女圆圆,她在上了我的"好课大卖训练营"课程以后,自己也立马做了一门小课,这门课是由我监制的,海报的标题同时也是课名,叫"自我介绍招财术",副标题叫"这样介绍自己离钱近!"(见图31-3)。你看,这两个标题也是肯定句,而不是疑问句,同时主标题和副标题也形成了互补之势。如果我们把主标题改成"你的自我介绍会招财吗?",或者把副标题改成"如何介绍自己离钱近?"这种不确定、不肯定的写法,它的销售力就会大打折扣,而不会像现在的标题这样,让你有一种强烈的购买欲。

同样,在我的"个人品牌线下弟子营"举办之前,宣发海报的主标题叫"打通生意闭环,坐实个人品牌",副标题叫"2天1夜,不解决卡点不回家"(见图31-4、31-5),也都是不容置疑的肯定句,并且主副标题形成互补,埋入了一个真痛点,又立刻解决了这个真痛点。

图 31-3

图 31-4

图 31-5

这就是我们写好海报文案的第一个诀窍：标题文案给结果。标题是海报销售力的灵魂所在，一定要斟酌再斟酌，直到你能用最少的文字，给出用户心中那个"看得见的结果"。

诀窍二：写好附文的两个"秘诀"

所谓附加文案，又叫"附文""随文"，就是你在海报中所要体现的产品介绍、作者简介，以及一些详细的活动规则等。

你可能会觉得："那还不简单吗？有啥写啥就是了，我一直都这么干啊！"

对不起，附文绝对不是资料的堆砌，而是标题文案的延伸和诠释。换句话说，如果标题文案必须解决"WHAT"和"HOW"的问题，也就是"我给你什么结果""怎么给你结果"，那么附文就要解决一个"WHY"的问题，也就是"我凭什么能给你这样的结果"，并且同样要写得不容置疑，让用户看完以后能够更加笃定地作出消费决策，而不是看完更加迷糊，或者干脆决然离去。

从这个层面来说，标题文案是冲锋陷阵，而附文则是大兵压境，它们一个是先锋队，一个是后备军，都是为了联合起来，让整张海报的文案在用户面前更有"胜算"，所以附文也必须写出"销售力"来。

那么附文应该怎么写才能解决这个"凭什么"的问题呢？

我同样告诉你两个秘诀：第一是用好排比句，第二是遵循"少而穷尽原则"。

我早在讲"不设防文案"时就说过，排比是一种最能形成气势的文案表达法，它会给人一种排山倒海的感觉，让人越来越觉得你说得有道理，从而不由自主地对你产生认同感，而这种认同感，恰恰是海报文案最需要的。所以你可以看到，在峰帅出品的海报中，经常会用排比句来写附文。

而"少而穷尽原则"，我在讲"金字塔结构"的时候也重点说过，很多时候我们写文案如果写得太多，用户就看不下去，也记不住；而写得太少往往又不足以说明问题，因为任何一个例外都能推翻结论。所以你在写海报附文的时候，要尽可能用最少的场景，来说明所有的问题，清楚地回答用户：凭什么。

这两点听起来似乎都有点玄妙，下面我同样用案例来说明如何在撰写海报的附文时用好排比句和"少而穷尽原则"，以及如何抠细节。

好附文的两个案例

先继续看我的那张公开课海报，在修改之前，海报的小文案是这样写的："学完这堂课，你只会有一个感觉：原来我一直都不会做知识付费！"这几句话看起来似乎酷酷的，但其实并没有说明实质性的问题，因为它没有解决"WHY"的问题——你怎么就能让我学会做课了？我凭什么相信你？所以这段小文案是没法让人信服的。

而经过我修改之后的附文，上来就是排比句："做课只有两个衡量标准：课好不好、课好不好卖。好课也只有两个衡量标准：有没有'刚需相'、有没有'爆款相'。"你看，短短四句话，立刻形成了一种大兵压境的气势，同时也遵循了"少而穷尽原则"，你读完以后一想，课做得好不好、课卖得好不好，确实只有文案里说的那两个衡量标准。

然后基于这几句文案，我顺势给出了一个明确的结论："你的课好不好卖、能不能一直好卖，从做课的一开始就已经注定了！"紧接着，我对这次公开课的效果也作出了一个承诺："这堂课的目标只有一个：让你的课从一开始就注定好卖！"

你看，通过用好排比句和"少而穷尽原则"，可以让整张海报的附文变得铿锵有力，也非常具有信服力。

我们再来看"好课大卖训练营"这门课本身的海报（见图31-6），它的附文虽然只有三句话，但完美地符合了"排比"和"少而穷尽"这两个秘诀："80%的上一期学员从未开过课，85%的学员课没上完就做出了完整课纲，57%的学员制定了明确售课计划准备开卖。"下面还跟了一句非

图 31-6

常重要的话："3门学员好课成功获得峰帅入股，即将全网发售。"

通过这样一组精确统计出来的数据，我分别说明了几个重要的问题：第一，很多学员从来都没有自己做过一门课；但是第二，很多学员学了这门课以后，直接就能做出课来了；并且第三，有很多学员上完这门课以后，已经准备开始发售自己的课了。这样一来，这三句数据型文案就把上这门课前后的情况对比，以及学员想要取得的结果都讲完了，很好地呼应和诠释了海报上的那句"上了就能做课，做了就能卖课"，一个是先锋队，一个是后备军，配合起来显得非常有说服力。

所以当你在海报的附文中用好了这两个小小的秘诀，文案的"精气神"会立竿见影地体现出来，海报文案的销售力也会得到极大的提升。

诀窍三：像写标题一样去写指令文案

关于写好"指令文案"这个命题，我在后面的第 34 章，也就是"写法"部分的倒数第二章里，还会专门有更加详尽的讲述，这里我用一句话来概括就是：写指令文案，也要像写标题一样，写出用户心中能够看见的那个结果，而不仅仅是说"快来扫码"。

比如，"立即扫码报名，学会做一门课程"这句指令文案，你看了以后脑子里马上会浮现出一个场景，仿佛自己已经学会做一门好课了。再比如，"即刻开启你的爆款课"这句指令文案，你读完以后也仿佛自己的爆款课已经出现在面前了。

像这样的指令文案，都呈现出了一种用户付费以后能"看见"的结果，仿佛这句话正在逼着他赶快行动。所以，你一定要像写标题那样去写海报的指令文案，一定要写出那种"逼迫感"。具体我放在第 34 章再进行更深入的讲解。

第 32 章
怎么写好"故事型销售软文",让人读着读着就买了?

看到这一章的标题,很多人可能会高兴地说:"终于要讲销售软文了!"

没错,这节课太重要了,跟我上一章刚刚讲过的海报文案一样是刚需,它甚至比海报文案更加重要,因为从销售、变现层面来说,销售软文跟你的用户之间的沟通更加深入,也更加细腻。尤其当你要发售新品的时候,销售软文的转化功能就更明显了。

销售软文这样东西,现在人们更习惯于叫它"销售信"。最开始它在美国兴起的时候,的确是以信的形式出现的,事实上就是我们通常所说的"DM",英文全称是"Direct Mail",翻译过来叫"直投信件",也就是往你家信箱里投递一封信函,信里向你极力推荐一样东西,然后跟你说:如果你感兴趣,现在就给我寄钱,我立刻把这样东西给你。

后来有了互联网,Direct Mail 就演变成了 E-mail,但仍然是信的形式,都是一对一地跟你交流。再后来有了博客,又有了微信公众号,于是 E-mail 又演变成了文章的形式,相应地,一对一的交流也就变成了一对多的发布形式。所以在今天看来,销售信不应该再叫销售信,准确地说应该叫销售软文。所谓"软文",就是相对于"硬广"而出现的一个名字。

销售软文的三要素

我们知道,广告的本质是"广而告之",而销售软文的本质其实是"沟通"。那么既然是沟通,销售软文如果要很好地发挥出销售作用,最好能够满足三个条件。

第一个条件，叫提升认知。也就是这篇文章对用户有所启发，让他打开了"脑洞"，甚至颠覆了他的一些认知，于是他就有进一步读下去、深究下去的兴致。

第二个条件，叫指引行动。也就是用户读了这篇文章以后，能够领会到一些做事的方式方法，打通在某些事情上的卡点，从而有一个新的方向。

第三个条件，叫解决问题。这一点可以说是所有销售软文的终极价值，也就是你在这篇文章中明确承诺了能够解决用户的某个卡点，让他在某个犯难了很久的问题上，看到一种希望，还想进一步知道具体应该怎么做，于是这篇销售软文就有了我们所追求的"销售力"。

当我们这样"飞到天上"俯瞰销售软文，心中就对它有了一个比较具象的轮廓，就如同看到了一棵大树的根部。但是仅仅有了这样一个大致的认识当然是不够的，落实在具体的"写"上面，应该怎么做呢？

写好销售软文的四要素

根据我的实战经验，写好一篇有效的销售软文，需要具备四个要素。

第一个要素是：写出一个好标题。

我们都承认，对任何一篇文案来说，标题都极其重要，而对销售软文来说，标题更是决定了文章的点开率。也正因为这一点，有很多人在写销售软文的时候，甚至不惜遭受恶评做一个"标题党"，为了增加点开率，哪怕文章的实际内容与标题所说的严重不符也在所不惜。其实这种做法完全没有必要，因为在我看来，写销售软文的标题你只需要抓住两个根本点，其实都能写好：一个叫"和你有关"，一个叫"对你有利"——标题所指的内容和你有关系，你才会多看一眼；所说的意思对你有利，你才会忍不住点开来看。所以不需要蹭什么热点，更不需要坑蒙拐骗。

第二个要素是：提出一个好主张。

也就是在你的这篇软文里，要尽快提出一个别人似乎没有讲过的、对用户有启发的主张，并且这个主张提出得越早越好，最好在开头就提出来。一篇销售软文，很多时候因为你提出了一个令人豁然开朗甚至是醍醐灌顶的主张，你的用户就会热血沸腾地把它给读下去。

第三个要素是：给出一个好价值。

价值承诺是一篇销售软文的"决胜点"，也就是说，你在这篇文章里一定要让人相信你能为用户解决什么问题。如果你写了半天也没说清楚你的价值，那么这篇软文写得再怎么天花乱坠，也终究是一篇无用的垃圾。

第四个要素是：拟出一个好结构。

前面说过，销售软文的本质其实就是沟通。所以标题、主张、价值固然都很重要，但是作为一篇软文，我们应该用一种更容易被用户接受的沟通方式，让用户一边阅读，一边就被你打动了。所以从这个意义上来说，"结构"才是真正决定一篇销售软文是否具有信服力的要素。

客观地说，标题、主张和价值其实都不难写，对绝大多数人而言，销售软文之所以难写，更多是难写在结构，也就是吃不准到底应该用一种怎样的逻辑和方式跟用户进行沟通，用户才会买账，所以这也就成了这一章内容的重中之重。

接下来，我将要跟你分享两种最常用、最实用、也最好用的销售软文的写法，一种叫"故事型销售软文"，另一种叫"认知型销售软文"。对于这两种软文的写法，我会分别总结一套撰写公式给你，并通过我本人的实际案例，手把手地告诉你到底应该怎么写好这两种销售软文。

"故事型销售软文"撰写公式

顾名思义，"故事型销售软文"就是通过类似于讲故事的手法，让用户跟你形成一种共鸣感，从而带来销售力。不可否认，故事始终是最具有感染力、最让人有代入感的文字表现形式，尤其当你在讲一个真实故事的时候。而所谓故事型销售软文，其实就是要讲一个你自己的真实故事。关于这种销售软文的写法，我为你总结一个了非常实用的"六步法"公式，就是——

故事型销售软文 =
过去的挫败 + 后来的成就 + 普遍存在的问题 +
解决问题的决胜点 + 决胜的具体方法 + 难以拒绝的福利

我们先看公式里的第一点：过去的挫败。

事实上在很多时候，失败比成功更能给用户带来兴致，因为这世上 90% 以上的人都是有挫败感的，这也是人们在想知道别人是如何成功的同时，更想看他过去惨痛经历的原因。所以在你的销售软文中，你就可以通过讲述自己在某件事情上遇到挫败的过往经历，让自己跟用户站在同一个阵营，而不是高高在上令人"渴望"而不可即。

再看公式里的第二点：后来的成就。

"卖惨"并不是目的，你在经历了风雨坎坷之后，告诉别人你看到了什么样的彩虹，才是真正的目的。要永远记住一点：你自己取得的"结果"，才是用户眼中最大的信服力。所以当你在讲述自己曾经的挫败以后，紧接着一定要告诉大家，你在这件事上后来取得了怎样的成就。这就相当于你带着用户一起站在你的视角，经历了一次 180 度的转弯，这就是"代入感"。

到这里为止，这两步主要就是讲述一个你的故事，让用户进入"你的世界"，而下面则要反过来，让用户重新回到"他们自己的世界"。

所以公式里的第三步就是：普遍存在的问题。

也就是说，虽然你在这件事上取得了不错的成就，但为什么很多人在这件事上没有做好呢？比如，同样做一个产品，为什么你赚到钱了，很多人却没有赚到呢？同样都是带孩子的宝妈，为什么你每天都活得很滋润，很多人却苦哈哈呢？同样是做短视频内容，为什么你变现很快，很多人却很难变现呢？这一切，一定都是有原因的。

所以接下来，你就应该罗列出在这件事情上大家公认的普遍存在的问题、卡点和困惑，因为你后面在文章里所要写的核心内容，都是基于这些问题而写的。这一步的主要目的，是让用户从前面的故事氛围中，回到自己的现实，让人清醒地认识到自己身上确实存在这些问题。

有问题当然希望得到解决，所以接下来的第四步就是：解决问题的决胜点。

"决胜点"这个词我前面也提到过，换句话说，你从经历挫败到取得成就，也一定不是无缘无故的，中间一定是得到了什么东西，或者做对了什么事，就像阿拉丁捡到了一只神灯，而这只神灯就是阿拉丁的"决胜点"。所以这一步就是要向用户展示，你的这只"神灯"是什么，也就是你的产品需要露出了。不但要把产品露出，而且要让你的用户知道："出现在你眼前的这个产品，不但是曾经帮助我自己走出困局、收获成就的决胜点，现在也将成为你解决问题的那只'神灯'，所以赶紧到我这里来吧！"

但这时候用户在心里仍然会犹豫："我很想来，但是也不能说来就来啊，你得让我了解一些更具体的东西吧？"

所以紧接着在第五步里，你就要讲清楚一件事：决胜的具体方法。

所谓具体方法，也就是产品的详细介绍、具体价格、购买方法，以及最后能不能退货、能不能退单等。在介绍这些内容的过程中，你还需要不断地告诉用户：这个产品的哪一点能够有效解决你的什么问题。通过这样对产品具体内容的说明，可以让用户从之前那种"冲动消费"的情绪，回归到"理性消费"的状态，并在理性的状态中一次次地强化购买决策。

但是请别忘了第六步，也是整篇销售软文的最后一根稻草，那就是：难以拒绝的福利。

古人经常说，"重赏之下，必有勇夫"，而在商业世界里，"福利之下，必有用户"。但是买赠、打折、降价这些优惠措施，只不过是福利的一部分，甚至是最初级的一部分。我这里所说的"难以拒绝的福利"，是要你在销售软文中针对用户的需求和产品本身的性质，来设计一些特定的福利。

那应该如何衡量这个特定的福利是不是能够让用户难以拒绝呢？我给你一个非常简单的衡量标准，就是当这个福利给出来以后，能否"更好地"解决用户的问题。

以上就是撰写"故事型销售软文"的"六步法"公式解析。

接下来，我将拆解一篇我亲手撰写的"故事型销售软文"，让你更加清楚地理解"六步法"的具体实战应用。

一篇万字"故事型销售软文"案例

这篇销售软文的标题叫《峰帅：我用半年时间做个人品牌，让生意增长了120%+，第二事业高效加速！因为用了这10个"个人品牌放大器"！》（见图32-1），你在微信直接搜索标题可以阅读全文。

这是我在2021年第一次发售"个人品牌放大器"这门课程时写的一篇销售

软文。标题读起来很长，但是你可以看到，它非常具象地写出了“和你有关”和“对你有利”，所以标题虽长，却完全没有影响点开率，因为几乎人人都希望自己的事业发展也能够得到加速。

更大胆的是，这篇软文的正文更长，有将近一万字，但是完读率和转化率最后都很高。这门课程的第一期和第二期，连同弟子营总共卖出了七位数金额的好成绩，可以说这篇销售软文为此立下了汗马功劳，因为它让很多人真切地看到了一种“希望”。而它所采用的撰写手法和结构，正是“故事型销售软文”的“六步法”。

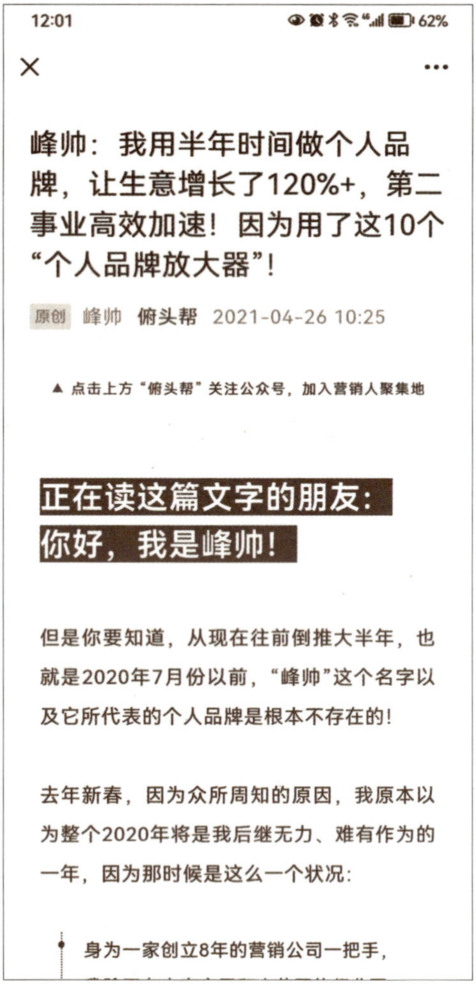
12:01 62%

峰帅：我用半年时间做个人品牌，让生意增长了120%+，第二事业高效加速！因为用了这10个“个人品牌放大器”！

原创 峰帅 俯头帮 2021-04-26 10:25

▲ 点击上方“俯头帮”关注公众号，加入营销人聚集地

正在读这篇文字的朋友：
你好，我是峰帅！

但是你要知道，从现在往前倒推大半年，也就是2020年7月份以前，“峰帅”这个名字以及它所代表的个人品牌是根本不存在的！

去年新春，因为众所周知的原因，我原本以为整个2020年将是我后继无力、难有作为的一年，因为那时候是这么一个状况：

身为一家创立8年的营销公司一把手，

图 32-1

我们来看，在这篇软文的一开始我就写道：

从现在往前倒推大半年，也就是2020年7月份以前，“峰帅”这个名字以及它所代表的个人品牌是根本不存在的！去年新春，因为众所周知的原因，我原本以为整个2020年将是我后继无力、难有作为的一年，因为那时候是这么一个状况……

然后我列举了一连串当时自己在生意上的窘境，并且得出了一个明确的结论：

我的个人品牌力太弱、影响力太小了，基本上想干点啥都十分费劲！

这也就是“六步法”里的第一步——讲述过去的挫败。

接下来我话锋一转，是这么写的：

从去年 7 月份开始，我有史以来头一回真正注重这个叫"个人品牌"的东西——在此之前十几年，我只知道研究"企业品牌"。带着营销人特有的思维，经过我和同事们大半年有目标、有计划、有方法的经营，现在如你所见，世界上多了一个叫"峰帅"的个人品牌符号……

然后我又列举了更长的一串我在生意上"逆袭翻盘"的情况，并且同样得出了一个明确的结论：

我终于可以用"峰帅"这一个人品牌，为生意增长加速，并且高效推进很多事了！

到这里为止就是第二步——我讲清楚了我后来取得了哪些成就。

但是接下来马上又来了一个大转折，进入了第三步，也就是在做生意和做个人品牌上，普遍存在的问题是什么。我写道：

事实上这大半年来，我遇见太多朋友都在做个人品牌，有的给自己取了个不错的名字，有的天生形象很讨巧，有的视频号做得很漂亮，有的也做了社群，有的拼命地在直播，还有的付了很多学费去听个人品牌专家的课……有些人做得挺成功，但更多的人是既没赚到钱，事业也并没有什么根本性的突破和进展。

后面我再次得出了一个结论，就是：

做个人品牌却不能有效加速生意增长，就是做了一个"假个人品牌"，中间一定走了弯路！

那么有了问题以后，应该怎么办呢？我顺势进入了第四步，也就是"解决问题的决胜点"。到了这一步，可以说是"箭在弦上，不得不发"，"个人品牌放大器"这个产品就需要正式出现了。我写道：

今年春节我待在家哪也没去，开始对我这大半年来的个人品牌经营过程，进行一次全面复盘，然后花了差不多两个月时间做出这门课程。我的目标是：把那些被你忽视了很久但是非常重要的"常识"，用营销的方法重新组合起来，通过集训和陪跑，最大限度地教给你！只要你认真听了、认真学了，跟着我精心总结提炼的路径一步步走下来、用起来，它对你的个人品牌、对你的生意加速增长，也必定会产生极大的效果。

下面紧接着跟上了一个课程的报名链接。这样一来，我就把我捡到的那只"神灯"到底是什么，以及它跟你有什么关系给讲清楚了。

但是我前面说过，这时候一定要让用户从"冲动消费"的情绪回归到"理性消费"的状态。所以下面就要进入第五步，也就是"决胜的具体方法"。我这样写道：

我根据自己放大个人品牌的实战经验，和团队再三复盘，提炼出了个人品牌的 10 个有效"放大器"，并打包归入四大"集训营"。在目前的创业环境和营销环境下，其中每一个"放大器"，都将为你解决一个个人品牌经营中必须解决的痛点，最终让你的个人品牌有效加速生意的进展！

然后我用了相当长的篇幅，对这四大集训营的 10 个放大器，一一做了具体的介绍，又对这门课程的报名细则进行了说明。而且我在介绍每一个放大器的时候，都没有忘记告诉用户：它们分别能够放大你身上的什么，以及能够解决你的什么痛点。

按道理来说，这篇销售软文写到这里已经可以结束了，但是别忘了还有最后的"临门一脚"，也就是第六步，要给用户一些"难以拒绝的福利"。而我也特别强调过，所谓"难以拒绝的福利"，就是要让用户感觉到这个福利可以帮助他把问题解决得更好。所以我在软文里写道：

更重要的是，这一期我将发放一个超大福利：在"个人品牌放大器"第 0 期的线上"集训营"结束以后，我会再单独开设一个"弟子营"，限额招收一批正式弟子。……更更重要的是：第 0 期的弟子，是免费招收的。

当然了，免费成为我的个人品牌弟子也是有一点条件的，就是需要推荐三位朋友来报名共学。除了这个最重要的福利，我还会赠送一些独家的实物礼品，针对认真学完整门课程的学员，还会颁发一份精美的结业证书。

在这篇销售软文最后的最后，千万别忘了再次露出一下产品的购买链接。

现在你可以看到，这篇销售软文完完全全就是按照"故事型销售软文"的"六步法"来撰写的。我在写它的时候，从故事到问题到解决方案，可以说是一气呵成，公式里的每一步之间都是无缝对接的，所以从头到尾都抓着用户的心。可以说这是一篇你几乎可以直接借鉴套用的"故事型销售软文"的范本，建议你一边仔细阅读，一边用我为你总结的"六步法"公式进行比对学习。但更重要的是，你可以模仿这篇范本为自己的产品也撰写一篇"故事型销售软文"。

在下一章里，我们再一起来学习另外一种销售软文的写法，也就是"认知型销售软文"。

第 33 章
怎么写好"认知型销售软文",让人在觉醒中购买?

上一章我们详细地学习了"故事型销售软文"的写法,现在我们继续来学习另一种销售软文,也就是"认知型销售软文"的写法。

"认知型销售软文"撰写公式

如果说"故事型销售软文"是通过自己的真实故事来感染用户,那么"认知型销售软文"就是通过干货来激发用户的认知觉醒,从而形成有效的销售力。关于这种软文,我同样也总结了一个"六步法"的公式——

认知型销售软文 =
提出关键主张 + 列出普遍问题 + 给出有效方法 +
拿出关键结果 + 发出行动指令 + 送出超值福利

第一步是:提出关键主张。

什么叫关键主张?就是你对于一件事情的是非标准,或者现状,或者在这件事情上的处理方式等,拥有自己的明确看法和建议,说出来以后会让人思考、给人启发,甚至让人醍醐灌顶,那么这些都叫关键主张。正如我在上一章里所讲的,像这样的一些主张,你要让它们在一篇销售软文里出现得越早越好,最好在开头就提出来。

既然你有了这样一些关键主张,那么说明在市面上就一定存在着不符合这些主张的问题。

所以第二步就是：列出普遍问题。

这一步跟"故事型销售软文"的逻辑类似，就是你要列出在这件事情上普遍存在的一些问题。还是那句话，你在这篇软文里所推出的一切产品、带来的一切价值，最终都是基于某些问题而存在的，所以你对这些问题提炼得越精准、越明确、越具体，你的软文完读率就会越高，信服力也会越强。

既然有了问题，就一定要有对策了。

所以第三步就是：给出有效方法。

这一步其实包含了两个动作：一方面是要明确地露出你的产品；另一方面，你还要对你的产品进行具体的说明。

这里再一次提醒你注意：在你对产品进行具体说明的过程中，一定要时时刻刻让用户知道，这些方法分别能为他有效解决哪些问题。

但是如果他用了这些方法，效果会怎么样呢？换句话说，怎么样才能知道这些方法是不是真的有效呢？

所以第四步就是：拿出重要结果。

我在上一章就说过，最有说服力的证据，首先就是你自己拿到的结果，其次是用户的结果，也就是我们经常所说的"用户证言"。所以你需要把你或者你的用户所拿到的这些结果，简明清晰地在这一步里展示出来，告诉大家用了第三步所给出的方法，会取得多么好的效果。

既然有那么好的效果，那用户还等什么呢？

所以紧接着第五步就是要发出行动指令。

也就是号召大家赶紧加入进来、赶紧下单或者报名。但是为什么我在这里要把"发出行动指令"这个步骤单独作为一个环节提出来呢？道理很简单，因为"认知型销售软文"其实比"故事型销售软文"更加要求逻辑的严密性和理由的充分性，所以即便只是行动指令，也不能浮皮潦草地直接让人下单就完事了，而是要把行动指令本身就当成重要的文案去写，从而更加坚定用户的消费决策。

到这里为止，你同样不要忘记了最后的临门一脚，也就是第六步：送出超值福利。

这里的"超值福利"跟上一章所说的"无法拒绝的福利"是同一个意思，也是针对用户需求和产品属性而特别设定的一些福利。

以上就是撰写"认知型销售文案"的六个步骤。接下来我仍然要通过拆解一个典型的案例，让你更加具象地体会这"六步法"的实际应用。

一个灵活运用"六步法"的"认知型销售软文"案例

我在正式发售"文案收银机"这门正课之前，其实先做了7堂直播公开课。因为这几堂公开课需要付一点费才能参加，所以我就为此写了一篇销售软文，同时在这篇软文里，我也"一箭双雕"地发售了"文案收银机"这门正课。

更有意思的是，因为这篇软文是一篇"干货文章"，所以它本身也需要付费阅读。它的标题是《真正写好文案，你必须握住的"7张底牌"！》（见图33-1）。你看，这个标题同样符合我之前讲的"和你有关"和"对你有利"这八个字。

在这篇软文的开头，我通过一个跟学员之间的互动问答小游戏，引出了我的一个关键主张，就是到底什么是"真正"写好文案，我对此提出了三个重要的标准：

> 作为一个写了21年的资深文案人，我认为"真正"写好文案，至少应当具备三个标准……第一个标准，无论任何品牌、任何产品的文案，交到你手里，你都能写。第二个标准，无论写任何文案，你都能迅速"切换视角"。第三个标准，你真的能用写文案赚到钱。

应该说，这三个标准既符合"少

图33-1

而穷尽原则"，又能代表我的明确主张。

但现实情况是，很多人达不到这三个标准，所以在接下来的第二步，我给出了一个重要数据，来说明现在普遍存在的问题。我写道：

基于以上三个标准，一个残酷的真相是：你身边"真正"写好文案的人，其实并不多，最多大约在 1%～3% 之间，也就是 100 个文案人里面，只有 1～3 个人真正把文案写好了。

除了这个问题，我还用了一定的篇幅进一步提出，真正要写好文案的人，手里都需要握有"7 张底牌"：第一张底牌，一定有一手文案绝活；第二张底牌，一定深入阅读过某一类书；第三张底牌，一定有至少一个成功案例；第四张底牌，一定非常善于在朋友圈卖某一类货；第五张底牌，一定有一种自己的训练习惯；第六张底牌，一定比常人更能洞察人性和人心；第七张底牌，一定不会只盯着文案本身。

我为什么在这里要把这"7 张底牌"都给列出来，并且还一个一个进行说明呢？原因有两个：第一，这篇软文的目的之一本来就是要发售这"7 张底牌"，也就是 7 堂公开课；第二，为了说明绝大多数写文案的人，其实都没有掌握这"7 张底牌"，所以这本身也是一连串的普遍问题。那么到底应该怎样才能握住这 7 张底牌呢？

于是在后面的第三步"给出有效方法"里，就顺势露出了这篇软文的第一个产品，也就是这 7 堂公开课的一张报名海报。

请注意，"给出有效方法"这个步骤在这篇软文里总共会出现两次，而现在是第一次，也就是针对公开课这个引流产品而出现的一次。

那么接下来的重点是，说了那么多，我有没有在文案上拿到结果，或者说有没有掌握这"7 张底牌"呢？又或者说，我经历了什么才拿到了这些结果呢？

所以在第四步"拿出关键结果"里，我讲述了自己从 21 岁入职华硕电脑开始的写文案经历，然后我得出了一个明确的结论：

在这 21 年中，虽然我服务过很多企业，也担任了很多重要的职务，更精通了很多专业的技能，但是如果你只允许我说出一样最有经验、最有结果，并且也最自信的技能，我必须说：只有写文案！文案是我至今为止最重要的"变现技能"！

紧接着，我讲述了我在写文案这件事上踩了很多坑，写出了很多重要的成功案例，也获得了丰盛的收获和收益。正因为如此，我说：

像我这样一个从传统商业时代跨越到今天移动互联网时代的资深文案人，一直以来都有很多朋友以及学员，希望我基于21年来的文案经验，做一门"纯实战"的文案课，说得多了，我也真的"蠢蠢欲动"了。

到这里为止，请你注意，接下来就是要第二次"给出有效方法"了，也就是露出"文案收银机"这门正课的产品链接。所以接下来我详细展示了这门课的课纲内容，因为这才真正能够体现我在文案上到底拿到了什么结果。在展示课纲的同时，我还特地强调了这门课跟其他文案课比起来，到底有什么不一样。我这样写道：

你从课纲可以看到，这门课的内容分为练法、用法和写法。也就是说，这门课不光会告诉你，遇到各种类型的文案应该"怎么写"，它还要告诉你在不同的传播场景下，不同的文案可以"怎么用"，它更要手把手地告诉你，那些看起来似乎深不可测的文案功力，到底应该"怎么练"。换句话说，这门课既要教会你怎么样吃鱼，更要教会你怎么样打鱼。每一节课至少会解决你一个文案上的卡点，有些甚至是你自己都没有意识到的卡点。

好了，现在我终于可以进入第五步，也就是向用户"发出行动指令"了。这一段重要的文案，我是这样写的：

"文案收银机"已经上线了！是我亲口录制的语音课＋精品图文课，每节课20分钟左右。你在休息的时候、坐地铁的时候，甚至在开车的时候，都可以有效学习：先用闲置的耳朵听一遍语音课，空下来再精读图文课。现在点击小程序，直接最低价拿下！

你应该已经体会到了，即便只是几句行动指令文案，我也没有草草去写，而是字斟句酌地写清楚了这门课的听课形式、课时长度、适合在什么场景下学习等重要信息，尽可能地让用户觉得："哇，这门课设计得真是贴心！"

而在最后的第六步，当然不能忘了"送出超值福利"。在这一步里，我精心设计了一个独特的学员权益机制，就是当你报名参加了学习以后，你再推荐一定的人数，就可以成为这门课的股东，享受永久性的每月分红权。除此以外，还有其他一些学员专属特权，比如，每位学员可以领取 8 张试听卡，赠送给身边需要的朋友，以及推荐返现等。

通过这样一个案例你可以看到，这篇销售软文将"六步法"撰写公式运用得非常娴熟，并且非常灵活。所以这里我要插入一个小提示：无论你是写"认知型销售软文"，还是写"故事性销售软文"，其中的步骤你未必要墨守成规。当你深刻理解并熟练掌握了公式以后，其中某些步骤之间的顺序，你是可以根据实际需要来灵活调整的，只要不损害整篇软文的逻辑和最终目的就可以。

关于这篇"认知型销售软文"的范本全文，你同样可以在微信直接搜索标题《真正写好文案，你必须握住的"7 张底牌"！》进行阅读，你不妨对照着"六步法"公式，也来拆解一下它。

三个额外的问题

方法讲完了，但是在这一章的最后，我还要再向你解释三个非常重要的问题。

第一个问题："故事型销售软文"和"认知型销售软文"到底有什么根本的区别？

事实上当你跳出来看就会发现："故事型销售软文"其实是一种潜移默化的"引导"，也就是让用户读了这篇软文以后，能够"不由自主地走进来"；而"认知型销售软文"其实更像是一种有理有据的"论证"，让用户读完这篇软文以后，会"心服口服地走进来"，因为他被说服了、被打动了。

于是这就涉及第二个问题：到底应该什么时候写"故事型"，什么时候写"认

知型"？

关于这个问题，我首先必须肯定地回答：原则上并没有规定和限制。

但是，当你理解了前面所说的这两种软文之间的根本区别以后，你可以根据你的用户认知情况而定。如果你觉得你的用户群体普遍认知水平偏低，例如老年群体、三四线城市群体等，那就可以考虑采用"故事型销售软文"，来对用户进行潜移默化的引导；而如果你的用户总体认知水平比较高，那就可以考虑采用"认知型销售软文"来进行理性打动。

另外，如果你本身就有非常能够说明问题的故事，那当然应该直接写"故事型"；而如果你在一件事情上有非常独到的认知和见解，那就更适合采用"认知型销售软文"——至少我就是这样来进行权衡的。

但是无论你采用哪一种销售软文，请时刻记住一定要开门见"山"：你打开门以后见到的那座山，就是你的用户。也就是说，无论你怎么写，都要时刻让自己站在用户的角度来写，否则很容易就会陷入"自嗨"，这一点我已经不止一次地强调过。

最后是第三个问题：对于这两种销售软文，有没有更加轻松、更加简便的训练方法？

其实是有的，并且我们每周甚至每天都可以用这种方法进行训练，因为一篇销售软文，当我们把它不断缩短，缩到最短以后，其实它就变成了一条朋友圈。

举例来说，我曾经发布过两条朋友圈，其中第一条是关于少儿版"知行读书社"的（见图33-2），第二条是关于"文案收银机"的（见图33-3）。你乍一看会觉得它们只不过是两条普通的朋友圈，但是现在你如果对照这两章所学到的销售软文撰写公式，来对这两条朋友圈进行拆解，就会发现其实它们分明就是一篇"故事型销售软文"和一篇"认知型销售软文"，只不过都被缩短成了"迷你版"，但是在内容结构上，它们基本都遵循了各自的"六步法"。

所以，正如巴西的孩子在上学路上都在一路带球进行足球训练一样，如果你真的想写好销售软文，如果你真的想写好文案，也应该随时随地为自己创造训练的条件，因为就连资深文案人峰帅本人都在这么干。

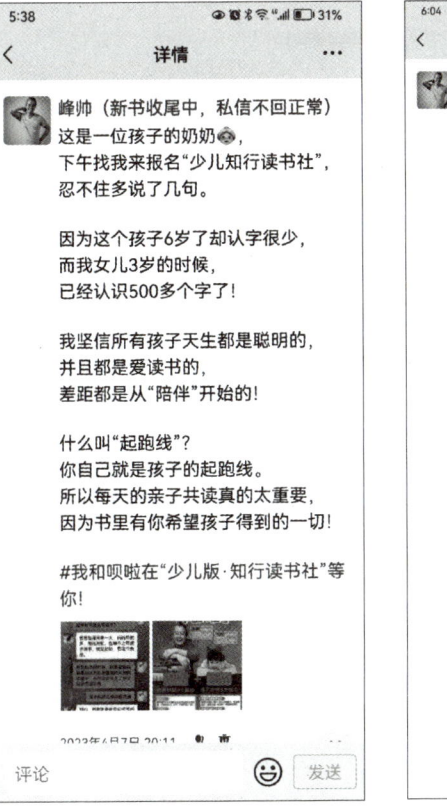

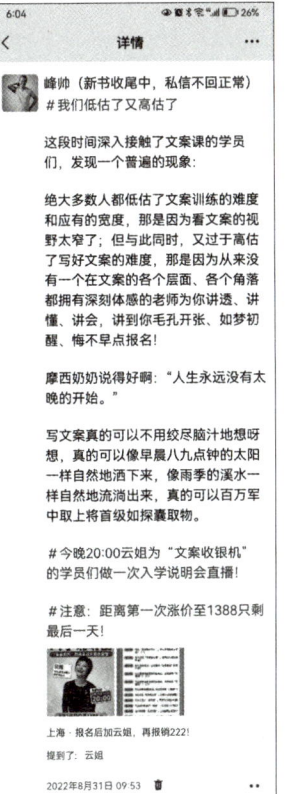

图 33-2

图 33-3

第 34 章
怎么写好"指令文案",缩短用户的犹豫时间?

我们来到了整个文案写法部分的倒数第二章,即怎么写好"指令文案"。这一章不长,却无比重要。但是,作为这么重要的一章"压轴内容","指令文案"这个名字你以前可能听都没听过。你如果去百度一下,会发现根本没有这个东西,因为它是我在这里首次提出来的概念。也正因为如此,它很容易被你忽视。我们平时一说起写文案,都知道海报文案很重要、口号文案很重要、朋友圈文案很重要、销售软文很重要……但是据我观察,即便是从业多年的老文案人,也基本不太重视"指令文案",甚至压根就没想过怎么写好它这件事。

那么到底什么是"指令文案"呢?

很简单,所谓"指令文案",顾名思义就是在文案中给用户下达一个行动指令或者消费指令,比如,让他扫码、让他进群、让他关注你、让他直接下单等。所以在通常情况下,指令文案有三个显而易见的共性:

第一,指令文案在一切文案中一定会出现。

第二,指令文案通常出现在一篇文案的最后。

第三,指令文案大概率会出现在二维码或者商品链接的旁边。

为什么会有这三个共性呢?

指令文案就是"射门"

打个简单的比方来说,我们写任何文案,无论写的是什么类型,也无论写多长,你前面所花的一切时间、所写的一切文字、所做的一切起承转合,就好比足球运动员在球场上传球,你把球传给我,我把球传给他,一步一步地传,而指令文案就是传球之后那临门一脚的射门。换句话说，我们前面写的所有文字，最后都是为了引出那一句让用户去行动的指令文案，所以它当然无比重要！

但是既然指令文案这个东西那么重要，为什么我们在实际写文案的时候，常常会忽视它呢？答案是：因为它看起来太简单了。生活常识告诉我们，越是看起来很简单的东西，我们就越是不会拿它当回事，更不会轻易下功夫去琢磨它、去把它给写好。

比如，你要写一张销售海报的文案，当你在海报的最后放上一个二维码的时候，你很自然地就会写"马上扫码"或者"扫码预约"，对不对？但是我经常对文案人员说："既然海报上放了一个二维码，它不用来扫码还能用来干吗呢？谁还不知道可以扫码呢？"所以"马上扫码""扫码预约"这样的文案，根本算不上真正的指令文案，它基本属于浪费，因为它起不到很好的对用户下达指令的效果。

同样的道理，当你写一篇销售软文的时候，在这篇文章的最后，你通常也会很自然地写上"添加×××，马上来报名"或者"点击链接，立刻抢购"，但事实上这些都不是真正有效的指令文案，而是在用户的眼皮子底下所做的废动作。

那么到底什么样的文案才是真正有效的指令文案呢？或者说，真正有效的指令文案到底应该往什么方向去写呢？

还是用踢球来打比方：如果你让用户读到你的指令文案以后，内心急迫地感觉到球已经传到了一个最好的位置，不得不射门了，那么这就是一句优秀的指令文案。

两句指令文案的修改

下面我来给你举一个案例，让你更加直观地理解这个问题。

我有个学员叫碧红，她是一位从业15年的资深财税人和职业会计师，同时是多家成长型企业的财税顾问。她曾经在学了我的课程"好课大卖训练营"以后，在我的监制下自己也出了一门小课，叫"合理节税工具箱"，这门课主要针对那些对合法纳税似懂非懂的中小企业主，以及公司的财务负责人，让他们做生意更加合法合规，合法纳税、永续经营，从而能够更加安心地获得收益。所以碧红的这门课在发售时有一句口号，叫"创业节税多，等于赚钱多"，可以说利益点一目了然。于是当这张发售海报做出来以后，二维码边上就写了一句指令文案，叫

"学会合理节税，省钱就是赚钱"。紧接着在二维码的下面还放了一句更小的文案，叫"马上学，立刻用"（见图34-1）。

我当时审核了整篇文案以后就指出，这张海报的指令文案是有问题的。问题在哪里呢？

第一，用户没有兴趣也没有时间去读那么多文案，所以指令文案只需要一句就够了，再多写一句就是多此一举。

第二，既然这门课的课名和口号已经说得很清楚了——"创业节税多，等于赚钱多"，那么在指令文案中再写"学会合理节税，省钱就是赚钱"，很显然就是重复了，这也是多此一举。

第三，指令文案不是用来跟用户讲道理的，而是用来对他下指令的，要让用户读了之后立马知道自己要干吗，并且要传递出一种紧迫感、一种临门一脚的"射门感"，但是现在的指令文案是没有这种感觉的。

所以我给这张海报把关以后，就替碧红把指令文案改成了八个字，叫"今年开始，合理节税"（见图34-2）。

图34-1

图34-2

你对比一下可以看到：

首先，这句指令文案有了一个明确的时间限定，也就是说，你以前可能不太懂得怎样合法纳税、合理节税，甚至一不小心还有可能偷税漏税。但是从现在开始、从今年开始，你学了这门课以后，就懂得如何通过合理节税来赚更多钱了，这就有了一个明确的时间限定。

其次，在这句指令文案里，我并没有用到任何一个指令性动词，比如"扫码""报名""付费"……但是你仍然会有一种想抓紧行动的感觉，也就是说以前怎么样并不重要了，重要的是今年开始要合理节税。所以，这才是一句真正有效的指令文案。

无独有偶，我的另一名学员梁律师，他是一名中小企业合规与风险管理律师，也是多家企业的法律顾问。梁律师在我的监制下，也曾经开了一门小课叫"落纸无悔"（见图34-3）。这门课是专门帮助那些个体创业者、中小企业主、职场中的管理者或者那些懵懵懂懂的商业项目经办人，让他们能够真正读懂一份商业合同的内在逻辑，并且能够正确有效地签订合同，从而在合法地满足商业目标的前提下，知道怎么样对一份合同里隐藏的风险进行自我检测。

应该说，这也是一门刚需性非常强的小课。这门课的发售海报上也有一句口号，叫"律师教合同，生意没漏洞"，价值点也写得一目了然。海报最后的那句指令文案，最开始是"马上读懂合同，保障自身权益"，乍一看似乎还不错，但是最后我仍然把它调整了一下，改成了"明明白白签

图34-3

合同，清清楚楚做生意"。同样的道理，经过这样一改你能体会到，这句指令文案对用户而言就变得更有行动感、更有明确的目的性和那种临门一脚的"射门感"了。

写好指令文案就是缩短用户的犹豫时间

给你举了这两个非常实用的小案例，主要是为了告诉你一个非常重要的文案逻辑：当我们在写一句指令文案的时候，最关键的一个目的就是尽可能缩短用户的犹豫时间，加快用户决策。

我曾经讲过，用户在读到你的文案时，内心或多或少都是对你设防的；而当你最后要他行动、要他下单的时候，他内心也或多或少都是会犹豫的。那么这时候如果你只会写"赶紧下单吧""赶紧来加我吧"，其实恰恰会增加用户的犹豫感和抵触感。

所以下面最重要的问题来了：

能够有效地缩短用户犹豫时间的指令文案，它的撰写诀窍到底是什么呢？

写好指令文案的三个诀窍

根据我的经验，诀窍有三个，你不妨熟记于心。

第一个诀窍是，你一定要站在用户的视角和立场，去呈现假设用户已经消费了你的产品以后的那个结果。

明白这意思了吗？换句话说，你的指令文案应该是一种"结果性指令"，而不单单是一种"期待性指令"。

比如，前面举例的"合理节税工具箱"这门课，如果最后的指令文案是"学会合理节税，省钱就是赚钱"，这只是一句期待性指令，而不是站在用户的视角和立场，去为他呈现行动以后的结果，所以仍然无法减少用户内心的犹豫感。而当我把它改成"今年开始，合理节税"，它就变成了一种结果性指令，相当于告诉用户，你今年已经能够做到合理节税了。这就是一种对结果的呈现。

同样，"落纸无悔"这门课，如果指令文案写"马上读懂合同，保障自身权益"，其实仍然是站在你自己的视角去鼓动用户报名学习，而如果换成用户的立场，改成"明明白白签合同，清清楚楚做生意"，就相当于把他已经学会了如何检验合同、如何签订合同的那种结果、那种对生意的赋能呈现出来了，这时候就能够最大限度地缩短用户的犹豫时间，有助于提高报名转化率。

所以这是写好指令文案的第一个诀窍，也是最重要的一个。

第二个诀窍是，你在撰写指令文案的时候，一定要有意识地避免使用"马上扫码""立刻关注我""尽快下单"这样一些直接的消费指令。

也就是说，这些信手拈来的促销性动词，要尽量少用，甚至不用，因为一旦你想要用这些词，你就被"扫码""关注""下单"这样的动词给限定住了，就再也难以去写一句真正能够站在用户立场的结果性指令。而且我们都知道，"扫码""关注""下单"这些"明指令"，看起来像是促进销售的，其实恰恰会让用户心里产生排斥感。而更多时候，一句有效的、能够减少用户犹豫感的指令文案，应该多使用"暗指令"：你并没有在文案里直接让用户去消费什么，但是用户消费以后的好处你已经让他看到了。例如，"今年开始，合理节税"和"明明白白签合同，清清楚楚做生意"所用的都是"暗指令"。

所以最后第三个诀窍就是，既然我们已经知道了写好一句指令文案是如此重要，所以在实际工作中，就应当把撰写指令文案提高到像写标题、写口号那样的重视度。

事实上也的确如此，因为指令文案在一篇文案中关乎生意、关乎下单、关乎临门一脚的转化，所以它的重要性的确可以跟标题文案和口号文案相提并论。

关于如何写好一句口号文案，从而为你的生意持续赋能，我将在下一章里正式分享给你。

第 35 章
怎么写好"变现口号",为你的生意持续赋能?

如你所知,《文案收银机》这本书总共分为三大部分,在每一部分的倒数第二章我都会安排一章"压轴内容"。而现在要讲的这一章"变现口号"在我心里是如此重要,可以说它是一切文案里的珠玉和璎珞,以至于我把它放在了整本书的压轴位。

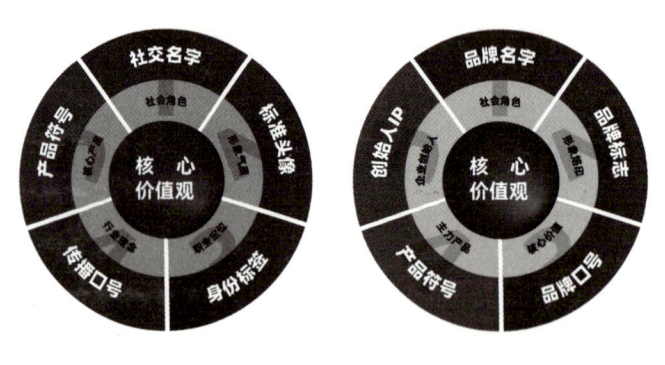

个人品牌资产符号靶　　　　企业品牌资产符号靶

图 35-1

为什么我会这样重视一句小小的口号呢?

我曾经画过两个像箭靶子一样的模型图,一个叫"个人品牌资产符号靶",另一个叫"企业品牌资产符号靶"(见图35-1)。在我看来,我们现在做一切生意,都无外乎建立两个品牌,一个是创始人的个人品牌,一个就是企业的品牌。而假如你要把这两个品牌做好,就得分别妥善经营它们的"五大资产"。其中个人品牌的五大资产是:社交名字、标准头像、身份标签、传播口号和产品符号。相应地,企业品牌的五大资产是:品牌名字、品牌标志、品牌口号、产品符号和创始人 IP。这些品牌资产，我在这里就不逐个展开讲了，你如果有兴趣可以读一下我的《峰帅·个人品牌放大器》那本书，我在书中对此做过详细的阐述。

通过这两个模型图你可以看到，无论是做个人品牌还是做企业品牌，"口号"都是非常重要的品牌资产。什么是资产？就是可以持续为你带来财富的东西。我经常说，做品牌、做生意的过程，其实就是让人认识你、认可你、认准你的过程。而这个过程，在很大程度上就浓缩在一句小小的口号里，所以我称之为"变现口号"，因为一句优秀的、有效的口号，它最重要的职能就是要帮你——持续变现、管用十年。

那么问题来了，你可能会说："持续变现、管用十年这只是说说而已吧？一句口号写出来以后，你怎么知道它是不是真的能够持续变现、管用十年呢？"

如何检验变现口号的有效性？

关于这个问题，通常大家都会觉得是无解的——一句变现口号能不能管用十年，当然要等用了十年以后才知道啦！

但是我有一个很简单的测试方法，叫作"时空置换法"：当你写了一句口号以后，你把它放到一年前、三年前、五年前，然后放到十年前去看一下，在当时的环境下，你觉得它对你的生意是否管用？如果你发现它可以跨越时空、跨越一切的设备和媒介，穿梭到十年前仍然管用，那么如果以现在为起点，穿梭到十年以后它也同样会管用，这是一个非常简单的道理。

例如，我的口号"生意增长，就找峰帅"，放在十年前管用不管用？当然管用！至于找了峰帅以后生意到底如何增长，那十年前自然有十年前的手段，现在自然有现在的手段，十年以后自然有十年以后的手段。所以这就是一句可以跨越时空、持续变现、管用十年的好口号。

但是如果我把这句口号改成"要做视频号，就来找峰帅"，放到十年前还管用吗？当然不管用，因为十年前根本没有视频号这种东西，所以放到十年以后它也未必管用，因为谁也不知道十年后会流行什么传播工具。所以很显然，这不是一句可以持续变现、管用十年的口号，假如我现在用了它，就意味着十年以后我可能要改口号。

也正因为这个道理，我每次在给企业或个人做商业咨询时，一定会追问一个问题："你会做十年以上的事是什么？"换句话说，我必须得先明确你会做十年以上的事，而不是今年干一件事，明年可能不干了，然后我才能为你写一句持续变现、管用十年的口号。所以，如果你想要给自己或者给别人写出一句真正优秀的变现口号，这是务必遵循的一个撰写标准。

经典变现口号的五大共性

说到这里，下一个重要的问题就随之而来了："那么在你的心目中，有哪些经典的国产口号是符合这个标准的呢？"

正如一千个人的心中有一千个哈姆雷特，同样，一千个人的心中也会有不同的经典口号，我也不例外。在写这一章之前，我仔仔细细地回顾了一下，我心目中的经典国产口号有12句。我先把它们列出来，然后我会告诉你，为什么我认为它们是经典的口号，它们到底有些什么共性。

这12句口号分别是——

1. 维维豆奶，欢乐开怀
2. 好空调，格力造
3. 农夫山泉有点甜
4. 要想皮肤好，早晚用大宝
5. 爱干净，住汉庭
6. 华硕品质，坚若磐石
7. 今年过节不收礼，收礼只收脑白金
8. 怕上火，喝王老吉
9. 百度一下，你就知道
10. 买保险，就是买平安
11. 爱提词，提词跟着语速走
12. 妈妈我要喝，娃哈哈果奶

以上排名不分先后，其中有两句口号还是我写的，因为它们确实能够做到"持续变现、管用十年"。

那么从这些我们耳熟能详的口号中，你有没有看出什么共性呢？我问这个问题是想说，如果你要写出像它们一样经典的口号，首先得准确地知道它们到底为什么会成为经典。

下面我来为你简单总结一下，这些经典变现口号的五大共性。

第一个共性是：大白话。

越是经典的口号越是口语化的，也就是我们所谓的"说人话"，而不是文绉绉地卖弄文采。有效的口号一定要让人知道它在讲什么，要连小孩子都能听懂。

第二个共性是：有指令。

也就是不但能让人听懂，还能让人知道"你到底要我干吗"。只不过这种指令，有时候是"明指令"，有时候是"暗指令"，这一点我在上一章里详细地讲述过。但是很多时候，很多人写口号是不带任何指令的。

第三个共性是：带名字。

最优秀的口号一定是带上品牌的名字的，也就是不但能让人听懂、有行动指令，还能让人记住这个指令是谁下的，这一点无比重要。而很多耳熟能详的口号，貌似很经典，实际上很少有人知道是谁家的，例如，"不在乎天长地久，只在乎曾经拥有""钻石恒久远，一颗永流传""做女人挺好"，这些口号因为没有带名字，所以你根本想不起来分别是哪个品牌的，对不对？

第四个共性是：会传播。

通过我列举的那些经典案例你就知道，好口号是有"病毒性"的，它能自己传播，还能感染别人。也就是说，它非常好理解，好理解到让人几乎不用动脑子，就直接用嘴巴传播了。比如"妈妈我要喝，娃哈哈果奶"，连不识字的人都会说："哎呀，明天早上我要喝娃哈哈果奶！"你看，不用动脑子，直接脱口而出，这种口号就是最牛的口号。

第五个共性是：持续性。

也就是说，它不是只管一时，而是能管很久很久，甚至时间越久，威力越大。例如脑白金的口号，从刚开始直到现在都没变过，几乎已经成了一句"魔咒"，威力实在太大了。

讲到这里你也许会问："峰帅，你说的这些都是针对企业口号的吧？那如果是个人变现口号，也能套用你总结的这五大共性吗？"

当然能套用，而且必须套用！

企业口号≈个人口号

这几年以来，我为很多付费学员和用户写过个人变现口号，甚至有些学员自从拥有了峰帅定制的口号以后，一路高歌猛进，就像换了个人似的。

下面我同样从一大堆我撰写的口号里，精选出12条我自认为写得最经典的，并且正在持续发挥"药效"的个人变现口号。你可以一边读一边检验，它们是否都符合我前面所说的五大共性——

1. 升学找王姐，孩子做人杰
2. 吃着瘦，妍教头
3. 交苗家辣妹，吃正宗辣味
4. 富妈妈让妈妈富
5. 学画能原创，老师丹青杨
6. 数码晓姐姐，问题好解决
7. 遇上镜子姐，爱上新世界
8. 要么断舍离，要么艺芸整理
9. 教练推手，首推龙哥
10. 生病看医生，防病柳晓红
11. 小宁做你经纪人，保险理财不踩坑
12. 佛山不只无影脚，还有丞先生面包

我经常说做个人品牌就约等于做企业品牌，所以相应地，你写一句个人变现口号，跟写一句企业变现口号也是一模一样的，因为它们都遵循着同样一个营销底层逻辑，就是我前面提到的那三个词：无论你是个人还是企业，你的口号都要能够让你的用户来"认识你、认可你、认准你"。

从这一层意义上来说，你的口号就像是你的"分身"——你就是你的口号，你的口号就是你，它是"人格化"的。也正因为它有人格，所以它在用户面前，就可以起到"物以类聚，人以群分"的效果。

这句话是什么意思呢？

简单地说，你的口号写得好，它是能够为你的生意引流的。当你拥有了一句能够为你代言的口号以后，所有认同这句口号的人，都会恨不得马上要链接你、消费你，这就是"物以类聚，人以群分"的含义所在，也是我们在互联网时代做一切生意的根本逻辑所在。所以你不妨这样认为，我们之所以需要一句好口号，最终要达到的一个目的其实就是：通过这句口号，把用户变成我们的同类，然后让同类去为我们制造口碑。

写口号的"三大绝症"

道理我们知道了，那能够达到这种目的的变现口号，到底应该怎么写呢？

先别着急，要真正知道"应该怎么写"，你必须得先知道"不能怎么写"。

根据我这么多年来的经验，写口号有"三大绝症"你一定不能患。

第一个绝症是：啰里啰唆。

就是把口号当成了文章标题或者朋友圈标题去写，于是写得搔首弄姿、又臭又长，结果用户根本看不懂你在表达什么，或者看懂了也压根记不住，因为你是在用写标题的方法在写口号。千万记住：口号绝对不等于标题，甚至跟标题是背道而驰的。

第二个绝症是：一味自嗨。

就是尽写一些假大空的东西，诸如"私人订制""尽享尊荣""高端大气上档次"……事实上用户对这种自说自话的文案，是不会买账的。

第三个绝症是：追求谐音。

我知道很多人写文案喜欢追求谐音，因为觉得这样会一语双关、一箭双雕，好像很厉害的样子。但是我在这里要非常负责任地告诉你：谐音，是写口号最大的敌人！为什么呢？道理很简单，因为口号虽然是用文字写出来的，但它其实是听觉语言、听觉符号。也就是说，口号是用来听的，而不是给眼睛看的。而谐音恰恰是一种视觉符号，你只有看到了那个谐音词，才知道它原来还有别的意思。但是对一句口号而言，这就意味着还需要解释一番，而多一层解释，就多了一层传播障碍，就完蛋了。所以也请你千万记住：优秀的口号，是绝对用不着解释的，一定要杜绝在口号中使用谐音这种低级的文字游戏。

好了，当我们知道了在撰写口号时应当规避哪些误区，我们才能更加坚定地沿着正确的方向，写出有效的变现口号来。

有效变现口号的撰写公式

接下来，关于到底应该如何写出一句持续变现、管用十年的口号，我要给你一个我通过20多年的文案写作经验萃取出来的撰写公式，或者叫撰写口诀：

有效的变现口号 ＝ 传递真价值 ＋ 解决真痛点 ＋ 下达真指令

我想这个公式不用再作什么字面解释，你应该就能明白什么意思了。说到底，一句口号要产生效果、持续产生效果，其实就是要用最简单的文字对用户说清楚：我能给你提供什么、我能为你解决什么，以及你需要做什么。

关于"传递真价值"，你一定还清楚地记得，我在第11章跟你详尽地分享了应该如何挖掘自己的"真价值"，也就是打卖点牌、打定位牌、打创新牌，以及打情感牌。

而关于"解决真痛点"，我在第23章里，也跟你详细讲述了应该如何在文案中写出用户的"真痛点"，简而言之就是去解决用户懒的问题、馋的问题、虚荣的问题、恐惧的问题，以及给用户希望。

然后在上一章，我同样单独用了一整章，教你如何在文案中"下达真指令"，跟你分享了一定要写"结果性指令"，要多使用"暗指令"。

所以你在学完现在这一章以后，请务必要回过头去，把上面这三章内容连贯起来再系统学习一遍，因为我在这三章里所讲的文案逻辑和写作技巧，都完全适用于变现口号的撰写，也会让你融会贯通地理解"传递真价值、解决真痛点、下达真指令"这十五字真言。甚至在很大程度上，这三章内容就是为了现在讲变现口号而准备的。所以在这一章里，我们就不再啰唆了。

但是，这简简单单的一个公式、三句口诀、十五个字，你有没有看出它们之间的关系？

"传递真价值"是关于你自己的，你得把你自身的价值通过口号传递出去；"解决真痛点"则是关于你的用户的，要彻底说清楚用户的问题所在；而"下达真指令"则是关于你跟用户之间的互动关系的。

所以当你深刻理解了这三句口诀，你会发现你居然已经变成了一个"口号审核专家"，你很容易就能分析出一句口号到底好在哪里、差在哪里。与此同时，在你自己撰写口号的时候，也从此有了无比清晰明确的路标，而不至于走弯路、走偏路。

两个必须掌握的小技巧

在这一章的最后，关于撰写变现口号的实际操作，我还要跟你再分享两个具体的小技巧。

第一个技巧是：把口号"魔性化"。

我一直开玩笑说，优秀的口号是很霸道的，它能够"冻结用户潜意识，掌握利益解释权"，意思就是你听了我的口号以后，不会再去想别的，心里面只有我，好与坏也是我说了算。一旦口号达到了这样的效果，就大大降低了用户的决策成本和选择成本，口号对生意的赋能也就大大提升了。

那么为了达到这样的效果，你就需要在你的口号中植入一种"魔性"，让你的口号听起来像一道咒语一样。而"口诀化"就是让口号带上"魔性"的最佳手段，没有之一。因为口诀是最容易被人记住、被人传诵的文字。

比如，《三字经》的"人之初，性本善"，元素周期表的"氢氦锂铍硼，碳氮氧氟氖"，二十四节气的"春雨惊春清谷天，夏满芒夏暑相连"，这些小时候读过的东西，我们到老都不会轻易忘记，并且会觉得理所当然，就因为它们被口诀化了。

同样的道理，一旦你把口号变得像一句口诀，它也会让人觉得理所当然、不容置疑，似乎天生就应该是这个样子，仿佛真理一样。而对于真理，你是不会设防、也不会质疑的。

那怎么样才能把口号变得像口诀呢？简而言之就是三个词：对仗、押韵、节奏感。

比如，"吃着瘦，妍教头"，三个字加三个字；"华硕品质，坚若磐石"，四个字加四个字；"遇上镜子姐，爱上新世界"，五个字加五个字；"小宁做你经纪人，保险理财不踩坑"，七个字加七个字。它们都是比较对仗和押韵的，听起来就像带有"魔性"的口诀。

当然，"魔性"的口号也未必是两句的文案，甚至未必要对仗和押韵。有时候通过一些自由句式来表达，反而会让口号形成一种特别的节奏感，听起来也像是一句口诀。比如，"要么断舍离，要么艺芸整理""富妈妈让妈妈富"，都没有前后对仗，但是都带有节奏感。

总之一定要通过这样的方法，把你的口号"口诀化"。一旦口诀化，你的用户即便是第一次遇见你的口号，也能"入耳即化、过目不忘"。

第二个技巧是：务必在口号中巧妙地植入你的名字。

前面提到过，一句好口号可以大大降低用户的选择成本，也就是他在需要的时候会先想到你，而不是想到别人。所以你必须在口号中，把某种核心价值跟你的名字紧紧捆绑在一起。这样一来，就相当于在用户心中锁定了你自己。

比如，"交苗家辣妹，吃正宗辣味"，是把"正宗"两个字跟苗家辣妹捆绑在一起；"爱提词，提词跟着语速走"，是把"跟着语速走"跟爱提词 App 捆绑在一起；"升学找王姐，孩子做人杰"，是把"人杰"跟王姐捆绑在一起。最有效的口号，无不如此。

所以为了写出一句持续变现、管用十年的好口号，我们既要坚守大原则、大方向，也要细抠小技巧、小方法。

最后我想告诉你的是：无论你的变现口号会出现在哪些传播媒介上，真正有效的传播媒介只有一个，那就是"人的大脑"。所以学习撰写文案，终究还是要深入探究人脑、了解人心，你越深刻地了解人脑和人心，你的口号就越能让用户"懂你、买你、传播你"。

结尾
文案的本质

第 36 章
从文案写手到文案高手，最重要的九个问题

我们终于来到了《文案收银机》的最后一章。

在之前的内容里，我们学习了很多重要的文案练法、文案用法和文案写法，这些具体的方法，都是我 20 多年文案写作经验的精髓所在，有些甚至可以说是我的"独家心法"。

但无论是练法、用法还是写法，其实都是技术层面的东西，而要真正写好文案，把文案变成能够让你获取更多收益、让你过更美好生活的"伴侣"，其实还有很多技术层面以外的问题需要想明白、解决彻底。

所以我经常说："文案的上面是策划，策划的上面是策略，策略的上面是战略，只有从这些更高的维度去思考和学习，才能真正写好文案，文案只不过是一个最终的呈现结果而已。一个文案高手之所以是文案高手，其实是因为他在更高的维度上是一个高手。"

看清了这一点，你就能真正看懂美工和设计师的区别、画师和画家的区别、泥瓦匠和工程师的区别、生意人和企业家的区别、高收入者和财富自由者的区别、文案写手和文案高手的区别，也能够真正知道应该怎么样变成一个文案高手。

所以最后这一章与其说是讲文案，不如说是基于文案、高于文案的一次文案思维进阶课。事实上在写整个《文案收银机》的过程中，我不断地收到很多学员和朋友的各种提问，在我自己的心中，也会有很多问题冒出来。但是这些问题，很多都是没法放进某一章内容里单独进行解答的。所以我经过反复筛选，最后挑出了九个问题，放在这一章里来集中解答。

这九个问题的答案，有些跟我的经历和经验有关，有些是我给你的建议和忠

告，还有一些是包括我在内的所有人都需要共同努力去做的。但这些都是从根本上帮助我们解决文案进阶卡点的，所以我称之为"本质"。我认为每一个文案人、职场人和创业者，都需要时不时地对照这九个问题来问自己：

"这个问题我解决了没有？"

Q1：你在学习文案写作的历程中，曾经最困惑的事情是什么？后来是如何解决的？

我在文案写作上遇到的困惑跟很多人都不太一样，我相信现在很多学文案写作的人，最大的困惑是怎么样把文案写好，而我曾经最困惑的却是怎么样把自己喜欢的文学写作，跟商业文案写作结合起来。

我早年进入广告营销这个领域从事文案策划工作，其实有点阴差阳错。我因为喜欢文学、喜欢写作，所以从学校出来找工作的时候，心里只有一个很初级的目标，就是只要找到一份能让我"写"的工作就行，所以我会把"文员"的工作也当成写作。后来我才知道，很多公司把销售员、营业员、打字员都叫文员。我跌跌撞撞应聘了很多这样的工作，然后觉得不合适就离职了，有些工作我甚至只干了一天就不干了。直到我进了华硕电脑做文案策划，才算真的如愿以偿，每天就是"写写写"。

然而没过多久我就发觉，我虽然读过很多书，也写过很多文章，但"文案"这种东西我居然不会写，一句文案经常加班写到深更半夜都写不好。于是我感到很困惑，不知道这到底是不是我要干、我应该干的事，因为我没有办法把我喜欢的文学写作，跟写文案这件事合二为一，变成我理想中的职业状态。它们看起来像是近亲，其实根本就是猪和狗的区别。

但是我骨子里又是一个比较踏实的人，既然干了这一行，就想把它干好。所以我在25岁以前，一直就处在这样一种纠结的状态中往前走，一直试图把自己"喜欢干的事"和"正在干的事"结合起来。直到过了25岁以后，我终于悟出了一个道理：如果你不能把这两样东西完美地结合起来，那就把它们完美地截然分开。

当我想明白了这一点，就仿佛解开了一个巨大的心结，从此就再也没有为自己的职业和事业纠结过。写文案的时候我就好好钻研文案，不写文案的时候我就写写风花雪月，两边井水不犯河水，一个负责物质建设，一个负责精神建设，我再也不想把它们合二为一了。

神奇的是，过了很多年以后，我反而发现它们已经有了统一之势。因为毕竟都是写作，当你把两方面都好好干、都干到一定程度以后，它们其实殊途同归，都有市场化和个性化的成分在里面。

所以这种情况给我的启发是：很多事情纠结太多是没有意义的，"想通"往往是一瞬间的事。如果你在某个问题上费了九牛二虎之力都没有解决，那就应该跳出来，从它的反面去看一看。

Q2：文案写作对你的人生有哪些意义？

现在看来有三个意义：

第一个意义是，它让我看到了自己的天分。

我相信任何一件事只要你用心去学、去做了，最后都能把它给做好，但是好也分"非常好"和"一般好"，这里面就有天分的因素。

而文案写作对我来说就是这样一件事，我在好好干的过程中，越来越确信自己在这件事情上是有天分的，于是就会干得越来越自信，也越来越坚定。

所以它对我的第二个意义就是，让我有了一个吃饭的本领。

在我还很年轻的时候，互联网远没有现在这么发达，我曾经说过这么一句话："只要我兜里揣着一支笔，把我放到任何地方，我这辈子都会有饭吃。"后来我读到了另一句话说："真正的铁饭碗，并不是你在某个单位工作永远有饭吃，而是你在任何地方都有饭吃。"这话真是说到我心坎里去了，我觉得文案就让我有这样一种体会。

事实上直到今天，无论我做任何事，本质上都没有脱离文案。

所以文案写作对我的第三个意义很重要，就是这么多年以来，它让我赚到了一些钱，并且今后应该还能让我赚更多的钱。有些东西可能会盛极一时，然后昙花一现，但是我几乎可以很确定地认为，在我有生之年，文案会一直都是刚需。只要是刚需，我就可以用它来赚更多的钱，来过更美好的生活。

Q3：从一个文案新手到文案高手，路上需要翻越大大小小的山峰，也会遇到各种各样的诱惑，是什么让你在这条路上坚定地走到今天？

我觉得对这个问题的回答，我可以归纳为三个词：接受、付出、积累。

我从最初开始写文案，到现在为止有 20 多年了，中间的过程中肯定会遇到很多沟沟坎坎。比如，我曾经觉得自己只能写短文案，长文案就写不好；后来又觉得自己写长文案还不错，但是短文案又写不好了。再比如，有些领域的文案我可以写得很不错，但是当我遇到一个从未接触过的领域时，我就写不好文案了，于是就会对自己产生很大的怀疑。

即便如此，我也从来没有想过"放弃"这两个字，因为在我看来，这些都属于正常情况。打个比方，就像吃饭时总会遇到不喜欢吃的菜，或者吃了以后会拉肚子的菜，但是你不会想到要"放弃"吃饭这件事。或者就像夫妻之间有时候会拌嘴，但是你不能一拌嘴就想要离婚。所以当我们选择了一件事后，"接受"很重要，接受了这个过程中可能会出现的一切麻烦，你就会觉得一切麻烦都再正常不过。

而关于"诱惑"这个问题我也想过，因为中间我确实有过一些机会改行去做别的事，但是后来我想明白了一个道理，就是做任何事情其实都一样：入行都很简单，而做到顶尖的水平都很难。既然都一样，那我还不如把写文案这件事好好干下去呢！这同样是一种"接受"。

在这个"接受"的过程中，说白了还是"热爱"起了决定作用。没错，一定要做自己热爱的事，因为只有做自己热爱的事，最后才有可能做出点成就来。但是——很多人都忽略了这个但是——即便是做自己热爱的事，你也是需要付出代价的。热爱和代价，就像一枚钢镚儿的两面，你不能只要其中一面。除了像研究怎样写好文案那样的技术层面的代价，最大的一个代价就是：你得持续不断地做这件事情一辈子。这就是很多人终其一生都一事无成的根本原因，因为他们即便是在自己号称"热爱"的事情上，都不愿意付出代价。

反过来，当你真心愿意为一件事付出代价，你才会真心愿意通过不断地尝试、不断地积累，把自己变成这个领域里很厉害的人。就好像李小龙为什么要跟那么多流派的高手去比武过招？因为他如果没有跟印度棍王交过手，就不知道三节棍有多厉害；没有跟巴西柔术的冠军交过手，就不知道"十字固"有多厉害；如果没有跟散打高手过过招，就不知道拳头有多厉害；如果没有跟跆拳道高手过过招，就不知道腿到底能有多厉害。当他跟各路高手都打过、学过以后，最后才得出了一个自己的武学理念：要把自己的手训练得像腿一样有力，同时要把腿训练得像手一样快。

在写文案这件事上也一样，我们必须把三百六十行各种各样的文案都一样一样写过来，然后才能做到360度无死角，才有可能形成像《文案收银机》这样一套相对成体系的自己的文案方法论。

Q4：写文案需要哪些理论支撑？读一些文案书对于提升文案写作水平有帮助吗？

我经常对学员说："工夫在诗外。"真正要写好文案，其实很多时候精力并不一定要花在写文案本身，而是要花在对其他一些关键学科的研究和运用上。

在我看来，写好文案确实需要一些理论的支撑：

第一，你应该了解一些逻辑学，也就是你得先学会怎么样"把话说清楚"，能把话说清楚，然后才能把话说漂亮。所以在我的文案课里，有专门讲"金字塔结构"的这样一些内容，其实就是训练你如何用最简单的方法，把话说清楚。

第二，你得了解一些心理学，尤其是消费心理学。文案是写给用户看的，那么不同的用户在不同的地方、不同的时间分别会想什么？在什么场景下会购买你的产品？在什么场景下对你的文案会丝毫没有感觉？这些其实都是消费心理学上的问题。而当你学会了洞察和了解用户的心理，才能比较轻松地把文案写到骨头里去。

第三，你当然还得懂营销学。正如我说的：文案的上面是策划，策划的上面是策略，策略的上面是战略。放在商业环境下，这些都属于营销范畴。你越懂营销，就越能把文案写得科学，你的文案也就越值钱。

第四，你最好了解一点符号学。事实上营销学本身就伴随着符号学，比如，当你在看一张产品海报，或者看一个网站页面的时候，什么文案信息会首先吸引你？什么画面元素更能引起你的兴趣？最后你记住了什么东西？这里面的道理其实都属于符号学的范畴。所以在我的文案课里，诸如怎么写好海报文案这样的内容，就运用了很多符号学的知识。

第五，你还需要研究一点文学。我也具体讲过，多读一些小说，你可以更加懂得怎么讲好一个故事，让用户更有代入感和沉浸感。比如，你常常读一些唐代诗人的绝句，就越来越能体会到他们为什么能用短短 20 多个字，表现出那么丰富的内容和意境，那么当我们写文案，尤其是写口号、标题这些短文案的时候，就能借用唐诗里的某些技巧。所以在我的课里也专门讲了如何借用唐诗来训练给文案"留白"，这需要文学的滋养。

如果问我读文案书对提升文案写作水平有没有帮助，客观地讲还是有一定帮助的，尤其对于文案小白，读一些文案书，可以帮助你建立一个最基础的文案常识体系。但是如果想把文案写到一个比较高的水平，坦白说文案书基本没什么用，尤其是那些只教你技巧层面的、模板化的文案书，只会让你越学越局限。还是那句话：工夫在诗外。当你把一些文案写作技巧之外的核心问题想明白了，你的文案写作水平才会真正上升到一个比较高的境界，否则永远只会纠结在表面的一些词句上。

Q5：写文案能赚很多钱吗？一个文案人怎么样才能赚更多的钱？

这个问题看起来很俗，但的确非常重要。

说实话，如果只是一味地写文案，无论你写多少年，都赚不了多少钱，至少赚不到大钱。因为从财商的角度看，写文案属于主动收益，而如果要赚更多钱，第一你要能够不断提高自己的客单价，第二就是要创造更多的被动收益。

在文案人里面，我应该属于用文案赚到了一些钱的人。比如，我很早就靠写文案在上海买了房，同时我写文案的客单价很高，在同样的单位时间内，我写一句广告语要收两三万元，而很多文案人只能收两三百元，或者一两千元。但是我认真测算过，即便是写到像我这样的客单价，如果你只是写文案，赚的钱最多只能到八位数，普遍能到七位数就已经非常非常牛了。

那怎么样才能让一个文案人赚更多钱呢？一个非常重要的关键点就是：要基于文案而高于文案，打开你的"边界能力"。

所谓边界能力，就是文案写作能力之上的能力、文案写作能力背后的能力。

比如，你看到我写一句广告语很贵，但是为什么贵呢？是因为我写这句广告语的那个"策略点"很贵。再比如，你看到我给客户写一份策划案很贵，能收十几万元甚至几十万元，为什么呢？因为我写这份方案背后的那个"战略思维"很贵。而这个"策略点"和"战略思维"，就是在我文案写作能力维度之上的边界能力。

当你拥有了这样的意识，不光是写文案，你看待任何生意的赚钱维度都会大不一样。

比如，你是个会写书法、会画画的家庭教育工作者，如果仅仅教孩子写书法或者画画，其实收不了多少钱；但如果你通过教孩子写书法和画画，极大程度地提高孩子的专注力和自律性，这就成了孩子的终身财富，那么你的收费标准就可以提高十倍。

再比如，我有一些朋友，他们很有情怀，自己会设计一些很漂亮的手工艺品去开店卖，但是无论怎么卖，这些东西始终只是手工艺品，卖不了多少钱，放在淘宝上撑死也就卖几十元、几百元；而同样一个摆件，如果放在"空间美学"的范畴里，就能卖得非常贵，价格可以翻十倍甚至百倍。这些都属于打开了自己的能力边界。

所以一个文案人成长到了一定的程度，如果想要赚更多的钱，不是取决于他文案写得怎么样，而是取决于文案写作上面那个"更高维度"的价值到底是什么。

Q6：如果不是一个专职的文案人，有必要学习文案写作吗？

我认为只要在商业世界里，每个人都是"专职的文案人"。不要以为只有"写出来的"才叫文案，其实谈判也是文案，演讲也是文案，开会也是文案，做PPT汇报工作也是文案，讲课也是文案，做培训也是文案……总之，几乎可以说一切皆文案。

所以从这个层面来说，人人都是文案人，怎么会不需要学习写文案呢？如果你是个微商，你从我的文案课和文案书里学会了如何更好地营造朋友圈的"文案场"，这时候你就是个文案人；如果你是个产品经理，你从我的课和书里学会了如何更好地写"发售文案"，这时候你就是个文案人；即便你是个企业老板，你从我的课和书里学会了如何在卖货演讲中传播自己的"金句"，这时候你也是个文案人。文案写作背后的那个终极目的，就是卖货。乔布斯在他生命的后期，每次为了在发布会上卖好新品，学习得最多的技能恐怕就是文案写作，在这一点上，他就是一个专职的文案人。

所以在商业世界里，理解文案的多种存在形式以及文案写作的目的，比单纯地写文案更重要。如果你觉得自己的职业与文案无关，所以不需要学文案写作，那说明你根本没有理解文案到底是什么，以及文案能为你带来什么。

Q7：如果遇到写不出文案的时候，有什么方法能够激发灵感？

"文案需要靠灵感才能写出来"，这本身就是一个极大的误区。

商业文案也是一样的，它并不是靠灵感来写的，而是靠你掌握了科学的、理性的方法以后，用最恰当的方式"吐"出来的。而这个理性的方法，我的总结就是四个词：

第一个词是"WHO"，也就是你的文案是写给谁看的，你的目标用户是谁。这一点你一定要先弄明白。

第二个词是"WHY"，也就是你的目标用户读到你的文案以后，为什么会采取行动。

这两个词都是关于用户的，在《文案收银机》里几乎每一章都会具体讲到。

弄清楚这两点以后，再回到你自己身上，就涉及另外两个词，叫"WHAT"和"HOW"，也就是"写什么"和"怎么写"。

事实上绝大多数时候，当你想清楚了"WHO"和"WHY"以后，"WHAT"和"HOW"也就自然而然地呼之欲出了。在这一点上，我感触特别深刻。早年刚做文案策划的时候，我也会经常遇到写不出文案的时候，这时候我会跟同事们一块儿去唱歌、去撸串儿、去吃饭，然后突然之间，文案就写出来了。于是很多人会以为，这是突然有了灵感，其实大错特错：恰恰是因为我心里一直装着理性的路径和方法，当我大脑放松的时候，那句文案才会顺着这条设定好的理性路径"跑出来"。

所以千万不要觉得自己写文案没什么灵感、没什么创意，如果你要写好文案，成为一个优秀的文案人，你唯一能做的就是扎扎实实地学好那些科学的手段和理性的方法，比如，认认真真地操练这本书里教你的那些道、法、术，你就永远不会再遇到写不出文案的时候，也永远不会遇到没有灵感的时候。

Q8：现在人工智能（AI）很火，那你认为未来文案写作的趋势会是什么？你怎么看待用 AI 来写文案这件事？

"未来文案写作的趋势是什么？"在我看来这是一个非常奇怪的问题。如果一定要回答，我想未来的唯一趋势就是：文案永远会是一种刚需，至少在我的有生之年会是这样的。

但是随着网络科技越来越发达，未来的文案写作一定会越来越工具化，就像我刚刚开始从事文案工作的时候，真的是用笔来写文案的，后来很快就被电脑打字给取代了，而 AI 也是工具的一种。

作为一个对 AI 已经不算陌生的"中度使用者"，就目前来说，我认为 AI 的确有不少用处，尤其是在写那些资料性、总结性和报告性的文案内容上，它会省掉你很大的精力，原本你自己做需要三天或者一周时间，在 AI 的协助下，你可能只需要一个小时就搞定了。

但是 AI 没有办法在真正原创的文案上超越一流的文案人，因为有三种思维是它不具备的，而这三种思维，也正是你从一个文案写手，变成一个文案高手的三个锦囊。

第一种思维叫"反着写"，也就是我们常说的"逆向思维"。AI 的确可以写出一些看起来很"高大上"的文案，但是它有一个致命的毛病，就是只能正向思维，也就是只能向前写，告诉你未来有多么美好，而不会反着写，告诉用户"过去曾经多么美好"。比如，我给膳博士写的那一句"三十年前的香"，就是典型的反着写，短短六个字，唤起你小时候吃猪肉的那种美味。这一点，是 AI 做梦也学不来的。

第二种思维叫"跳着写"，也就是"跳跃性思维"。优秀的商业文案其实是最接近于诗歌的文字表达，这句话和下句话之间，很多时候是没有逻辑、不讲道理的。比如，你耳熟能详的那句"人头马一开，好事自然来"，人头马和好事之间并没有什么必然的联系，只不过是我们这些文案人强行赋予了它一种情绪。AI 却只能根据它所掌握的一系列数据，来进行种种逻辑性的语言组合，然后跟你讲一堆道理。但很多时候用户不愿听你讲什么道理，他只希望在读到你文案的那一刻，被瞬间打动。

第三种思维叫"选着写"，或者叫"选择性思维"。也就是说，这个产品可能有 100 个好处可以讲，但是一个优秀的文案人会只取其中一瓢饮，只用那一个小小的点，去捅破一片天。比如，我写的那句"爱提词，提词跟着语速走"，我只写了其中一个优点，其他优点都被我隐藏了。到底应该选择哪一点去写，这同样是 AI 做梦也学不会的，因为在取舍的背后，是文案人对人心和市场的深刻洞察。

所以我想说："不用焦虑，AI 无法取代真正优秀的文案人。"AI 或许可以做一个"文案钟点工"，但是在很长时间内还没法成为一个"文案住家保姆"。所以你只管踏踏实实地做一个优秀的文案人，同时学着驾驭 AI，让它来为你做一些"体力活"。

Q9：针对你的读者和学员，有没有什么"终极建议"可以帮助他们成为更好的文案创作者？

基于我个人在文案写作上的成长经历，我想给所有读者和学员们的建议有三个。

第一个建议是，无论你是一个文案新手，还是一个从业多年的资深文案人，首先一定要"明确目的"，也就是要问清楚自己：我学习文案写作究竟是为了什么？这一点非常非常重要。

明确了目的以后，第二个建议就是，要让自己在文案写作这件事情上"保持热爱"。我不止一次地说过，唯有热爱才能让你对一件事情拥有更大的容忍度，最终才能够做好。如果你不能对文案写作保持一种近乎痴迷的热爱，你几乎永远都没有办法成为一个真正优秀的文案人，最多只能做一个平庸的文案写手。

但是"文无第一，武无第二"，永远没有一个人敢说自己是最厉害的文案高手，所以第三个建议是，要在自己的文案思维、文案写作能力以及边界能力上进行"持续升级"。我说过，巴西足球之所以厉害，是因为巴西的孩子从小上学就一直在带球走路，而不仅仅是在足球场上才训练。学习文案写作也是一样的，你不一定要每天写文案，但是一定要每天思考，并且在你的笔记里、日记里、朋友圈里，每天都要用你学到的方法，去不断地升级迭代你的文案写作能力，从而点点滴滴、潜移默化地从一个文案写手，逐渐进阶成一个真正的文案高手。

这就是我想给我所有的学员和读者们最基础也是最重要的三个建议：明确目的、保持热爱、持续升级。